北大社"十四五"普通高等教育本科规划教材
高等院校经济管理类专业"互联网+"创新规划教材

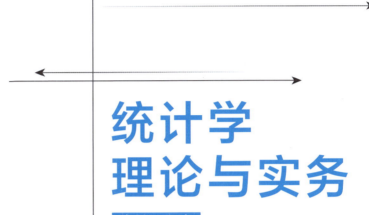

统计学
理论与实务

（第2版）

主　编◎王雪秋　董小刚
副主编◎李晟璐　赵玉婷　杜春晶

内容简介

本书以统计学基本步骤为主线,从最为基础的收集和整理数据开始,渐次介绍数据分析的两种方法:描述统计分析和推断统计分析。对变量的分析也由研究单一变量间的关系逐步过渡到对二维变量及多元变量的分析,其间适时配以案例。考虑到学生的向量代数的基础,回归分析中主要是以单个方程为主。

本书共分 8 章,具体内容包括:总论、统计数据的收集与处理、统计数据的整理与图形展示、统计数据的指标度量、参数估计、假设检验、方差分析、相关与回归分析。

本书既可作为高等院校财经管理类专业的本、专科生教材,也可作为相关工作人员自学参考用书。

图书在版编目(CIP)数据

统计学理论与实务 / 王雪秋,董小刚主编. —2 版. —北京:北京大学出版社,2024.6
高等院校经济管理类专业"互联网+"创新规划教材
ISBN 978-7-301-33951-0

Ⅰ.①统… Ⅱ.①王…②董… Ⅲ.①统计学—高等学校—教材 Ⅳ.①C8

中国国家版本馆 CIP 数据核字(2023)第 067933 号

书 名	统计学理论与实务(第 2 版) TONGJIXUE LILUN YU SHIWU(DI-ER BAN)
著作责任者	王雪秋 董小刚 主编
责任策划	张越
责任编辑	张越 李娉婷
数字编辑	金常伟
标准书号	ISBN 978-7-301-33951-0
出版发行	北京大学出版社
地 址	北京市海淀区成府路 205 号 100871
网 址	http://www.pup.cn 新浪微博:@北京大学出版社
电子邮箱	编辑部 pup6@pup.cn 总编室 zpup@pup.cn
电 话	邮购部 010-62752015 发行部 010-62750672 编辑部 010-62750667
印刷者	河北滦县鑫华书刊印刷厂
经销者	新华书店
	787 毫米×1092 毫米 16 开本 14.5 印张 345 千字 2015 年 8 月第 1 版 2024 年 6 月第 2 版 2024 年 6 月第 1 次印刷
定 价	45.00 元

未经许可,不得以任何方式复制或抄袭本书之部分或全部内容。
版权所有,侵权必究
举报电话:010-62752024 电子邮箱:fd@pup.cn
图书如有印装质量问题,请与出版部联系,电话:010-62756370

前　言

统计信息是社会经济信息的主体，统计信息的搜集、整理、分析是企业乃至国家科学决策和科学管理的一项重要基础工作，是制定政策、编制长短期规划的重要依据。经济越发展，越需要有健全的、发达的现代化统计工作。作为经济工作者必须学会搜集、整理统计资料的方法，学会利用统计数据进行定量分析，发现问题并解决问题。

现有统计学教材主要为培养研究型人才服务，因而理论性较强。而作为应用型本科院校的统计学任课教师，教学实践使我们清晰地认识到：应用型本科院校的学生绝大部分对理论接受能力偏弱，加之现有教材体系的枯燥乏味，造成学生学习效果整体不甚理想，随之带来的是就业困难。党的二十大报告指出，深入实施人才强国战略。为满足市场对应用型人才的需求，迫切需要能将理论与实践有机结合起来的教学参考资料。因此，组织编写一本能使应用型本科院校师生在教与学过程中得心应手的教材已迫在眉睫。

本书具有以下特点。

（1）由生活中熟知的小案例作为引导，以增强趣味性。

（2）将统计术语通俗化。

（3）案例贯穿始终，既有统领全书的整体性案例，又有加深每章学习的分散化案例分析。

（4）理论学习与软件应用适时结合，做到"学完就练，举一反三"。第2版采用二维码技术，拓展了29个与本书配套的软件操作讲解视频，便于课堂之外的巩固练习。

（5）体例编排新颖别致。

（6）可作为工作人员的必备工具书。

本书由王雪秋和董小刚担任主编，李晟璐、赵玉婷、杜春晶担任副主编。其中，第1章由董小刚编写，第2章由赵玉婷编写，第3章由李晟璐编写，第4章、第5章、第6章、第7章由王雪秋编写，第8章由杜春晶编写。附录的概率分布表由王雪秋和杜春晶编写及整理。本书的结构由王雪秋和董小刚统筹安排，王雪秋、杜春晶、赵玉婷对全书进行了校对。

在本书的编写过程中，编者将统计理论的最新研究成果和自己多年教学经验体现在教材内容中的同时，参考了许多统计学研究论文及统计学教材，这些资料对本书的形成提供了极大的帮助，同时本书的出版得到了长春光华学院一流课程建设资金的资助，在此向这些统计学文献的作者及资助学校表示诚挚的感谢！

由于编者水平有限，书中难免有不妥之处，敬请各教学单位和读者在使用本书的过程中给予批评和指正，以便再版时修正。

编　者

2023年9月

【资源索引】

本书编写思路

统计学理论与实务
思维导图讲解

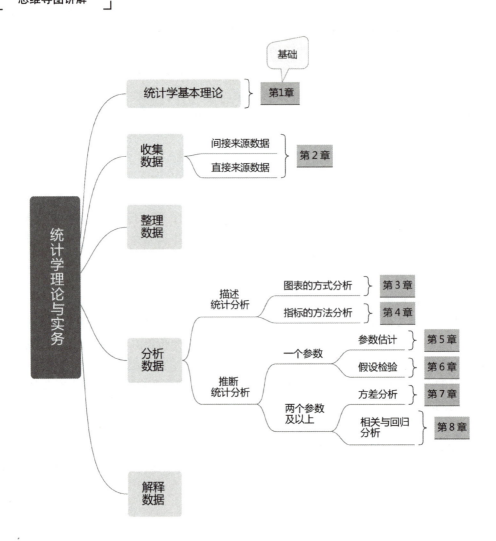

目　　录

第1章　总论 1

1.1　统计学概述 1
1.1.1　统计及统计学的含义 2
1.1.2　统计学的研究对象及其特点 2
1.1.3　统计学的应用领域 3
1.2　统计学的分类 3
1.2.1　描述统计学和推断统计学 3
1.2.2　理论统计学和应用统计学 5
1.3　统计学的基本内容 5
1.3.1　统计数据的类型 5
1.3.2　统计学中的几个基本概念 7
1.4　案例分析：啤酒市场的调查与分析 8
习题 9

第2章　统计数据的收集与处理 10

2.1　统计数据的来源 10
2.1.1　统计数据的间接来源与处理 11
2.1.2　统计数据的直接来源与处理 11
2.2　抽样调查数据的收集 12
2.2.1　调查方案的设计 12
2.2.2　调查问卷的设计 16
2.3　统计数据质量 20
2.3.1　统计数据的误差 20
2.3.2　统计数据的质量要求 20
2.3.3　降低统计数据误差的措施 20
2.4　案例分析：啤酒市场的调查与分析及Excel上机应用——数据的收集 21
2.4.1　调查问卷的设计 21
2.4.2　自动接收问卷结果的设置 25
2.4.3　"自动统计调查结果"工作表的隐藏和问卷邮件的发送 27
2.4.4　调查结果资料库的创建 28
习题 38

第3章 统计数据的整理与图形展示 40

3.1 定性数据的整理与图形展示 41
3.1.1 定性数据的整理 41
3.1.2 定性数据的图形展示 42

3.2 定量数据的整理与图形展示 44
3.2.1 未分组的定量数据的整理与图形展示 44
3.2.2 分组的定量数据的整理与图形展示 46
3.2.3 多维定量数据的整理与图形展示 50

3.3 统计表的使用 52

3.4 案例分析：啤酒市场的调查与分析及 Excel 上机应用——样本组成分析 53
3.4.1 性别结构的分析 53
3.4.2 年龄结构的分析 56

习题 57

第4章 统计数据的指标度量 61

4.1 集中趋势的指标 62
4.1.1 分类数据——众数 62
4.1.2 顺序数据——中位数和四分位数 65
4.1.3 数值数据——平均数 69
4.1.4 众数、中位数和平均数的关系 72
4.1.5 众数、中位数和平均数应用的注意事项 73

4.2 离散程度的绝对指标 73
4.2.1 分类数据——异众比率 73
4.2.2 顺序数据——四分位差 75
4.2.3 数值数据——方差和标准差 75
4.2.4 相对离散程度——离散系数 77

4.3 指标的应用 77
4.3.1 数据的相对位置测量——标准分数 77
4.3.2 统计指数 78

4.4 偏态与峰态的指标度量 83
4.4.1 偏态及偏态系数 83
4.4.2 峰态及峰态系数 84

4.5 案例分析：啤酒市场的调查与分析及 Excel 上机应用——描述统计指标 84
4.5.1 不同性别的啤酒印象分数分布情况 85
4.5.2 不同学历的啤酒印象分数分布情况 90

习题 92

目　录

第 5 章　参数估计 ... 97

5.1　几个重要的统计分布 ... 97
- 5.1.1　正态分布 ... 98
- 5.1.2　标准正态分布 ... 98
- 5.1.3　χ^2(卡方)分布 ... 98
- 5.1.4　t 分布 ... 98
- 5.1.5　F 分布 ... 99

5.2　样本抽样分布 ... 99
- 5.2.1　样本均值的抽样分布 ... 100
- 5.2.2　样本比例的抽样分布 ... 102
- 5.2.3　样本方差的抽样分布 ... 102

5.3　参数估计的基本理论 ... 102
- 5.3.1　参数估计的含义 ... 102
- 5.3.2　参数估计的几个基本概念 ... 103
- 5.3.3　评价估计量的标准 ... 104
- 5.3.4　参数估计的思路 ... 106

5.4　一个总体参数的区间估计 ... 106
- 5.4.1　总体均值的区间估计 ... 106
- 5.4.2　总体比例的区间估计 ... 112
- 5.4.3　总体方差的区间估计 ... 113

5.5　样本容量的确定 ... 115
- 5.5.1　估计总体均值时样本容量的确定 ... 115
- 5.5.2　估计总体比例时样本容量的确定 ... 116

习题 ... 116

第 6 章　假设检验 ... 121

6.1　假设检验的基本理论 ... 122
- 6.1.1　假设检验的定义 ... 122
- 6.1.2　假设检验的基本步骤 ... 122

6.2　一个总体参数的假设检验 ... 129
- 6.2.1　一个总体均值的假设检验 ... 129
- 6.2.2　一个总体比例的假设检验 ... 136
- 6.2.3　一个总体方差的假设检验 ... 137

6.3　两个总体参数的假设检验 ... 138
- 6.3.1　两个总体均值之差的假设检验 ... 138
- 6.3.2　两个总体比例之差的假设检验 ... 145
- 6.3.3　两个总体方差之比的假设检验 ... 147

6.4 案例分析：啤酒市场的调查与分析及 Excel 上机应用——啤酒综合印象与性别的相关性分析 ... 149

习题 ... 153

第 7 章 方差分析 ... 158

7.1 方差分析的基本理论 ... 159
- 7.1.1 方差分析的定义 ... 159
- 7.1.2 方差分析中的几个基本概念 ... 160
- 7.1.3 方差分析的基本思路 ... 160
- 7.1.4 方差分析的条件 ... 161

7.2 单因素方差分析 ... 162
- 7.2.1 数据结构 ... 162
- 7.2.2 单因素方差分析的基本步骤 ... 162
- 7.2.3 方差分析表 ... 166
- 7.2.4 关系强度的测量 ... 167
- 7.2.5 多重分析比较 ... 167

7.3 案例分析：啤酒市场的调查与分析及 Excel 上机应用——啤酒综合印象与学历的相关性分析 ... 169

习题 ... 171

第 8 章 相关与回归分析 ... 175

8.1 相关分析的基本理论 ... 176
- 8.1.1 变量之间的关系 ... 176
- 8.1.2 相关分析 ... 176

8.2 一元线性回归分析 ... 181
- 8.2.1 回归分析的含义 ... 181
- 8.2.2 一元线性回归模型 ... 181
- 8.2.3 参数的最小二乘估计 ... 182
- 8.2.4 样本回归方程的评价 ... 185
- 8.2.5 一元线性回归方程的统计检验 ... 187

8.3 一元线性回归模型的预测 ... 193
- 8.3.1 点估计 ... 193
- 8.3.2 区间估计 ... 194

8.4 多元线性回归分析 ... 196
- 8.4.1 多元线性回归模型的含义 ... 196
- 8.4.2 最小二乘法 ... 197
- 8.4.3 样本回归方程的评价 ... 197
- 8.4.4 显著性检验 ... 198

8.5 案例分析：啤酒市场的调查与分析及 Excel 上机应用——啤酒销售量预测 ... 198

习题 ... 205

目　录

附录　用 Excel 生成概率分布表 209

　　附录 1　标准正态分布表 209

　　附录 2　标准正态分布临界值表 211

　　附录 3　t 分布临界值表 213

　　附录 4　χ^2 分布临界值表 215

　　附录 5　F 分布临界值表 218

参考文献 220

第1章 总 论

教学目标

1. 掌握统计学的含义及研究对象。
2. 掌握统计学的分类。
3. 掌握统计数据的类型。
4. 掌握统计学中的几个基本概念。

引入案例

新冠疫情为什么要自我隔离14天？

新型冠状病毒肺炎(COVID-19)，简称"新冠肺炎"，世界卫生组织命名为"2019冠状病毒病"是指2019新型冠状病毒感染导致的肺炎①。2022年12月26日，国家卫生健康委员会发布公告，将新型冠状病毒肺炎更名为新型冠状病毒感染。冠状病毒是一个大型病毒家族，已知可引起感冒以及中东呼吸综合征(MERS)和严重急性呼吸综合征(SARS)等较严重疾病。新冠疫情发生之后，为了控制新冠病毒的传播，国家规定了与新冠肺炎患者的密切接触者，需要进行14天的隔离观察。那为什么隔离期是14天呢？这个期限是怎么来的？能少隔离几天吗？10天不行吗？它是根据统计一个个的流行病学数字，如接触后有一天发病的、有两天发病的、有三天发病的，将数据收集上来，做一条曲线，曲线画出来以后确定95%的置信区间，看看绝大多数人都在接触多长时间后发病，确定一个最长和最短的间隔，再根据调查数据，运用统计学相关知识多次调查最长间隔时间，最后确定为14天。

1.1 统计学概述

日常生活中，人们经常会使用"统计"这一专业术语，在有关的媒体中也会经常看见一些资料统计数据、统计图表等，"统计"在我们生活中无处不在。因此，无论小到身边的小事，还是大到党总揽全局、协调各方，政府宏观调控、科学决策，都需要以统计调查为支撑。本章将详细讲解统计学的基本原理，包括统计及统计学的含义、统计学研究的对象及特点、统计学的应用领域、统计学的分类、统计数据的类型及统计学中几个基本的概念。

---

① 党的二十大报告指出，面对突如其来的新冠肺炎疫情，我们坚持人民至上、生命至上，坚持外防输入、内防反弹，坚持动态清零不动摇，开展抗击疫情人民战争、总体战、阻击战，最大限度保护了人民生命安全和身体健康，统筹疫情防控和经济社会发展取得重大积极成果。

1.1.1 统计及统计学的含义

统计指对某一现象有关数据的收集、整理、计算和分析等的活动。在统计的应用中，人们对"统计"一词的理解一般有 3 种含义：统计工作、统计资料和统计学。

定义 1.1 统计工作是指利用科学的方法收集资料、整理资料、分析资料和提供关于社会经济现象数量关系的工作总称。

统计工作是统计资料和统计学的基础。

定义 1.2 统计资料是指通过统计工作取得的、用来反映社会经济现象的数据资料的总称。

统计工作的成果是统计资料，统计工作所取得的各项数字资料及有关文字资料，通常反映在统计表、统计图、统计手册、统计年鉴、统计资料汇编和统计分析报告中。

定义 1.3 统计学是指研究如何收集数据、如何整理数据、如何分析数据和最后解释数据，并从数据中得出规律的一门科学。

统计学既是统计工作经验的理论概括，又是指导统计工作的原理、原则和方法。

统计工作、统计资料、统计学三者之间的关系：利用统计学的理论，指导统计工作，最后得出统计资料。其中统计学是关于数据的科学理论，它提供了有关数据收集、数据处理、数据分析、数据解释并从数据中得出结论的方法。

1.1.2 统计学的研究对象及其特点

1. 统计学的研究对象

统计学研究的内容是数据，而数据是社会经济现象的数量特征和数量关系的表现，从数据中找出经济规律性。因此，统计学的研究对象为大量社会经济现象的数量特征和数量关系，以揭示其规律性。

2. 统计学研究对象的特点

1) 总体性

一般情况下，统计学研究对象是社会经济现象总体或自然现象总体的数量特征，研究的方法是利用样本的信息推导出总体的数量特征。

例如，要研究某地区居民的收入水平，目的不在于了解个体居民的收入状况，而是要通过对很多个体居民收入状况的了解，达到对全区居民总体收入水平的认识。

再如，某企业对其生产的一批日光灯管的平均使用寿命进行研究，不可能把这批日光灯管全部点亮来研究其平均寿命。因为此研究具有破坏性，一旦点亮将无法进行销售，所以只能从该批日光灯管中抽取一组样本，对样本进行实验，通过样本的平均寿命推知总体的平均寿命。所以说统计学的研究对象具有总体性。

2) 数量性

统计学研究对象的数量性包含 3 个方面的内容：研究对象数量的多少、研究对象间的数量关系和研究对象的质与量间的关系。即通过各种不同的统计指标和指标体系来反映研究对象总体的规模、水平、速度、比例、效益和趋势等。

例如，我国的人口数量构成及其发展趋势、人口结构及发展趋势、国民生产总值的构成等。再如，某投资者筹备开超市，筹备前就要研究选址是否会影响超市的营业利润。

1.1.3 统计学的应用领域

统计学的研究内容为数据，只要有数据的存在就会用到统计学。随着定量研究重要性的提高，现代统计学的应用日益广泛，理、工、农、医、文、经，都要用到统计学的。例如，政府部门利用统计学进行宏观调控和管理；日常生活中，统计学是企业管理与决策的依据等。下面主要介绍统计学在经济管理中的一些应用。

1. 企业开发新产品

企业为了在激烈的市场竞争中求得平稳的发展，必然要根据市场的变化在适当的时候引入新产品[①]。引入新产品前，企业要对新产品进行市场定位，包括市场分析、对新产品的价格进行市场定位、对消费群体进行定位等。只有全面分析，新产品开发才能成功。同时，新产品进入市场后，企业要不断进行跟踪调查，不断完善新产品。而这些离不开统计学，它们需要统计学提供可靠的数据，对数据进行分析，得出决策信息。

2. 财务分析

上市公司的财务报表中的数据是投资者进行决策的重要参考依据。投资者分析上市公司的财务报表数据的定量关系，最后进行决策。企业自身的投资也离不开财务数据的分析。

3. 竞争对手的研究

随着社会经济的发展，各个行业内部之间的竞争也日益加剧。党的二十大报告指出，要提升企业核心竞争力。企业要想取得优势，抢占时机，就要不断地了解竞争对手，摸清对手的竞争策略，发现其弱势，利用自己的优势，制定获胜的策略，而做这些的前提是要进行数据分析。

1.2 统计学的分类

1.2.1 描述统计学和推断统计学

1. 描述统计学和推断统计学的定义

统计学按照统计数据分析的方法不同，分为描述统计学和推断统计学。

定义 1.4 描述统计学是指研究数据收集、处理数据和描述数据的统计学分支。

描述统计学的内容包括如何取得要研究的数据、用什么样的图表对数据进行处理和展示，进而通过综合、概括与分析，得出反映所研究对象的一般性特征。

描述统计学一般应用于有限的研究对象，通过描述统计学可以总结数据规律性。

例如，反映长春大学光华学院经济系某年级的统计学成绩的条形图即属于描述统计学，其统计学成绩数据如表 1-1 所示。

[①] 党的二十大报告指出，必须坚持守正创新。

表 1-1　统计学成绩

成绩结果	频数
优秀	7
良好	15
中等	16
及格	14
不及格	3
合计	55

该组数据采用条形图来描述，利用 Excel 软件来绘制，绘制结果如图 1.1 所示。

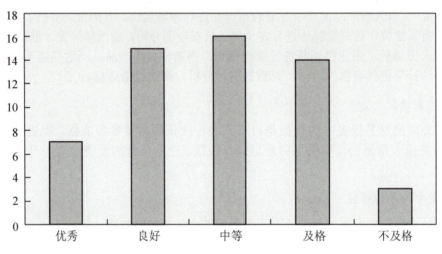

图 1.1　统计学成绩条形图

定义 1.5　推断统计学是指通过研究如何根据统计样本的资料计算样本的特征信息，来推断总体相关的特征的方法。

例如，从一个果园中采摘 40 个橘子，利用这 40 个橘子的平均质量来估计整个果园所有橘子的平均质量。

推断统计学一般应用于无限总体或总体数目较大，总体数据不易收集的情况。

2. 描述统计学与推断统计学的关系

一般来讲，描述统计学是现代统计学的前期工作，是推断统计学的基础；推断统计学是现代统计学的核心，是描述统计学的发展。这两部分是统计学的两个不可缺的组成内容。

例如，想研究某城市居民的消费水平，而这个城市的所有居民消费水平的数据是很难收集的，这时需要对这个城市的一小部分居民的消费状况的数据进行收集。通过描述统计学，了解样本居民的消费状况。而后用推断统计学，在对样本居民消费状况了解的情况下，达到对全市居民总体消费水平的认识。

1.2.2 理论统计学和应用统计学

1. 理论统计学和应用统计学的定义

统计学按照研究的目的不同，可分为理论统计学和应用统计学。

理论统计学把研究对象一般化、抽象化，以概率论为基础，从理论的角度，对统计方法加以推导论证，以归纳方法研究随机变量的一般规律。

应用统计学侧重于统计学的应用，它研究如何应用统计学理论和方法，对实际的问题进行研究，以揭示其各种经济现象的规律性。其目的是解决经济存在的问题，对经济增长进行预测。

2. 理论统计学和应用统计学的关系

理论统计学和应用统计学的关系十分密切。理论统计学为应用统计学提供了统计的理论和方法；而应用统计学是理论统计学的发展或延伸。

1.3 统计学的基本内容

从统计学的定义中可以看出统计学的核心是数据，所以在学习统计学内容之前要掌握统计数据的类型。

1.3.1 统计数据的类型

统计学在研究事物的数量方面是离不开数据的，如研究股票价格变动水平就要收集数据，计算出股票价格指数的指标来分析等。但数据不同，分析的方法也不同。

1. 分类数据、顺序数据、数值数据

按照计量尺度的不同，统计数据可分为分类数据、顺序数据和数值数据。

定义 1.6 归于某一类别的非数字型数据，称为分类数据。

分类数据是对事物进行分类，该数据表现的是文字叙述，如人口按性别可分为男、女两类。

定义 1.7 归于某一有序类别的非数字型数据，称为顺序数据。

顺序数据也是对事物进行分类的结果，如某大学的选修课成绩以优、良、中、及格和不及格分成 5 级。

定义 1.8 按数字尺度测量的观察值，称为数值数据。

数值数据是对事物进行了准确的测量，表现具体的数值，如某大学的统计学考试分数。
在这里要注意以下两点。

(1) 分类数据是归于某一类别，而顺序数据是归于某一有序类别，即在分类数据的基础上加一个条件"有序"。从这里可以得出，顺序数据比分类数据高一层次。

(2) 数值数据是对事物进行了准确的测量，表现具体的数值。例如，某专业学生的"英语成绩"为数值数据，但有时为了了解成绩的状况，要对数据进行分析，即 90 分以上的学生归于优秀，80~89 分的学生归于良好，70~79 分的学生归于中等，60~69 分的学生归于及格，60 分以下的学生归于不及格。从这个例子可以得知 3 种数据，最高级的数据为数值数据，其次是顺序数据，最低级的数据为分类数据。

2. 观察数据和实验数据

按照统计数据的收集方法不同，统计数据可分为观察数据和实验数据。

定义 1.9 通过调查或者观测而收集到的数据，称为观察数据。

观察数据是在没有对事物进行人为控制的条件下得到的数据，有关社会经济现象的统计数据几乎都是观察数据。

例如，某一时间段，某市交通广播电台发布信息：延安大街由南向北车流量比较大，请各位司机绕行。此数据"车流量大"就是观察数据。再如，某人对寄居在家中的一窝燕子很感兴趣，他每天观察并记录燕子飞出飞入的时间，以及它们喂养小燕子的习惯，那么他得到的燕子飞出飞入的时间数据即为观察数据。

定义 1.10 在实验中控制实验对象而收集到的数据，称为实验数据。

实验数据是对事物进行了人为控制而收集到的数据。在自然科学领域中所使用的统计数据大多是实验数据。

例如，某医药企业研发新药，数据通常是通过对小白鼠进行实验而得到的实验数据。

3. 截面数据和时间序列数据

按照被描述的对象与时间之间的关系，统计数据分为截面数据和时间序列数据。

定义 1.11 在相同或近似相同的时间点上所收集的数据，描述现象在某一时间点的变化情况，称为截面数据。

定义 1.12 在不同时间点上所收集的数据，用来描述对象随时间而变化的数据，称为时间序列数据。

例如，2015—2021 年我国国内生产总值增加值如表 1-2 所示。

表 1-2 2015—2021 年我国国内生产总值增加值

单位：亿元

年份/年	第一产业增加值	第二产业增加值	第三产业增加值
2015	57 774.6	281 338.9	349 744.7
2016	60 139.2	295 427.8	390 828.1
2017	62 099.5	331 580.5	438 355.9
2018	64 745.2	364 835.2	489 700.8
2019	70 473.6	380 670.6	535 371.0
2020	78 030.9	383 562.4	551 973.7
2021	83 085.5	450 904.5	609 679.7

资料来源：《中国统计年鉴—2022》。

其中行数据为截面数据，列数据为时间序列数据，即上表有 3 组时间序列数据，7 组截面数据。

1.3.2 统计学中的几个基本概念

统计学主要是想从样本的信息推断出总体的特征值。在进行研究时,涉及很多概念,其中有几个概念是经常用到的。

1. 总体和样本

定义 1.13 包含所研究的全部个体(数据)的集合,称为总体。

例如,要检验一批奶粉是否合格,那么这批奶粉构成的集合就是总体,其中每一袋奶粉就是总体中的个体。

总体根据包含的个体数目是否可数,分为有限总体和无限总体,即总体的范围确定有时比较容易,有时较难。例如,要检验一批灯泡的使用寿命,那么这批灯泡构成的集合就是总体,较易确定。再如,某企业推出一种新产品,想了解消费者是否喜欢,这时它就需要先确定消费对象,即要确定消费这种新产品的消费者总体,这时该总体的范围确定就较难。因此,我们可根据自己的研究目的来定义总体。

定义 1.14 从总体中抽取一部分个体重新组成一个集合,称为样本。

从总体中抽取一部分个体作为样本,目的是要根据样本提供的有关信息去推断总体的信息。

例如,估计一批灯泡的平均寿命,不能把所有灯泡点亮。因为这种试验属于破坏性试验,所以要从这批灯泡中随机抽取一小部分作为样本,进行测试,从而得出样本的平均寿命,通过此信息推断出这批灯泡的平均寿命。

再如,研究全国大学生平均月消费结构的状况,通常全国大学生这个总体的数据不易得到,只能抽取样本,通过对样本信息的研究推断出总体的信息状况。

定义 1.15 构成样本的个体数目,称为样本容量或样本量。

2. 参数和统计量

定义 1.16 用来描述总体特征的概括性数字度量,称为参数。

参数是研究人员想要了解总体特征的数值。在统计学中,我们最关心的是总体均值、总体方差、总体比例等。这些参数通常是未知的。

例如,某企业想了解今天生产的这批灯泡的平均寿命,即总体均值;某投资企业想了解它的投资组合的风险,即总体方差;某企业想了解今天生产的这批灯泡的次品率,即总体比例。

在统计中,总体参数通常用希腊字母表示,如总体均值用 μ 表示,总体标准差用 σ 表示,总体比例用 π 表示等。

定义 1.17 用来描述样本特征的概括性数字度量,称为统计量。

统计量是根据样本数据计算出来的一个已知的量。通常有样本均值、样本方差、样本比例等。样本统计量常用英文字母表示。例如,样本均值用 $\bar{x}$ 表示,样本标准差用 s 表示,样本比例用 p 表示等。

抽取样本的目的是根据样本统计量估计总体参数,即用样本均值 $\bar{x}$ 估计总体均值 μ,用样本标准差 s 估计总体标准差,用样本比例 p 估计总体比例 π。

3. 变量

定义 1.18 说明对象或现象某种特征的概念，称为变量。

变量按照不同的划分标准有不同的分类：
(1) 按数据的类型，变量可分为分类变量、顺序变量和数值变量；
(2) 按数值是否可数，变量可分为离散型变量和连续型变量。

1.4 案例分析：啤酒市场的调查与分析

随着经济的快速发展，人们的生活水平也日益提高。在经济不发达的时候，人们对一种产品是否消费，主要是受产品的价格因素影响。但随着经济的发展，人们的生活水平也在不断提高，人们对一种产品是否消费，不单单会受产品的价格因素影响，还有其他因素，如品牌、产品的售后服务、产品的外观、产品的性能等因素影响。

啤酒已成为一种日常消费品进入千家万户，且啤酒市场的竞争也一直从未停止过，各类啤酒犹如雨后春笋般出现。2003年，自我国加入世界贸易组织后，开放的中国市场已逐渐融入了世界经济的均衡游戏中。从2005年开始，外资进入中国啤酒业的步伐更为快速，随着外资收购速度的加快，中国啤酒市场的竞争正在发生变化。企业要想在这激烈的市场竞争中处于不败之地，抓住市场、扩展市场才是唯一的出路，因此有必要进行新一轮的啤酒市场调查与分析，以准确地知道哪些因素影响消费者的购买行为。

要想准确地知道哪些因素影响消费者的购买行为，首先要收集数据，其次要整理数据，再次要分析数据，最后要解释数据，从数据中得出想要的信息。

收集数据前要确定研究的总体。从上面的分析可知，总体是购买啤酒的全部消费者，因为这一总体的数据很难收集全，所以使用推断统计得出总体的信息，即收集样本的数据，根据样本信息来推断总体信息。

啤酒市场的调查与分析流程如图1.2所示。

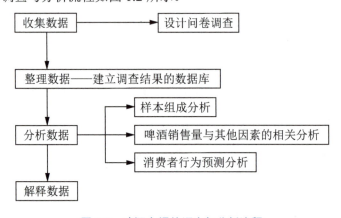

图 1.2 啤酒市场的调查与分析流程

第1章 总论

习 题

1．按计量尺度不同指出下列数据的类型。

(1) 年龄。

(2) 工资。

(3) 汽车产量。

(4) 性别。

(5) 购买商品时的支付方式(现金、信用卡、支票)。

(6) 企业类型。

(7) 员工对企业某项改革措施的态度(非常赞成、赞成、中立、反对、非常反对)。

2．一家研究机构从 IT 从业者中随机抽取了 200 人作为样本进行调查，其中 40% 的人回答他们的月收入在 4 000 元以上，60% 的人回答他们的消费支付方式是电子支付。试问：

(1) 该研究的总体是什么？样本是什么？样本容量为多少？

(2) 月收入是什么类型数据？消费支付方式是什么类型数据？

3．判断下列哪些是推断统计，哪些是描述统计。

(1) 从一个果园中采摘 40 个苹果，利用这 40 个苹果的平均质量估计果园的所有苹果的平均质量。

(2) 用条形图描述某大学某专业学生的成绩状况。

(3) 调查一个城市拥有汽车家庭的比例，估计全国拥有汽车家庭的比例。

4．为了估计某城市中拥有汽车的家庭比例，抽取了样本容量为 500 个家庭的样本，得到拥有汽车家庭的比例为 35%。根据这一信息估计这个城市拥有汽车家庭的比例为 32%。试问，哪个数据是参数？哪个数据是统计量？

[第1章] 习题参考答案

第 2 章 统计数据的收集与处理

教学目标

1. 了解数据收集的主要方法，以及各种方法的特性。
2. 了解统计调查方案的设计。
3. 掌握统计调查问卷设计的主要内容。
4. 掌握数据收集的软件操作过程。

引入案例

2020 年第七次全国人口普查

列宁曾说过："统计工作不是把数字随便填到几个格子里去，而是应当用数字来说明所研究的现象在实际生活中已经充分呈现出来或正在呈现出来的各种社会类型。"

第七次全国人口普查是在中国特色社会主义进入新时代开展的重大国情国力调查，将全面查清中国人口数量、结构、分布、城乡住房等方面情况，为完善人口发展战略和政策体系，促进人口长期均衡发展，科学制定国民经济和社会发展规划，推动经济高质量发展，开启全面建设社会主义现代化国家新征程，向第二个百年奋斗目标进军，提供科学准确的统计信息支持。我国于 2020 年 11 月 1 日零时开始进行了第七次全国人口普查。通过人口普查的结果，全面查清了我国人口数量、结构、分布等方面情况，掌握了人口变化的趋势性特征，为完善我国人口发展战略和政策体系、制定经济社会发展规划、推动经济高质量发展提供了准确统计信息支持。这次普查，既摸清了我国人口总量，掌握了人口规模的变化趋势，也查清了人口结构和分布状况、人口迁移流动状况，反映了人口结构演变和人口社会变迁等情况。[①]

根据实际研究的问题，进行统计分析，而应用统计分析问题首先要取得数据，即收集数据是统计分析的前提。同时，收集到可靠、准确、高质量的数据是统计研究的重要内容之一。本章主要介绍数据的收集方法，使学生掌握取得数据的方法。其具体内容包括数据的来源及不同来源的数据的处理方法，重点介绍直接来源数据的收集方法及处理过程。

2.1 统计数据的来源

从使用者的角度看，统计数据的来源主要有两种：一是间接来源，间接来源数据又称二手数据，即别人已收集到的数据，不用研究人员自己去收集；二是直接来源，直接来源数据又称一手数据，即别人没有收集过的数据，需要研究人员自己去收集。

---

① 党的二十大报告指出，我国十四亿多人口整体迈进现代化社会，规模超过现有发达国家人口的总和，艰巨性和复杂性前所未有，发展途径和推进方式也必然具有自己的特点。

2.1.1 统计数据的间接来源与处理

1. 间接来源数据

与研究内容有关的原始信息已存在，人们只需对这些原始信息进行重新加工、整理以获取所需的统计数据，则称这种来源的数据为间接来源数据，又称为二手数据。

例如，研究吉林省改革开放以来区域经济发展的趋势。衡量一个区域经济发展的指标通常使用该区域的生产总值，为此需要收集改革开放以来吉林省每年的生产总值数据，而该数据已存在于统计年鉴中，只需研究人员对数据进行重新整理即可，该研究使用的数据就为间接来源数据。

间接来源数据主要来源于社会经济统计部门公开出版的各种报刊书籍，如公开出版的《中国统计年鉴》《中国社会统计年鉴》等，当然也有些是尚未公开的数据。

2. 间接来源数据的处理

相对于直接来源数据，间接来源数据有很多优点，如收集起来比较容易、收集数据的成本较低、用时较短等优势。虽然间接来源数据对于使用者来说既经济又方便，但使用时需要使用者保持谨慎的态度。因为间接来源数据并不是针对研究人员的研究内容而收集的数据，所以这种数据可能是有欠缺的，如资料的相关性不够、口径可能不一致、数据可能不准确、失去时效性等。因此，使用者在使用间接来源数据时需要进行评估。一般情况下，评估间接来源数据时需要考虑以下因素。

(1) 数据是由谁收集的。主要考察数据收集者的实力和社会信誉度。例如，对于全国性的宏观数据，与某个专业性的调查机构相比，政府有关部门公布的数据可信度更高。

(2) 数据收集的目的。为了某个集团利益而收集的数据是值得怀疑的。

(3) 数据的收集方法。数据的收集方法有很多，不同的收集方法所得到的数据的解释力和说服力是不同的。如果不了解数据的收集方法，很难对数据的质量做出客观的评价，即数据的质量来源于数据的产生过程。

(4) 间接来源数据的收集时间，即注意数据的时效性。因为使用"过时"数据会影响研究的结果。

(5) 间接来源数据的一致性。主要表现为数据的计算口径是否相同。例如，评价几家保险公司本月健康险的赔付，需要收集这几家保险公司的健康险的本月赔付数据进行比较，这时需要注意这几家保险公司的赔付数据的计算口径是否一致，即赔付数据是否包括了已支付、已发生或已报告赔款。

最后，在引用间接来源数据时，应注明数据的来源，尊重他人的劳动成果。

2.1.2 统计数据的直接来源与处理

当间接来源数据(二手数据)无法满足需要的时候，研究人员必须自己通过调研收集数据，这种数据称为直接来源数据，又称一手数据。

直接来源数据的来源主要有两个。一是通过专门组织的统计调查获得数据，即调查数据。统计调查是取得社会经济数据的重要手段。二是通过科学实验得到的数据，即实验数据。科学实验是取得自然科学数据的主要手段。其中调查数据有两种常用收集方式——普查和抽样调查。普查是指对总体中的个体进行逐一调查。抽样调查是按照一定的筛选规则选择一部分个体进行调查。

1. 普查

普查是指为某一特定目的而专门组织的一次性的全面调查，用来调查属于一定时点上或一定时期内的社会现象总量。例如，世界各国一般都定期地进行各种普查，以便掌握有关国情、国力的基本统计数据。

普查的目的是掌握特定社会经济现象的基本全貌，为国家制定有关政策或措施提供依据。我国进行的普查主要有人口普查、农业普查和经济普查。我国人口普查是每隔 10 年进行一次，每逢年份的末位为"0"的年份进行人口普查，如在 2020 年 11 月 1 日零时进行第七次人口普查；我国农业普查也是 10 年进行一次，每逢年份的末位为"6"的年份进行农业普查；经济普查是 5 年进行一次。

由于普查是对研究对象进行全面的调查，即普查涉及的面广，需要大量的人力、物力、财力和时间，因此普查间隔的时间较长。而对于微观经济主体来说，往往会采用抽样调查。

2. 抽样调查

抽样调查是指从总体中随机抽取部分单位(个体)作为样本进行调查，并根据样本调查结果来推断总体特征的数据采集方法。抽样调查是实际中应用最广泛的一种调查方式。抽样调查具有以下特点。

(1) 经济性。调查的样本单位通常是总体单位的一小部分，调查的工作量小，因而可以省力、省时，调查的成本较低。

(2) 时效性较高。由于抽样调查只是调查总体中的一小部分，因此调查的准备时间较短，调查时间也较短，数据的处理时间同样较短，从而提高了数据的时效性。

(3) 适用面广。从适用范围来看，抽样调查适用于各种调查中，无论研究对象是数量大的还是数量小的，都可以采用抽样调查。

(4) 准确性较高。抽样调查中的样本误差，在调查前就可以根据调查样本数量和总体中各单位之间的差异程度进行计算，可以把样本误差控制在一定范围之内，调查结果的准确性较高。

2.2 抽样调查数据的收集

普查工作耗费人力、物力较大，时间较长，常因总体资料取得不易而无法进行，而抽样调查的方法因具有准确性高、成本低、速度快、适用面广等优点，是实际中运用最为普遍的调查方式。在一项抽样调查工作开始前，要对调查工作进行设计，即设计调查方案。

2.2.1 调查方案的设计

调查方案的设计是指事先制定出一个科学、严密、可行的工作计划并组织实施，以便在调查过程中统一认识、统一内容、统一方法、统一步调，圆满完成调查任务，即包括整个调查工作的全部过程。

调查方案的设计包括以下内容。

1. 明确调查目的

明确调查目的是设计调查方案的首要问题，只有明确了调查目的，才能确定研究人员的调查范围、内容及方法。

例如，公司决定开发一款新产品，在具体研发之前，想要了解目前市场上同类产品的销售情况、价位、消费者心目中的印象及消费者可接受的产品价位等信息，此时市场调查的目的便是通过对消费者和竞争产品的调查分析，找出新产品的目标市场和目标消费群体，问卷调查的问题要针对这一目的而展开。

2. 明确调查对象和调查单位

在明确调查目的之后，针对调查目的，要明确需要什么样的数据、数据如何得到、数据由谁提供等，即要明确调查对象和调查单位。

在明确调查对象和调查单位时，需要注意确定的方法必须用科学的理论作指导，严格规定调查对象的含义，并划分它与其他有关对象的界限，以免调查对象由于界限不清而发生差错。

例如，以城市职工为调查对象，就应明确城市职工的含义，划清城市职工与非城市职工、城市职工与城市居民等概念的界限。

3. 决定抽样调查的方法及数据收集的方法

1) 抽样调查的方法

抽样调查的方式有很多，可以将这些不同的方式分为两类：概率抽样和非概率抽样。

(1) 概率抽样。概率抽样也称随机抽样，是指按照随机原则进行的抽样，总体中每个单位都有一定的机会被选入样本。其中随机原则是指在抽取样本时排除主观上有意识地抽取调查单位，使每个单位都有一定的机会被抽中。注意：随机不是随便，随机用概率来描述，而随便则带有人为主观的因素。这里指的每个单位都有一定的机会被选入样本，不等同于每个单位都以相同的概率被抽中，而是指每个单位被抽中的概率为非零。

概率抽样的方式有以下 5 种。

① 简单随机抽样。简单随机抽样又称单纯随机抽样，从总体 N 个单位中任意抽取 n 个单位作为样本，使每个单位被抽中的概率相等的一种抽样方式。由于市场调研的总体范围较广，总体内部各个个体之间的差异较大，一般不直接采用这种抽样的方法，而是与其他抽样方法相结合。

② 分层抽样。分层抽样是将调查的总体按照不同的特征分成若干层级，然后再从每一层级内进行单纯随机或系统抽样调查样本单位的抽样方法。

例如，研究在校大学生对图书馆的利用率。抽取样本时，先按专业将所有的在校大学生分不同层，然后按照总体中不同层的学生比例，从不同专业中抽取若干名学生组成在校大学生的抽取样本。

分层抽样的优点有很多，如保证了样本中包含有各种特征的抽样单位，样本的结构与总体的结构比较相近，从而可以有效地提高估计的精度；再如，分层抽样不仅可以对总体参数进行估计，还可以对各层的目标量进行估计。

③ 整群抽样。整群抽样是指将总体中各单位归并成若干个互不交叉、互不重复的集合(称之为群)，然后以群(而不是一个样本)为抽样单位抽取样本的一种抽样方式。

例如，采用整群抽样研究在校大学生对统计学这门课程的认识。先按学校的名称把在校大学生分成若干个群，如清华大学的学生、北京大学的学生等，然后从这些群中抽取一个群作为样本，对抽中的群中所有在校大学生实施调查。

整群抽样的优点：群通常由那些地理位置邻近的或隶属于同一系统的单位构成，因此调查的地点相对集中，从而节省调查费用，方便调查的实施。

整群抽样的缺点：估计的精度较差。因为同一群内的单位或多或少地有些相似，在样本量相同的条件下，抽样误差通常较大，导致精度较差。

④ 系统抽样。系统抽样是指将总体中的所有单位按一定的顺序排列，在规定的范围内随机地抽取一个单位作为初始单位，然后按事先规定好的规则确定其他样本单位。

例如，先将总体中的个体随机排序并编号，规定抽取号码为双号，随机地抽取4号作为初始单位，共抽取样本容量为40的样本。按照系统抽样抽取的样本中个体有4号、6号、8号……到抽取40个个体为止。

系统抽样的主要优点是操作简单，如果对总体内的单位进行有组织的排列，可以有效地提高估计的精度。系统抽样的主要缺点是对估计量方差的估计比较困难。

⑤ 多阶段抽样。多阶段抽样是指分两个及两个以上的阶段从总体中抽取样本的一种抽样调查方法，即先粗分，再细分，然后再微分。

例如，对"实施全省性的防治犯罪相关问题"进行民意调查，决定采用多阶段抽样方法。

首先，针对全省居住人口，按犯罪率高低从各市、县、区依一定比例随机抽出100个个体(各市、县、区均有)。

其次，在这100个个体中，以镇、街道为类，在同一个体中抽出3个村(居委会)。

最后，在村(居委会)以户为单位，随机抽出5户作为样本，所以最后样本数为1 500。

以上介绍了5种常见的概率抽样方式，主要的优点是，可以依据调查结果，计算估计量误差，从而得到对总体目标量进行推断的可靠程度。也可以按照要求的精确度，计算必要的样本单位数目，此类问题将在第5章具体介绍。

(2) 非概率抽样。非概率抽样是指抽样时不是依据随机原则，而是根据研究目的对数据的要求，采用某种方式从总体中抽出部分单位对其进行调查研究。非概率抽样有以下几种常见的方法。

① 方便抽样。方便抽样是调查人员本着方便和自愿的原则去选择样本的抽样方式。

例如，调查人员在路上或其他地方，如快餐店或便利店等，拦下行人进行访问就是一种方便抽样。再如，研究某城市居民购房需求的状况，调查员在此城市房交会门口拦下每个从房交会出来的人进行调查研究。

方便抽样的优点：简便易行，能及时获得所需要的信息或数据；省时省力，节省调研经费；效率高，并能为非正式的探索性研究提供很好的数据源。

方便抽样的缺点：样本的偶然性较高，存在选择的偏差，即样本的代表性较差，调查的结果可信度较低。所以一般情况下，此抽样方法只适用于探索性的调查或正式调查前的预调查。

② 判断抽样。判断抽样是指研究人员根据自己的经验、认知和对研究对象的了解，有目的地选择一些个体作为样本。判断抽样一般情况有两种做法。

一种是由专家判断决定所选样本，即选择最能代表普遍情况的群体作为样本，其中普遍情况的群体一般选择多数型或平均型为样本进行调查研究。

多数型是指选择的样本在调研总体中占多数的单位。例如，调查中国钢铁行业的管理机制、运营机制及改革等状况，所挑选的样本单位一定得避开鞍钢、宝钢和首钢等几家大型企业，原因是它们的钢铁产量占全国钢铁产量的大半，但是它们的管理水平、运营能力等不能代表众多钢铁企业的现状。

平均型是指选择的样本在调查总体中能代表平均水平的单位。例如，某企业要调查其自身产品与竞争对手产品的销售情况，根据主观判断选择了一些同时对销售双方产品有影响的、有代表性的零售商店作为样本。

另一种是利用统计判断选取样本，即利用总体的全面统计资料，按照主观设定的某一标准的样本。例如，调查我国钢铁的产量状况，这时只需对我国的鞍钢、宝钢和首钢等几家大型企业进行调查，原因是它们的钢铁产量占全国钢铁产量的大半，对这几家进行了解就相当于掌握了总体产量的状况。

判断抽样的成本较低，容易操作，但由于样本是人为确定的，没有依据随机的原则，因而调查结果不能用于对总体有关参数进行估计。

③ 自愿样本。自愿样本指被调查者自愿参加，向调查人员提供有关信息。如参与报刊上和互联网上刊登的调查问卷活动，都属于自愿样本。

自愿样本的样本组成往往集中于某类特定的人群，即集中于对该调查活动感兴趣的人群，因此，可能导致样本的偏倚。但自愿样本仍可以给研究人员提供许多有价值的信息，它可以反映某类群体的一般看法。

④ 配额抽样。配额抽样是指随意选择被调查的个体，但在性别、年龄和社会阶层等方面有名额的限制。这种方法在商业调查中被广泛使用，但抽样人群依赖于调查员的喜好和调查地点。

配额抽样操作简单，而且可以保证总体中不同类别的单位都能包括在所抽的样本之中，使得样本的结构和总体的结构类似。

⑤ 滚雪球抽样。滚雪球抽样又称链式抽样，是指利用随机方法选出初始被调查者，然后从初始被调查者所提供的信息中取得新的具有某一特征的再次被调查者，以此类推，最后通过少量的样本单位逐步获得较多的样本单位的方法。

滚雪球抽样的主要优点是容易找到那些属于特定群体的被调查者，调查的成本较低。它适用于对特定群体进行研究的资料收集。

2) 数据收集的方法

样本单位确定之后，对这些单位实施调查，即从样本单位得到所需要的数据。数据收集的方法主要有以下几种。

(1) 自填式。自填式指在没有调查员协助的情况下由被调查者自己填写，完成调查问卷。把问卷递送给被调查者的方法有很多，如调查员分发、邮寄、通过网络发送等。

(2) 面访式。面访式是指现场调查中调查员与被调查者面对面，调查员提问，被调查者回答的调查方式。这种调查方式回收率较高，但成本较高。

(3) 电话式。电话式是指调查员通过打电话的方式向被调查者实施调查。这种调查的方式速度快，能够在短时间内完成调查。虽然电话式可以在短时间内得到数据，但它也有很多局限性，如对方较忙无时间接听，或无人接听，或被调查者无电话等。

2.2.2　调查问卷的设计

问卷调查法又称问卷法，是运用统一设计的问卷向被调查者了解情况或征询意见的方法。

设计问卷是问卷调查法的关键部分。因为设计问卷是调查者得到数据的方法，而数据的质量关系到最后的分析结果。所以说，完美的问卷必须具备两个功能：一是能将问题传达给被调查者；二是使被调查者乐于回答，使调查者收集到有效的数据。要完成这两个功能，设计问卷时应当遵循一定的原则和程序，运用一定的技巧。

1. 问卷设计的原则

1) 有明确的主题

明确的主题是指调查的主要目标，即问卷中的问题要根据调查目标，从实际出发，突出重点，不能出现可有可无的问题。

2) 问卷的结构要合理、逻辑性要强

问卷中的问题排列要合理，要符合被调查者的思维程序。通常是先浅后深、先简后繁、先具体后抽象。这样也有助于调查者得到质量高的数据。

3) 通俗易懂

问卷要使被调查者一目了然，并愿意如实回答。要达到此目的，需注意以下几点。

(1) 问卷要通俗易懂，符合被调查者的理解能力和认识能力，避免使用专业术语。例如，"您认为软饮料的分销充分吗？"这个问题中"分销"很难让所有的被调查者理解其含义。

(2) 对敏感性问题要采取一定的技巧调查。例如，问"××牌的产品质优价廉，您是否准备选购"这样的问题容易使被调查者因引导性提问得出肯定性的结论或因反感此种问法得出相反结论，这样不能反映消费者对商品的真实态度和真正的购买意愿，所以产生的结论也缺乏客观性，可信度偏低。

(3) 避免隐含选择、隐含假设。例如："您目前从事什么职业？"这个问题就隐含了一个假设，假设所有的被调查者都有工作。

4) 控制问卷的长度

问卷的长度通常用回答问卷的时间来控制，问卷的问题应简明扼要，应尽量避免太长的题目。

5) 便于资料的校验、数据的整理和统计

问卷是抽样调查收集数据的主要方法，只有把数据整理后，才能进行数据分析，所以，设计问卷时一定要考虑资料的校验、数据的整理和统计。

2. 问卷设计的程序

问卷设计的程序包括以下几个步骤。

1) 把握调查的目的和内容

问卷设计的第一步就是要把握调查的目的和内容。这一步骤的实质是规定设计问卷所需的信息。

2) 确定调查方法的类型

不同类型的调查方法对问卷设计是有影响的。

例如，在面访调查中，如果是入户访问的话，被调查者可以看到问题并可以与调查员面对面交谈，因此可以询问较长的、复杂的问题。如果是街上进行拦截式的面对面访谈，就比入户访问有更多的限制，如时间上的限制，这时的问卷就不能询问较长的、复杂的问题。

再如，在电话访问中，被调查者可以与调查员交谈，但是看不到问卷，这就决定了只能问一些短的和比较简单的问题。邮寄的问卷是被调查者自己独自填写的，因为与调查员没有直接的交流，所以问卷的问题也应简单些并要给出详细的指导语。

3) 确定每个问题的内容

确定了调查方法的类型，下一步就是确定每个问题的内容，即每个问题应包括什么。每个问题的内容设计需满足以下两项原则。

(1) 必要性。必要性是指问卷中每个问题要有其存在的合理性，不要出现可有可无的问题。

(2) 目的性。目的性是指问卷中的每个问题都应对所需的信息有所贡献，或服务于某些特定的目的。如果从一个问题得不到可以使用的数据，那么这个问题就应该取消。

有些时候，还可以"故意"问一些与所需信息没有直接联系的问题。这些没有直接联系的问题通常放在问卷的开头，目的是能让被调查者乐于介入此调查中。

4) 决定问题的类型

一般来说，调查问卷的问题有开放式问题和封闭式问题两种类型。

(1) 开放式问题是调查员向被调查者提出问题，被调查者回答时不必从备选答案中选择，而可以自由地在指定的范围内表达自己意见的调查。例如，"您为什么喜欢××可乐的电视广告？"

开放式问题的优点是，提问比较简单，回答比较真实，即数据的质量较高。但它的缺点是，难以统计分析，即难以量化。因此，开放式问题在探索性调研中很有帮助，但在大规模的抽样调查中，它就弊大于利了。

(2) 封闭式问题是指问卷调查中要事先设计好各种可能的答案的问题，由被调查者从备选的答案中选定一个或几个即可。

例如，您购买住房时考虑的主要因素是什么？

A．周边环境

B．价格

C．交通情况

D．面积

E．施工质量

F．格局

由于答案标准化，因此封闭式问题的优点是回答方便，有利于提高问卷的回收率；易于进行各种统计处理和统计分析。其缺点是被调查者只能在规定的范围内回答，无法准确表达自己的真实想法，即存在着一定的偏差。所以此问题方式只适用于收集被调查者已经有明确看法的意向调查，不适用于初步探索性调查。

5）确定问题的措辞

问题的措辞是指将想要的问题内容和结构，翻译成调查对象可以清楚、轻松理解的用语。主要包括以下几点。

① 问题的措辞要求多用普通用语、语法，如果必须要用专业术语，必须对其加以解释。

② 要避免一句话中使用两个以上的同类概念或双重否定语。

③ 要防止诱导性、暗示性的问题，以免影响被调查者的思考。

④ 问及敏感性的问题时要讲究技巧。

⑤ 行文要浅显易读，要考虑到被调查者的知识水平及文化程度，不要超过被调查者的领悟能力。

⑥ 可运用方言，访问时更是如此。

6）安排问题的顺序

通常问卷的问题顺序为先浅后深、先简后繁、先具体后抽象，所以最初安排的问题应容易回答且具有趣味性，旨在提高被调查者的兴趣。核心问题往往置于问卷中间部分。即问卷中问题的顺序一般按下列规则排列。

① 容易回答的问题放前面，较难回答的问题往后放，困窘性问题放最后，个人资料的事实性问题放卷首。

② 封闭式问题放前面，开放式问题放后面。因为开放式问题往往需要时间来考虑答案和组织语言，放在前面会引起被调查者的厌烦情绪，一旦出现这种情况，被调查者会中途放弃。

③ 要注意问题的逻辑顺序，可以按时间顺序、类别顺序等合理排列。

7）确定格式和排版

问题的格式及问卷的排版都会对结果产生显著的影响。格式有 3 种：行式排列、列式排列和矩阵式排列。

① 行式排列，即将所有备选项排成一行的排列方式。

例如，您购买住房时考虑的主要因素是什么？

A. 价格　　B. 面积　　C. 交通情况　　D. 周边环境　　E. 格局

② 列式排列，即将所有备选项排成一列，放在每个问题下边的排列方式。

例如，您购买住房时考虑的主要因素是什么？

A. 价格

B. 面积

C. 交通情况

D. 周边环境

E. 格局

③ 矩阵式排列，即当多个问题具有相同的选项时，可将其设计成矩阵式。

例如，依您对下列问题的同意程度进行适当的选择：

	非常同意	同意	中立	不同意	非常不同意
粮食价格应降低 10%	[ ]	[ ]	[ ]	[ ]	[ ]
粮食价格应保持稳定	[ ]	[ ]	[ ]	[ ]	[ ]
粮食价格应提高 10%以内	[ ]	[ ]	[ ]	[ ]	[ ]
粮食价格应提高 10%~20%	[ ]	[ ]	[ ]	[ ]	[ ]

8) 拟定问卷的初稿和预调查

以上的程序全部完成，即完成了问卷的初稿。拟定好问卷的初稿后，必须进行预调查。预调查要以最终调查的相同形式进行，如果调查是入户调查，预调查也应当采用入户的形式。在预调查完成后，任何需要改变的地方都应当切实修改。在进行实地调查前，问卷应当再一次获得各方的认可，如果预调查导致问卷产生较大的改动，需要进行第二次的预调查。

9) 设计正式问卷

问卷的一般结构包括标题、说明、主体、致谢语 4 项。

(1) 标题。每份问卷都有一个研究主题。调查员要为此次调查定个题目，反映这个研究主题，使人一目了然，增强被调查者的兴趣和责任感。

(2) 说明。说明可以让被调查者了解调查的目的和内容，也可以是指导语，说明这个调查的目的和意义，填答问卷的要求和注意事项，下面同时填上调查单位名称和年月日。说明通常放在问卷的前面，篇幅宜小不宜大。

(3) 主体。主体是指问卷的核心部分，即问题。从类型上看，问题可分为开放式和封闭式两种。从内容上看，可以分为事实性问题、意见性问题、困窘性问题等。

(4) 致谢语。为了表达对被调查者真诚合作的谢意，调查员应当在问卷的末端写上感谢的话。如果前面的说明中已包含感谢的话语，末端可不用。

在问卷设计完成后，可进入问卷调查的实施及数据的回收和整理(此内容将在 2.4 节中详细讲解)阶段。

2.3　统计数据质量

统计数据的质量直接影响到统计分析的结论。为确保统计数据的质量，在数据收集、整理、分析各阶段都应尽可能减小误差，尤其是在数据收集阶段。

2.3.1　统计数据的误差

统计数据的误差是指统计数据与客观现实之间的差距。统计数据的误差主要包括抽样误差和非抽样误差。

抽样误差是指抽样过程中由大量无法控制的偶然因素的作用所引起的样本统计量与总体参数间的差异。这种误差的产生原因一般有以下几种。

(1) 由于抽取样本时没有遵循随机原则而产生的。
(2) 由于样本结构与总体结构的差异而产生的。
(3) 由于样本容量不足而产生的。

抽样误差是无法消除的，但在设计调查方案前可以事先进行控制或计算。例如，按研究要求的精度，利用公式可以计算出最小样本容量。

非抽样误差是指在调查过程中由于调查员或被调查者的人为因素所造成的误差。例如，调查员在调查过程中的填报错误、抄录错误、汇总错误等引起误差，属于非抽样误差；再如，被调查者的故意虚报或瞒报引起的误差，也属于非抽样误差。对于非抽样误差来说，无论采用哪种方式调查都有可能产生。

2.3.2　统计数据的质量要求

一般统计数据的质量评价标准主要有 6 个方面。
(1) 精度：最低的抽样误差或随机误差。
(2) 准确性：最小的非抽样误差或偏差。
(3) 关联性：满足用户决策、管理和研究的需要。
(4) 及时性：在最短的时间里取得并公布数据。
(5) 一致性：保证时间序列的可比性。
(6) 最低成本：在满足以上标准的前提下，以最经济的方式取得数据。

2.3.3　降低统计数据误差的措施

1. 非抽样误差减小的措施

必须采取各种措施，降低或减小可能发生的各种非抽样误差，把它们缩小到最低限度范围内。主要的措施有以下 2 种。
(1) 正确制定严密的调查方案，详细界定各种调查项目和计算方法。
(2) 切实落实好调查方案的各项内容。

2. 抽样误差减小的措施

减小抽样误差，一般情况下，可在选择抽样调查单位环节入手。例如，在抽样调查时选取有代表性的调查单位；抽样调查遵循随机原则；在抽样之前确定好样本容量，并保证不随意更换样本单位；等等。

2.4 案例分析：啤酒市场的调查与分析及 Excel 上机应用——数据的收集

2.4.1 调查问卷的设计

假设此次调查采用电子邮件的方式进行，调查目前吉林省的几个城市消费者饮用啤酒的行为习惯。与消费者行为有关的信息包括消费者的性别、年龄、学历和居住城市等个人信息，除此之外，还包括消费者对啤酒的一些看法等。根据这些内容，我们设计调查问卷。

1. 设计问卷的说明和标题

根据前面的介绍，说明不是问卷的主要部分，这部分主要是对调查目的、意义及填写要求的说明。标题反映这个研究主题，使人一目了然，增强被调查者的兴趣和责任感。根据研究目的，设计了啤酒消费者行为调查表，如图 2.1 所示。

【制作调查问卷】

图 2.1 啤酒消费者行为调查表

2. 设计问卷的主体

问卷主体是市场调查所要收集的主要信息，它由一个个问题及相应的选择项目组成，通过主体部分问题的设计和被调查者的答复，市场调查员可以对被调查者的基本个人情况和对某一特定事物的态度、意见倾向及行为有较充分的了解。设计步骤如下(本书案例的操作全部使用 Excel 2007 进行讲解)。

第一步：在"调查问卷"工作表中输入如图 2.2 所示的问卷题目。

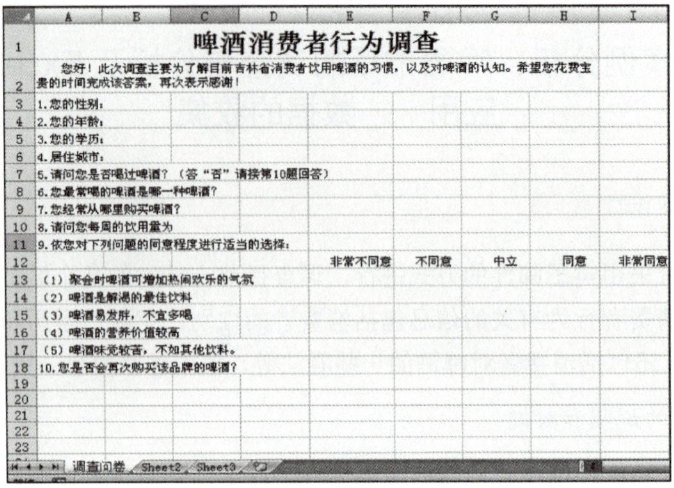

图 2.2　问卷题目示意图

第二步：为了美观，取消网格线。单击"视图"选项卡，取消勾选"网格线"复选框，即取消网格线，得到的结果如图 2.3 所示。

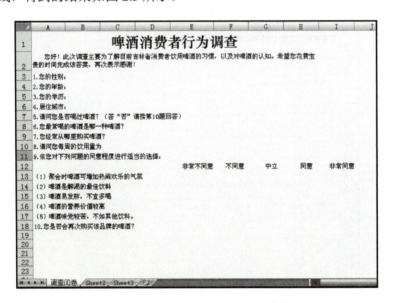

图 2.3　取消网格后的问卷题目示意图

第三步：单击"开发工具"→"插入"的下拉按钮，在弹出的下拉列表中选择"分组框"选项，然后拖动鼠标，在工作表中适当的位置创建分组框，如图 2.4 所示。

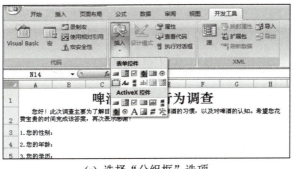

(a) 选择"分组框"选项

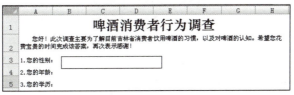

(b) 分组框效果

图 2.4 创建分组框

第四步：单击"开发工具"→"插入"的下拉按钮，在弹出的下拉列表中选择"选项按钮"选项，在上一步中绘制的分组框内部绘制选项按钮，并将选项按钮的名称更改为"男"；之后按住 Ctrl 键，复制一个选项按钮，仍然将该选项按钮放置于分组框内，并将名称更改为"女"，如图 2.5 所示。

(a) 选择"选项按钮"选项

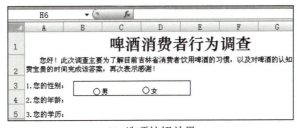

(b) 选项按钮效果

图 2.5 绘制选项按钮

此时当指向选项按钮时，鼠标指针的形状会显示为手状，单击，将选中当前选项按钮。

第五步：按照上面的顺序，依次为问卷其他问题设计好选项，最后得出的问卷题目及选项如图 2.6 所示。

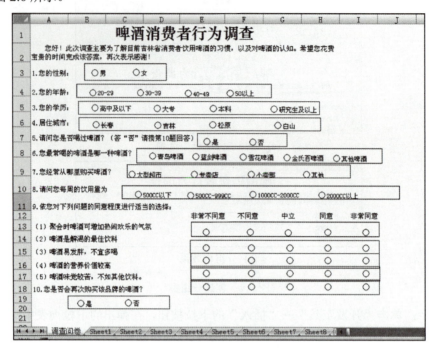

图 2.6　新设计的调查问卷示意图

第六步：设计"提交问卷"按钮，单击"插入"→"形状"的下拉按钮，在弹出的下拉列表中选择"矩形"选项，拖动鼠标，在问卷的空白处绘制矩形，然后右键单击"矩形"，在弹出的快捷菜单中选择"添加文字"选项，添加"提交问卷"文字，如图 2.7 所示。

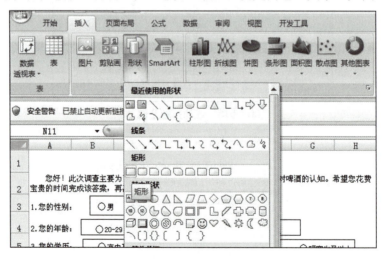

图 2.7　设计"提交问卷"按钮

最后，得到最终问卷，如图 2.8 所示(这里主要介绍方法，所以问卷未添加设计背景等其他内容)。

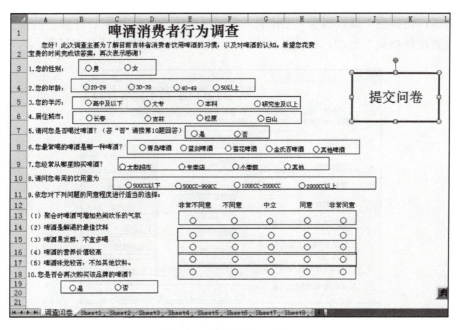

图 2.8　最终问卷示意图

2.4.2　自动接收问卷结果的设置

此次调查是以电子邮件的方式进行的，为避免手动输入调查结果，可以通过设置自动接收问卷结果来实现自动化。本书将利用 VAB 代码自动记录所有调查结果的方法。

具体的创建方法如下。

第一步：建立一个新的工作表，命名为"自动统计调查结果"，并在其上创建如图 2.9 所示的问卷题目信息。

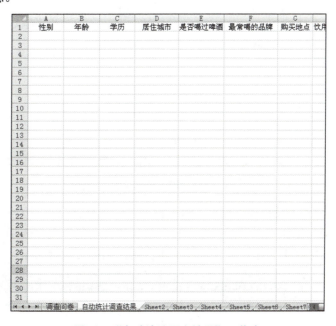

【自动接收数据设计】

图 2.9　"自动统计调查结果"工作表

第二步：切换到"调查问卷"工作表，右键单击单选按钮"男"，在弹出的快捷菜单中选择"设置控件格式"选项，如图 2.10 所示，弹出"设置控件格式"对话框。

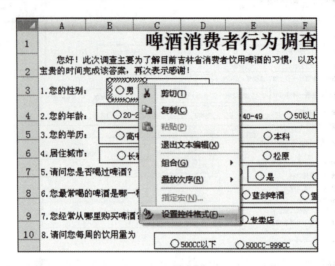

图 2.10　"设置控件格式"选项

第三步：在"设置控件格式"对话框中，单击"控制"选项卡，然后单击"单元格链接"文本框右侧的单元格引用按钮，如图 2.11 所示。

图 2.11　"设置控件格式"对话框

第四步：此时，"设置控件格式"对话框会自动折叠并只显示为一个文本框，单击"自动统计调查结果"工作表，然后选定"自动统计调查结果"工作表中的 A2 单元格，此时该单元格的引用路径会显示在对话框的文本框中，如图 2.12 所示。

图 2.12　单元格的引用路径显示结果

第五步：在选定引用的单元格后，单击上一步中对话框的"关闭"按钮，返回"设置对象格式"对话框，然后关闭"设置对象格式"对话框。

此时，在"调查问卷"工作表选中选项按钮"男"后，切换到"自动统计调查结果"工作表，会发现该工作表的 A2 单元格中自动出现数值"1"；如果在"调查问卷"工作表选中选项按钮"女"后，切换到"自动统计调查结果"工作表，会发现该工作表的 A2 单元格中自动出现数值"2"如图 2.13 所示。

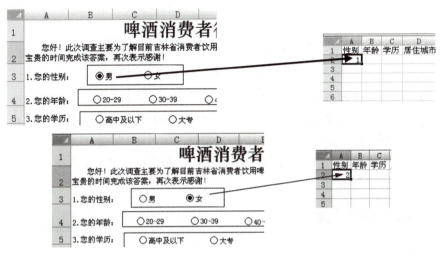

图 2.13　自动接收问卷结果

第六步：用同样的方法为其余的题目设置选择答案。并将各组题目的选项按钮和对应的"自动统计调查结果"工作表中的单元格链接。

2.4.3 "自动统计调查结果"工作表的隐藏和问卷邮件的发送

调查员制作好调查问卷后，接下来要做的工作就是将问卷发送到被调查者的邮箱。但是，由于被调查者只需要看到"调查问卷"工作表，所以在发送邮件之前，还需要进行隐藏"自动统计调查结果"工作表并保护工作簿。具体操作如下。

第一步：切换到"自动统计调查结果"工作表，右键单击该工作表，在弹出的快捷菜单中选择"隐藏"选项，如图 2.14 所示。

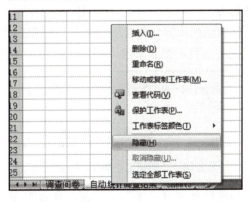

图 2.14　选择"隐藏"选项

此时，"自动统计调查结果"工作表就自动隐藏了，如图 2.15 所示。

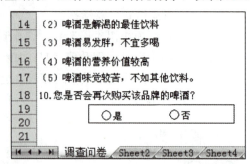

图 2.15 "自动统计调查结果"工作表自动隐藏

第二步：切换到"调查问卷"工作表，对该工作表进行保护。单击"审阅"→"保护工作簿"的下拉按钮，在弹出的下拉列表中选择"保护结构和窗口"选项，弹出"保护结构和窗口"对话框，在"密码"文本框中输入密码，如"123"，如图 2.16 所示。

第三步：单击"确定"按钮，弹出"确认密码"对话框，再次输入密码，如图 2.17 所示，然后单击"确定"按钮。

 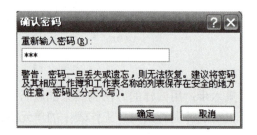

图 2.16 "保护结构和窗口"对话框　　　　图 2.17 "确认密码"对话框

此时，调查员就可以把调查问卷发送给被调查者了。

2.4.4 调查结果资料库的创建

假设此次调查共发送 50 份电子邮件，收到问卷结果 35 份，其中 5 份问卷答题不符合要求，不予统计，下面把另外 30 份问卷结果进行统计。操作如下。

第一步：打开"调查问卷"工作表，单击"审阅"→"保护工作簿"的下拉按钮，在弹出的下拉列表中选择"保护结构和窗口"选项，弹出"撤销工作簿保护"对话框，在"密码"文本框中输入之前设置的密码，然后单击"确定"按钮，如图 2.18 所示。

图 2.18 "撤销工作簿保护"对话框　　使用替代函数生成数据库

第二步：此时显示"自动统计调查结果"工作表，有效的 30 份问卷调查结果出现在该工作表中，如图 2.19 所示。

A	B	C	D	E	F	G	H	I	J	K	L	M	N
性别	年龄	学历	居住城市	是否喝过啤酒	最常喝的品牌	购买地点	饮用量（CC）	增加气氛	解渴	易发胖	营养高	味苦	再次购买
2	1	4	2	1	1	1	4	2	3	4	5	4	1
1	2	3	3	1	2	2	4	5	5	3	3	1	1
1	2	3	1	1	2	2	3	5	5	4	3	2	1
2	1	3	1	1	2	2	2	4	4	5	3	4	1
2	1	2	3	1	4	3	3	5	4	3	3	2	1
1	2	4	3	1	1	1	4	5	5	2	4	1	1
2	1	2	2	1	2	3	2	4	2	5	2	4	2
2	1	2	1	1	2	2	2	5	4	3	3	2	1
1	2	2	1	1	2	2	4	5	5	2	4	1	1
1	3	3	2	1	1	2	3	5	4	4	3	2	1
2	2	3	1	1	2	3	2	4	3	4	3	4	1
1	3	1	3	1	2	3	3	5	4	2	3	1	1
1	3	3	4	1	2	2	4	5	5	2	4	1	1
2	1	3	2	1	3	3	1	4	2	5	2	4	2
2	1	3	3	1	1	1	3	5	4	3	3	2	1
1	3	4	1	1	2	2	4	5	5	2	4	1	1
1	2	1	2	1	2	3	4	5	5	1	4	1	1
1	4	3	1	1	3	3	1	3	3	4	3	3	1
2	2	3	1	1	2	3	1	3	3	4	3	4	1
1	2	3	4	1	3	1	4	5	5	2	4	1	1
1	1	3	1	1	2	2	4	5	5	2	4	1	1
1	2	2	4	1	1	1	4	5	5	2	3	1	1
2	2	3	2	1	2	3	1	4	3	5	3	4	1
1	2	4	3	1	1	1	4	5	5	2	3	1	1
1	3	3	4	1	4	3	4	5	4	3	3	2	1
2	1	4	2	1	2	2	3	4	4	4	3	2	1
1	2	2	1	1	2	3	4	5	5	2	3	1	1
1	1	3	2	1	3	1	4	5	2	4	5	1	1
1	1	4	1	1	2	3	4	5	5	3	4	1	1
2	2	3	3	1	1	1	3	4	4	3	3	2	1

调查问卷　自动统计调查结果　Sheet2　Sheet3　Sheet4　Sheet5　Sheet6　Sheet7

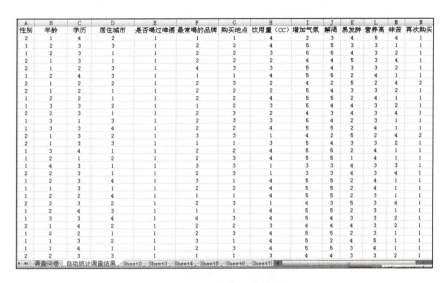

图 2.19　问卷调查结果

由图 2.19 可知，即每位被调查者的答题结果均以数字代码的形式显示在“自动统计调查结果”工作表中，要把代码转换为具体的内容。

第三步：在“自动统计调查结果”工作表后插入一个新的工作表，命名为“编码设置”。在“编码设置”工作表中设置不同答案的编码，如图 2.20 所示。

A	B	C	D	E	F	G	H	I	J	K
代码	性别	年龄	学历	居住城市	是否喝过啤酒	最常喝的品牌	购买地点	饮用量	同意程度	再次购买
1	男	20-29	高中及以下	长春	是	青岛啤酒	大型超市	500CC以下	非常不同意	是
2	女	30-39	大专	吉林	否	蓝剑啤酒	专卖店	500——999CC	不同意	否
3		40-49	本科	松原		雪花啤酒	小卖部	1000-2000CC	中立	
4		50以上	研究生及以上	白山		金氏百啤酒	其他	2000CC以上	同意	
5						其他啤酒			非常同意	

调查问卷　自动统计调查结果　编码设置　Sheet3　Sheet4　Sheet5　Sheet6　Shee

图 2.20　编码设置

第四步：在“自动统计调查结果”工作表中，分别在每列数据右侧插入一个空白列，如图 2.21 所示。

	A	B	C	D	E	F	G
1	性别	性别	年龄	年龄	学历	学历	居住城
2	2		1		4		2
3	1		2		3		3
4	1		2		3		1
5	2		1		3		1
6	2		1		2		3
7	1		2		4		3
8	2		1		2		2
9	2		1		2		1
10	1		2		2		1
11	1		3		3		2
12	2		2		3		1
13	1		3		1		3
14	1		3		3		4
15	2		1		3		2
16	2		1		3		3
17	1		3		4		1
18	1		2		1		2

图 2.21 插入空白列

第五步：切换到“编码设置”工作表，选定单元格区域 A1:K6，然后单击“公式”→“定义名称”的下拉按钮，在弹出的下拉列表中选择“定义名称”选项，如图 2.22 所示。

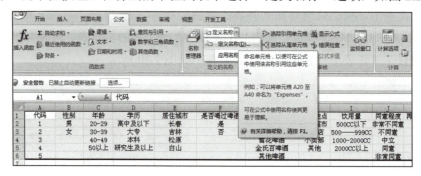

图 2.22 “编码设置”工作表操作示意图

第六步：在“定义名称”对话框中的“名称”文本框中输入名称，如 data，然后单击“确定”按钮，如图 2.23 所示。

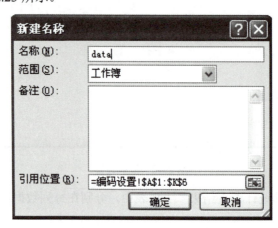

图 2.23 输入名称

第七步：切换到“自动统计调查结果”工作表，在 B2 单元格中输入替代函数，即“=VLOOKUP(A2,data,2,FALSE)”，此时 B2 单元格自动替换成“女”，如图 2.24 所示。

B2 =VLOOKUP(A2, data, 2, FALSE)

	A	B	C	D	E	F
1	性别	性别	年龄	年龄	学历	学历
2	2	女	1		4	
3	1		2		3	
4	1		2		3	
5	2		1		3	
6	2		1		2	
7	1		2		4	

图 2.24　输入替代函数

第八步：拖动 B2 单元格右下角的填充柄向下复制公式，替换出每位被调查者的性别信息，其结果如图 2.25 所示。

B2 =VLOOKUP(A2, data, 2, FALSE)

	A	B	C	D	E	F
1	性别	性别	年龄	年龄	学历	学历
2	2	女	1		4	
3	1	男	2		3	
4	1	男	2		3	
5	2	女	1		3	
6	2	女	1		2	
7	1	男	2		4	
8	2	女	1		2	
9	2	女	1		2	
10	1	男	2		2	
11	1	男	3		3	
12	2	女	2		3	
13	1	男	3		1	
14	1	男	3		3	
15	2	女	1		3	
16	2	女	1		3	
17	1	男	3		4	
18	1	男	2		1	
19	1	男	4		3	
20	2	女	2		3	
21	1	男	2		3	
22	1	男	1		3	
23	1	男	2		2	
24	2	女	2		3	
25	1	男	2		4	
26	1	男	3		3	
27	2	女	1		4	
28	1	男	2		2	
29	1	男	1		3	
30	1	男	1		4	
31	2	女	2		3	

图 2.25　替换每位被调查者的性别信息

第九步：在 D2 单元格中输入公式“=VLOOKUP(C2,data,3,FALSE)”，按回车键后向下复制公式，其结果如图 2.26 所示。

第十步：在 F2 单元格中输入公式“=VLOOKUP(E2,data,4,FALSE)”，按回车键后向下复制公式，其结果如图 2.27 所示。

=VLOOKUP(C2, data, 3, FAL

B	C	D	E
性别	年龄	年龄	学历
女	1	20-29	4
男	2	30-39	3
男	2	30-39	3
女	1	20-29	3
女	1	20-29	2
男	2	30-39	4
女	1	20-29	2
女	1	20-29	2
男	2	30-39	2
男	3	40-49	3
女	2	30-39	3
男	3	40-49	1
男	3	40-49	3
女	1	20-29	3
女	1	20-29	3
男	3	40-49	4
男	2	30-39	1
男	4	50以上	3
女	2	30-39	3
男	2	30-39	3
男	1	20-29	3
男	2	30-39	2
女	2	30-39	3
男	2	30-39	4
男	3	40-49	3
女	1	20-29	4

问卷 | 自动统计调查结果 | 编码设置

图 2.26　输入公式“=VLOOKUP(C2,data,3,FALSE)”后的结果

=VLOOKUP(E2, data, 4, FALSE)

C	D	E	F
年龄	年龄	学历	学历
1	20-29	4	研究生及以上
2	30-39	3	本科
2	30-39	3	本科
1	20-29	3	本科
1	20-29	2	大专
2	30-39	4	研究生及以上
1	20-29	2	大专
1	20-29	2	大专
2	30-39	2	大专
3	40-49	3	本科
2	30-39	3	本科
3	40-49	1	高中及以下
3	40-49	3	本科
1	20-29	3	本科
1	20-29	3	本科
3	40-49	4	研究生及以上
2	30-39	1	高中及以下
4	50以上	3	本科
2	30-39	3	本科
2	30-39	3	本科
1	20-29	3	本科
2	30-39	2	大专
2	30-39	3	本科
2	30-39	4	研究生及以上
3	40-49	3	本科
1	20-29	4	研究生及以上

动统计调查结果 | 编码设置

图 2.27　输入公式“=VLOOKUP(E2,data,4,FALSE)”后的结果

第十一步：在 H2 单元格中输入公式“=VLOOKUP(G2,data,5,FALSE)”，按回车键后向下复制公式，其结果如图 2.28 所示。

=VLOOKUP(G2, data, 5, FALSE)

D	E	F	G	H
年龄	学历	学历	居住城市	居住城市
20-29	4	研究生及以上	2	吉林
30-39	3	本科	3	松原
30-39	3	本科	1	长春
20-29	3	本科	1	长春
20-29	2	大专	3	松原
30-39	4	研究生及以上	3	松原
20-29	2	大专	2	吉林
20-29	2	大专	1	长春
30-39	2	大专	1	长春
40-49	3	本科	2	吉林
30-39	3	本科	1	长春
40-49	1	高中及以下	3	松原
40-49	3	本科	4	白山
20-29	3	本科	2	吉林
20-29	3	本科	3	松原
40-49	4	研究生及以上	1	长春
30-39	1	高中及以下	2	吉林
50以上	3	本科	1	长春
30-39	3	本科	1	长春
30-39	3	本科	4	白山
20-29	3	本科	1	长春
30-39	2	大专	4	白山
30-39	3	本科	2	吉林
30-39	4	研究生及以上	3	松原
40-49	3	本科	4	白山
20-29	4	研究生及以上	2	吉林

问卷 | 自动统计调查结果 | 编码设置

图 2.28　输入公式“=VLOOKUP(G2,data,5,FALSE)”后的结果

第十二步：在 J2 单元格中输入公式“=VLOOKUP(I2,data,6,FALSE)”，按回车键后向下复制公式，其结果如图 2.29 所示。

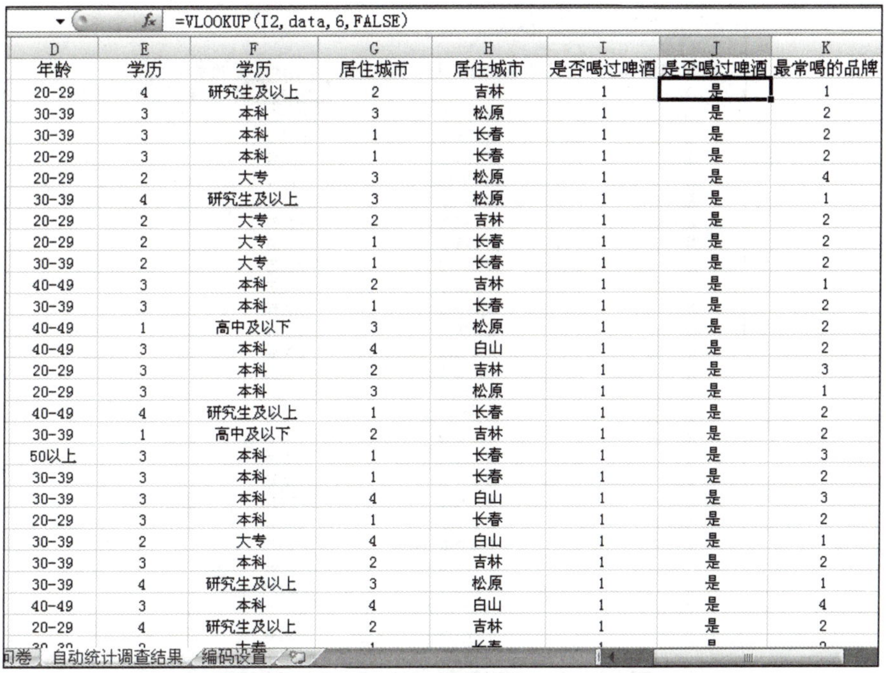
=VLOOKUP(I2, data, 6, FALSE)

D	E	F	G	H	I	J	K
年龄	学历	学历	居住城市	居住城市	是否喝过啤酒	是否喝过啤酒	最常喝的品牌
20-29	4	研究生及以上	2	吉林	1	是	1
30-39	3	本科	3	松原	1	是	2
30-39	3	本科	1	长春	1	是	2
20-29	3	本科	1	长春	1	是	2
20-29	2	大专	3	松原	1	是	4
30-39	4	研究生及以上	3	松原	1	是	1
20-29	2	大专	2	吉林	1	是	2
20-29	2	大专	1	长春	1	是	2
30-39	2	大专	1	长春	1	是	2
40-49	3	本科	2	吉林	1	是	1
30-39	3	本科	1	长春	1	是	2
40-49	1	高中及以下	3	松原	1	是	2
40-49	3	本科	4	白山	1	是	2
20-29	3	本科	2	吉林	1	是	3
20-29	3	本科	3	松原	1	是	1
40-49	4	研究生及以上	1	长春	1	是	2
30-39	1	高中及以下	2	吉林	1	是	2
50以上	3	本科	1	长春	1	是	3
30-39	3	本科	1	长春	1	是	2
30-39	3	本科	4	白山	1	是	3
20-29	3	本科	1	长春	1	是	2
30-39	2	大专	4	白山	1	是	1
30-39	3	本科	2	吉林	1	是	2
30-39	4	研究生及以上	3	松原	1	是	1
40-49	3	本科	4	白山	1	是	4
20-29	4	研究生及以上	2	吉林	1	是	2

问卷 自动统计调查结果 编码设置

图 2.29 输入公式“=VLOOKUP(I2,data,6,FALSE)”后的结果

第十三步：在 L2 单元格中输入公式“=VLOOKUP(K2,data,7,FALSE)”，按回车键后向下复制公式，其结果如图 2.30 所示。

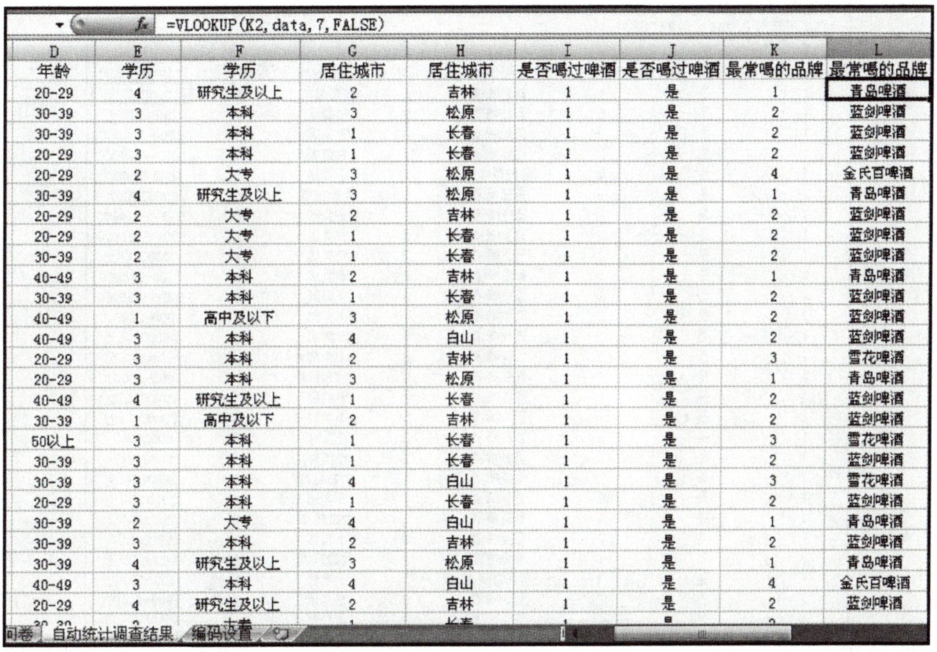
=VLOOKUP(K2, data, 7, FALSE)

D	E	F	G	H	I	J	K	L
年龄	学历	学历	居住城市	居住城市	是否喝过啤酒	是否喝过啤酒	最常喝的品牌	最常喝的品牌
20-29	4	研究生及以上	2	吉林	1	是	1	青岛啤酒
30-39	3	本科	3	松原	1	是	2	蓝剑啤酒
30-39	3	本科	1	长春	1	是	2	蓝剑啤酒
20-29	3	本科	1	长春	1	是	2	蓝剑啤酒
20-29	2	大专	3	松原	1	是	4	金氏百啤酒
30-39	4	研究生及以上	3	松原	1	是	1	青岛啤酒
20-29	2	大专	2	吉林	1	是	2	蓝剑啤酒
20-29	2	大专	1	长春	1	是	2	蓝剑啤酒
30-39	2	大专	1	长春	1	是	2	蓝剑啤酒
40-49	3	本科	2	吉林	1	是	1	青岛啤酒
30-39	3	本科	1	长春	1	是	2	蓝剑啤酒
40-49	1	高中及以下	3	松原	1	是	2	蓝剑啤酒
40-49	3	本科	4	白山	1	是	2	蓝剑啤酒
20-29	3	本科	2	吉林	1	是	3	雪花啤酒
20-29	3	本科	3	松原	1	是	1	青岛啤酒
40-49	4	研究生及以上	1	长春	1	是	2	蓝剑啤酒
30-39	1	高中及以下	2	吉林	1	是	2	蓝剑啤酒
50以上	3	本科	1	长春	1	是	3	雪花啤酒
30-39	3	本科	1	长春	1	是	2	蓝剑啤酒
30-39	3	本科	4	白山	1	是	3	雪花啤酒
20-29	3	本科	1	长春	1	是	2	蓝剑啤酒
30-39	2	大专	4	白山	1	是	1	青岛啤酒
30-39	3	本科	2	吉林	1	是	2	蓝剑啤酒
30-39	4	研究生及以上	3	松原	1	是	1	青岛啤酒
40-49	3	本科	4	白山	1	是	4	金氏百啤酒
20-29	4	研究生及以上	2	吉林	1	是	2	蓝剑啤酒

问卷 自动统计调查结果 编码设置

图 2.30 输入公式“=VLOOKUP(K2,data,7,FALSE)”后的结果

第十四步：在 N2 单元格中输入公式“=VLOOKUP(M2,data,8,FALSE)”，按回车键后向下复制公式，其结果如图 2.31 所示。

=VLOOKUP(M2,data,8,FALSE)

J	K	L	M	N	O
是否喝过啤酒	最常喝的品牌	最常喝的品牌	购买地点	购买地点	饮用量（CC）
是	1	青岛啤酒	1	大型超市	4
是	2	蓝剑啤酒	2	专卖店	4
是	2	蓝剑啤酒	2	专卖店	3
是	2	蓝剑啤酒	2	专卖店	2
是	4	金氏百啤酒	3	小卖部	3
是	1	青岛啤酒	1	大型超市	4
是	2	蓝剑啤酒	3	小卖部	2
是	2	蓝剑啤酒	2	专卖店	2
是	2	蓝剑啤酒	2	专卖店	4
是	1	青岛啤酒	2	专卖店	3
是	2	蓝剑啤酒	3	小卖部	2
是	2	蓝剑啤酒	3	小卖部	3
是	2	蓝剑啤酒	2	专卖店	4
是	3	雪花啤酒	3	小卖部	1
是	1	青岛啤酒	1	大型超市	3
是	2	蓝剑啤酒	2	专卖店	4
是	2	蓝剑啤酒	3	小卖部	4
是	3	雪花啤酒	3	小卖部	1
是	2	蓝剑啤酒	3	小卖部	1
是	3	雪花啤酒	1	大型超市	4
是	2	蓝剑啤酒	2	专卖店	4
是	1	青岛啤酒	1	大型超市	4
是	2	蓝剑啤酒	3	小卖部	1
是	1	青岛啤酒	1	大型超市	4
是	4	金氏百啤酒	3	小卖部	4
是	2	蓝剑啤酒	2	专卖店	3

结果 / 编码设置 / 调查结果数据库

图 2.31　输入公式“=VLOOKUP(M2,data,8,FALSE)”后的结果

第十五步：在 P2 单元格中输入公式“=VLOOKUP(O2,data,9,FALSE)”，按回车键后向下复制公式，其结果如图 2.32 所示。

=VLOOKUP(O2,data,9,FALSE)

I	J	K	L	M	N	O	P
是否喝过啤酒	是否喝过啤酒	最常喝的品牌	最常喝的品牌	购买地点	购买地点	饮用量（CC）	饮用量（CC）
1	是	1	青岛啤酒	1	大型超市	4	2000CC以上
1	是	2	蓝剑啤酒	2	专卖店	4	2000CC以上
1	是	2	蓝剑啤酒	2	专卖店	3	1000-2000CC
1	是	2	蓝剑啤酒	2	专卖店	2	500——999CC
1	是	4	金氏百啤酒	3	小卖部	3	1000-2000CC
1	是	1	青岛啤酒	1	大型超市	4	2000CC以上
1	是	2	蓝剑啤酒	3	小卖部	2	500——999CC
1	是	2	蓝剑啤酒	2	专卖店	2	500——999CC
1	是	2	蓝剑啤酒	2	专卖店	4	2000CC以上
1	是	1	青岛啤酒	2	专卖店	3	1000-2000CC
1	是	2	蓝剑啤酒	3	小卖部	2	500——999CC
1	是	2	蓝剑啤酒	3	小卖部	3	1000-2000CC
1	是	2	蓝剑啤酒	2	专卖店	4	2000CC以上
1	是	3	雪花啤酒	3	小卖部	1	500CC以下
1	是	1	青岛啤酒	1	大型超市	3	1000-2000CC
1	是	2	蓝剑啤酒	2	专卖店	4	2000CC以上
1	是	2	蓝剑啤酒	3	小卖部	4	2000CC以上
1	是	3	雪花啤酒	3	小卖部	1	500CC以下
1	是	2	蓝剑啤酒	3	小卖部	1	500CC以下
1	是	3	雪花啤酒	1	大型超市	4	2000CC以上
1	是	2	蓝剑啤酒	2	专卖店	4	2000CC以上
1	是	1	青岛啤酒	1	大型超市	4	2000CC以上
1	是	2	蓝剑啤酒	3	小卖部	1	500CC以下
1	是	1	青岛啤酒	1	大型超市	4	2000CC以上
1	是	4	金氏百啤酒	3	小卖部	4	2000CC以上
1	是	2	蓝剑啤酒	2	专卖店	3	1000-2000CC

结果 / 编码设置

图 2.32　输入公式“=VLOOKUP(O2,data,9,FALSE)”后的结果

第十六步：在 R2 单元格中输入公式“=VLOOKUP(Q2,data,10,FALSE)”，按回车键后向下复制公式，其结果如图 2.33 所示。

=VLOOKUP(Q2, data, 10, FALSE)

N	O	P	Q	R	S
买地点	饮用量（CC）	饮用量（CC）	增加气氛	增加气氛	解渴
型超市	4	2000CC以上	2	不同意	3
卖店	4	2000CC以上	5	非常同意	5
卖店	3	1000-2000CC	5	非常同意	5
卖店	2	500——999CC	4	同意	4
卖部	3	1000-2000CC	5	非常同意	4
型超市	4	2000CC以上	5	非常同意	5
卖部	2	500——999CC	4	同意	2
卖店	2	500——999CC	5	非常同意	4
卖店	4	2000CC以上	5	非常同意	5
卖店	3	1000-2000CC	5	非常同意	4
卖部	2	500——999CC	4	同意	3
卖部	3	1000-2000CC	5	非常同意	4
卖店	4	2000CC以上	5	非常同意	5
卖部	1	500CC以下	4	同意	2
型超市	3	1000-2000CC	5	非常同意	4
卖店	4	2000CC以上	5	非常同意	5
卖部	4	2000CC以上	5	非常同意	5
卖部	1	500CC以下	3	中立	3
卖部	1	500CC以下	3	中立	3
型超市	4	2000CC以上	5	非常同意	5
卖店	4	2000CC以上	5	非常同意	5
型超市	4	2000CC以上	5	非常同意	5
卖部	1	500CC以下	4	同意	3
型超市	4	2000CC以上	5	非常同意	5
卖部	4	2000CC以上	5	非常同意	4
卖店	3	1000-2000CC	4	同意	4

自动统计调查结果 编码设置

图 2.33 输入公式“=VLOOKUP(Q2,data,10,FALSE)”后的结果

第十七步：在 T2 单元格中输入公式“=VLOOKUP(S2,data,10,FALSE)”，按回车键后向下复制公式，其结果如图 2.34 所示。

=VLOOKUP(S2, data, 10, FALSE)

	O	P	Q	R	S	T
点	饮用量（CC）	饮用量（CC）	增加气氛	增加气氛	解渴	解渴
市	4	2000CC以上	2	不同意	3	中立
店	4	2000CC以上	5	非常同意	5	非常同意
店	3	1000-2000CC	5	非常同意	5	非常同意
店	2	500——999CC	4	同意	4	同意
部	3	1000-2000CC	5	非常同意	4	同意
市	4	2000CC以上	5	非常同意	5	非常同意
部	2	500——999CC	4	同意	2	不同意
店	2	500——999CC	5	非常同意	4	同意
店	4	2000CC以上	5	非常同意	5	非常同意
店	3	1000-2000CC	5	非常同意	4	同意
部	2	500——999CC	4	同意	3	中立
部	3	1000-2000CC	5	非常同意	4	同意
店	4	2000CC以上	5	非常同意	5	非常同意
部	1	500CC以下	4	同意	2	不同意
市	3	1000-2000CC	5	非常同意	4	同意
店	4	2000CC以上	5	非常同意	5	非常同意
部	4	2000CC以上	5	非常同意	5	非常同意
部	1	500CC以下	3	中立	3	中立
部	1	500CC以下	3	中立	3	中立
市	4	2000CC以上	5	非常同意	5	非常同意
店	4	2000CC以上	5	非常同意	5	非常同意
市	4	2000CC以上	5	非常同意	5	非常同意
部	1	500CC以下	4	同意	3	中立
市	4	2000CC以上	5	非常同意	5	非常同意
部	4	2000CC以上	5	非常同意	4	同意
店	3	1000-2000CC	4	同意	4	同意

动统计调查结果 编码设置

图 2.34 输入公式“=VLOOKUP(S2,data,10,FALSE)”后的结果

第十八步：在 V2 单元格中输入公式“=VLOOKUP(U2,data,10,FALSE)”，按回车键后向下复制公式，其结果如图 2.35 所示。

=VLOOKUP(U2, data, 10, FALSE)

Q	R	S	T	U	V	W
增加气氛	增加气氛	解渴	解渴	易发胖	易发胖	营养
2	不同意	3	中立	4	同意	5
5	非常同意	5	非常同意	3	中立	3
5	非常同意	5	非常同意	4	同意	3
4	同意	4	同意	5	非常同意	3
5	非常同意	4	同意	3	中立	3
5	非常同意	5	非常同意	2	不同意	4
4	同意	2	不同意	5	非常同意	2
5	非常同意	4	同意	3	中立	3
5	非常同意	5	非常同意	2	不同意	4
5	非常同意	4	同意	4	同意	3
4	同意	3	中立	4	同意	3
5	非常同意	4	同意	2	不同意	3
5	非常同意	5	非常同意	2	不同意	4
4	同意	2	不同意	5	非常同意	2
5	非常同意	4	同意	3	中立	3
5	非常同意	5	非常同意	2	不同意	4
5	非常同意	5	非常同意	1	非常不同意	4
3	中立	3	中立	4	同意	3
3	中立	3	中立	4	同意	3
5	非常同意	5	非常同意	2	不同意	4
5	非常同意	5	非常同意	2	不同意	4
5	非常同意	5	非常同意	2	不同意	3
4	同意	3	中立	5	非常同意	3
5	非常同意	5	非常同意	2	不同意	3
5	非常同意	4	同意	3	中立	3
4	同意	4	同意	4	同意	3

卷 自动统计调查结果 编码设置

图 2.35 输入公式“=VLOOKUP(U2,data,10,FALSE)”后的结果

第十九步：在 X2 单元格中输入公式“=VLOOKUP(W2,data,10,FALSE)”，按回车键后向下复制公式，其结果如图 2.36 所示。

=VLOOKUP(W2, data, 10, FALSE)

	Q	R	S	T	U	V	W	X
C)	增加气氛	增加气氛	解渴	解渴	易发胖	易发胖	营养高	营养高
上	2	不同意	3	中立	4	同意	5	非常同意
上	5	非常同意	5	非常同意	3	中立	3	中立
CC	5	非常同意	5	非常同意	4	同意	3	中立
CC	4	同意	4	同意	5	非常同意	3	中立
CC	5	非常同意	4	同意	3	中立	3	中立
上	5	非常同意	5	非常同意	2	不同意	4	同意
CC	4	同意	2	不同意	5	非常同意	2	不同意
CC	5	非常同意	4	同意	3	中立	3	中立
上	5	非常同意	5	非常同意	2	不同意	4	同意
CC	5	非常同意	4	同意	4	同意	3	中立
CC	4	同意	3	中立	4	同意	3	中立
CC	5	非常同意	4	同意	2	不同意	3	中立
上	5	非常同意	5	非常同意	2	不同意	4	同意
下	4	同意	2	不同意	5	非常同意	2	不同意
CC	5	非常同意	4	同意	3	中立	3	中立
上	5	非常同意	5	非常同意	2	不同意	4	同意
上	5	非常同意	5	非常同意	1	非常不同意	4	同意
下	3	中立	3	中立	4	同意	3	中立
下	3	中立	3	中立	4	同意	3	中立
上	5	非常同意	5	非常同意	2	不同意	4	同意
上	5	非常同意	5	非常同意	2	不同意	4	同意
上	5	非常同意	5	非常同意	2	不同意	3	中立
下	4	同意	3	中立	5	非常同意	3	中立
上	5	非常同意	5	非常同意	2	不同意	3	中立
上	5	非常同意	4	同意	3	中立	3	中立
CC	4	同意	4	同意	4	同意	3	中立

问卷 自动统计调查结果 编码设置

图 2.36 输入公式“=VLOOKUP(W2,data,10,FALSE)”后的结果

第二十步：在 Z2 单元格中输入公式“=VLOOKUP(Y2,data,10,FALSE)”，按回车键后向下复制公式，其结果如图 2.37 所示。

=VLOOKUP(Y2, data, 10, FALSE)

U	V	W	X	Y	Z	AA
易发胖	易发胖	营养高	营养高	味苦	味苦	再次购买
4	同意	5	非常同意	4	同意	1
3	中立	3	中立	1	非常不同意	1
4	同意	3	中立	2	不同意	1
5	非常同意	3	中立	4	同意	1
3	中立	3	中立	2	不同意	1
2	不同意	4	同意	1	非常不同意	1
5	非常同意	2	不同意	4	同意	2
3	中立	3	中立	2	不同意	1
2	不同意	4	同意	1	非常不同意	1
4	同意	3	中立	2	不同意	1
4	同意	3	中立	4	同意	1
2	不同意	3	中立	1	非常不同意	1
2	不同意	4	同意	1	非常不同意	1
5	非常同意	2	不同意	4	同意	2
3	中立	3	中立	2	不同意	1
2	不同意	4	同意	1	非常不同意	1
1	非常不同意	4	同意	1	非常不同意	1
4	同意	3	中立	3	中立	1
4	同意	3	中立	4	同意	1
2	不同意	4	同意	1	非常不同意	1
2	不同意	4	同意	1	非常不同意	1
2	不同意	3	中立	1	非常不同意	1
5	非常同意	3	中立	4	同意	1
2	不同意	3	中立	1	非常不同意	1
3	中立	3	中立	2	不同意	1
4	同意	3	中立	2	不同意	1

问卷 | 自动统计调查结果 | 编码设置

图 2.37　输入公式“=VLOOKUP(Y2,data,10,FALSE)”后的结果

第二十一步：在 AB 单元格中输入公式“=VLOOKUP(AA2,data,11,FALSE)”，按回车键后向下复制公式，其结果如图 2.38 所示。

=VLOOKUP(AA2, data, 11, FALSE)

U	V	W	X	Y	Z	AA	AB
4	同意	5	非常同意	4	同意	1	是
3	中立	3	中立	1	非常不同意	1	是
4	同意	3	中立	2	不同意	1	是
5	非常同意	3	中立	4	同意	1	是
3	中立	3	中立	2	不同意	1	是
2	不同意	4	同意	1	非常不同意	1	是
5	非常同意	2	不同意	4	同意	2	否
3	中立	3	中立	2	不同意	1	是
2	不同意	4	同意	1	非常不同意	1	是
4	同意	3	中立	2	不同意	1	是
4	同意	3	中立	4	同意	1	是
2	不同意	3	中立	1	非常不同意	1	是
2	不同意	4	同意	1	非常不同意	1	是
5	非常同意	2	不同意	4	同意	2	否
3	中立	3	中立	2	不同意	1	是
2	不同意	4	同意	1	非常不同意	1	是
1	非常不同意	4	同意	1	非常不同意	1	是
4	同意	3	中立	3	中立	1	是
4	同意	3	中立	4	同意	1	是
2	不同意	4	同意	1	非常不同意	1	是
2	不同意	4	同意	1	非常不同意	1	是
2	不同意	3	中立	1	非常不同意	1	是
5	非常同意	3	中立	4	同意	1	是
2	不同意	3	中立	1	非常不同意	1	是
3	中立	3	中立	2	不同意	1	是
4	同意	3	中立	2	不同意	1	是
2	不同意	3	中立	1	非常不同意	1	是

卷 | 自动统计调查结果 | 编码设置

图 2.38　输入公式“=VLOOKUP(AA2,data,11,FALSE)”后的结果

第二十二步：在“编码设置”工作表后面插入一个新的工作表，命名为“调查结果数

据库”，在A列上输入“性别”；然后切换到“自动统计调查结果”工作表，按住Ctrl键，依次单击B、D、F、H、J、L、N、P、R、T、V、X、Z、AB列，选中替换后的调查结果，如图2.39所示。然后右键单击，在弹出的快捷菜单中选择“复制”选项将结果复制到“调查结果数据库”工作表中。选中B1单元格进行粘贴，其结果如图2.40所示。

	A	B	C	D	E	F	G	H	I	J
1	性别	性别	年龄	年龄	学历	学历	居住城市	居住城市	是否喝过啤酒	是否喝过啤酒
2	2	女	1	20-29	4	研究生及以上	2	吉林	1	是
3	1	男	2	30-39	3	本科	3	松原	1	是
4	1	男	2	30-39	3	本科	1	长春	1	是
5	2	女	1	20-29	3	本科	1	长春	1	是
6	2	女	1	20-29	2	大专	3	松原	1	是
7	1	男	2	30-39	4	研究生及以上	3	松原	1	是
8	2	女	1	20-29	2	大专	2	吉林	1	是
9	2	女	1	20-29	2	大专	1	长春	1	是
10	1	男	2	30-39	2	大专	1	长春	1	是
11	1	男	3	40-49	3	本科	2	吉林	1	是
12	2	女	2	30-39	3	本科	1	长春	1	是
13	1	男	3	40-49	1	高中及以下	3	松原	1	是
14	1	男	3	40-49	3	本科	4	白山	1	是
15	2	女	1	20-29	3	本科	2	吉林	1	是
16	2	女	1	20-29	3	本科	3	松原	1	是
17	1	男	3	40-49	4	研究生及以上	1	长春	1	是
18	1	男	2	30-39	1	高中及以下	2	吉林	1	是
19	1	男	4	50以上	3	本科	1	长春	1	是
20	2	女	2	30-39	3	本科	1	长春	1	是
21	1	男	2	30-39	3	本科	4	白山	1	是
22	1	男	1	20-29	3	本科	1	长春	1	是
23	1	男	2	30-39	2	大专	4	白山	1	是
24	2	女	2	30-39	3	本科	2	吉林	1	是

图2.39 选中替换后的调查结果

	A	B	C	D	E	F	G	H	I
1	性别	年龄	学历	居住城市	是否喝过啤酒	最常喝的品牌	购买地点	饮用量（CC）	增
2	女	20-29	研究生及以上	吉林	是	青岛啤酒	大型超市	2000CC以上	不
3	男	30-39	本科	松原	是	蓝剑啤酒	专卖店	2000CC以上	非
4	男	30-39	本科	长春	是	蓝剑啤酒	专卖店	1000-2000CC	非
5	女	20-29	本科	长春	是	蓝剑啤酒	专卖店	500——999CC	
6	女	20-29	大专	松原	是	金氏百啤酒	小卖部	1000-2000CC	非
7	男	30-39	研究生及以上	松原	是	青岛啤酒	大型超市	2000CC以上	非
8	女	20-29	大专	吉林	是	蓝剑啤酒	小卖部	500——999CC	
9	女	20-29	大专	长春	是	蓝剑啤酒	专卖店	500——999CC	非
10	男	30-39	大专	长春	是	蓝剑啤酒	专卖店	2000CC以上	非
11	男	40-49	本科	吉林	是	青岛啤酒	专卖店	1000-2000CC	非
12	女	30-39	本科	长春	是	蓝剑啤酒	小卖部	500——999CC	
13	男	40-49	高中及以下	松原	是	蓝剑啤酒	小卖部	1000-2000CC	非
14	男	40-49	本科	白山	是	蓝剑啤酒	专卖店	2000CC以上	非
15	女	20-29	本科	吉林	是	雪花啤酒	小卖部	500CC以下	
16	女	20-29	本科	松原	是	青岛啤酒	大型超市	1000-2000CC	非
17	男	40-49	研究生及以上	长春	是	蓝剑啤酒	专卖店	2000CC以上	非
18	男	30-39	高中及以下	吉林	是	蓝剑啤酒	小卖部	2000CC以上	非
19	男	50以上	本科	长春	是	雪花啤酒	小卖部	500CC以下	
20	女	30-39	本科	长春	是	蓝剑啤酒	小卖部	500CC以下	
21	男	30-39	本科	白山	是	雪花啤酒	大型超市	2000CC以上	非
22	男	20-29	本科	长春	是	蓝剑啤酒	专卖店	2000CC以上	非
23	男	30-39	大专	白山	是	青岛啤酒	大型超市	2000CC以上	非
24	女	30-39	本科	吉林	是	蓝剑啤酒	小卖部	500CC以下	
25	男	30-39	研究生及以上	松原	是	青岛啤酒	大型超市	2000CC以上	非
26	男	40-49	本科	白山	是	金氏百啤酒	小卖部	2000CC以上	非
27	女	20-29	研究生及以上	吉林	是	蓝剑啤酒	专卖店	1000-2000CC	

调查问卷 自动统计调查结果 编码设置 调查结果数据库

图2.40 粘贴后的结果

习　题

一、填空题

1. 从使用者的角度看，统计数据的主要来源包括(　　　　)和(　　　　)两种渠道。
2. 某研究人员从公开出版的《中国统计年鉴》《中国社会统计年鉴》获得数据，这是(　　　　)数据。
3. 调查数据常用的搜集方式有(　　　　)和(　　　　)。

4. 抽样调查具有(　　)、(　　)、(　　)和(　　)的特点。

5. 抽样调查的方式有很多，可以将这些不同的方式分为两类，即(　　)和(　　)。

6. 统计数据的误差主要包括(　　)和(　　)。

二、选择题

1. 我国第 7 次人口普查于 2020 年 11 月 1 日零时开始对人口的状况进行普查，某地区要求调查单位将资料于 2020 年 11 月 20 日前登记完毕，则普查的标准时间是(　　)。

  A. 2020 年 11 月 20 日零时　　　　B. 2020 年 11 月 19 日 24 时

  C. 2020 年 11 月 1 日 24 时　　　　D. 2020 年 10 月 30 日 24 时

2. 为了了解全国钢铁企业生产的基本情况，可对首钢、宝钢、鞍钢等几个大型企业进行调查，这种调查方式是(　　)。

  A. 非全面调查　　　　　　　　　　B. 典型调查

  C. 重点抽查　　　　　　　　　　　D. 抽样调查

3. "你通常什么时候看电视？"此问题属于(　　)。

  A. 事实性问题　　　　　　　　　　B. 假设性问题

  C. 窘困性问题　　　　　　　　　　D. 以上都不是

4. 当需要把数值显示转换为具体内容时，在软件中通常使用的函数是(　　)。

  A. SUM()　　　　　　　　　　　　B. SUMIF()

  C. COUNTIF()　　　　　　　　　　D. VLOOKUP()

三、简答题

1. 简述问卷设计的原则。
2. 简述抽样调查的特点。

[第 2 章] 习题参考答案

第 3 章　统计数据的整理与图形展示

教学目标

1. 掌握定性数据的整理方法和图形展示。
2. 掌握定量数据的整理方法和图形展示。
3. 了解合理使用统计图表。
4. 掌握数据的整理和图形展示的软件操作。

引入案例

某校在校大学生的每月消费结构的分析

在某大学随机抽取 30 名学生,调查他们的性别、家庭所在地、月平均生活费、月平均衣物支出、买衣物时所考虑的首要因素等,得到的数据如表 3-1 所示。

表 3-1　每月消费结构的分析表

序号	性别	家庭所在地	月平均生活费/元	月平均衣物支出/元	买衣物首选因素
1	男	大型城市	800	200	价格
2	女	中小城市	600	180	款式
3	男	大型城市	1 000	300	品牌
4	男	乡镇地区	700	40	价格
⋮	⋮	⋮	⋮	⋮	⋮
30	女	中小城市	500	50	价格

收集数据后,如果不对数据进行整理,是无法得出数据的规律的。利用本章将要讲到的数据整理方法(利用 Excel 建立一个数据透视表,其中,建立数据透视表的步骤详见 3.4 节的内容),可以轻易得出本次调查的分析结果,如表 3-2 所示。

表 3-2 调查分析结果

性别	买衣物首选因素	数据	家庭所在地		
			大型城市	乡镇地区	中小城市
男	价格	求和项：月平均生活费/元	1 100	1 800	400
		求和项：月平均衣物支出/元	230	180	40
	款式	求和项：月平均生活费/元	500	——	3 000
		求和项：月平均衣物支出/元	150	——	800
	品牌	求和项：月平均生活费/元	1 000	800	1 600
		求和项：月平均衣物支出/元	300	240	480
男 求和项：月平均生活费/元			2 600	2 600	5 000
男 求和项：月平均衣物支出/元			680	420	1 320
女	价格	求和项：月平均生活费/元	700	400	2 600
		求和项：月平均衣物支出/元	230	120	465
	款式	求和项：月平均生活费/元	2 100	——	1 100
		求和项：月平均衣物支出/元	600	——	330
	品牌	求和项：月平均生活费/元	500	800	——
		求和项：月平均衣物支出/元	50	80	——
女 求和项：月平均生活费/元			3 300	1 200	3 700
女 求和项：月平均衣物支出/元			880	200	795

从案例可知，对数据进行分析，需要先对数据进行必要的整理，以图表的方式来对研究对象进行梳理和剖析，方便在第一时间对研究对象进行动态解读。例如，对数据制作频数分布表、用图形进行展示等，以发现数据中的一些基本特征，为进一步分析提供思路（如计算男和女月平均衣物支出与月平均生活费的比值，分析性别是否影响月平均衣物支出占比月平均生活费的数值等）。在对数据进行整理时，首先要弄清楚所面对的是什么类型的数据，因为不同类型的数据所采取的处理方法是不同的。

3.1 定性数据的整理与图形展示

3.1.1 定性数据的整理

根据前面的介绍，定性数据包括分类数据和顺序数据两种。对定性数据的整理通常使用频数分布表。

定义 3.1 对总数据按某种标准进行分组，统计出的各个组内含有的个体数，称为频数。

定义 3.2 数据在各类别(或组)中的分配以表格形式展示，称为频数分布表。

通常在频数分布表中加入一列百分比，用百分比来反映样本(或总体)的构成或结构。

定义 3.3 一个样本(或总体)中各个部分的数据与全部数据之比，称为比例。

定义 3.4 将比例乘以 100 得到的数值称为百分比(或百分数)，用%表示。

百分比是一个更为标准化的数值，很多相对数都用百分比表示，当分子的数值很小而分母数值很大时，也可以用千分数(‰)来表示比例，如人口的出生率、死亡率、自然增长率等都用千分数来表示。

例如，一家饮料公司为研究自己产品的市场占有率，对随机抽取的一家超市进行调查。

调查员在某天对 50 名顾客购买饮料的品牌进行了记录，如果顾客购买某一品牌的饮料，就将这一饮料的品牌名字记录一次。最后得到数据：购买可口可乐的顾客有 15 人，购买旭日升冰茶的顾客有 11 人，购买百事可乐的顾客有 9 人，购买汇源果汁的顾客有 6 人，购买露露的顾客有 9 人。这是一组分类数据，用频数分布表来整理，整理结果如表 3-3 所示。

表 3-3　不同品牌饮料的频数分布表

饮料名称	频数	百分比/(%)
可口可乐	15	30
旭日升冰茶	11	22
百事可乐	9	18
汇源果汁	6	12
露露	9	18
合计	50	100

通常用 Excel 中的数据透视表来制作频数分布表，操作过程将在本章 3.4 节案例中详细介绍。

3.1.2　定性数据的图形展示

如果用图形来展示频数分布，就会更为形象和直观。一张好的统计图，往往胜过冗长的文字表述。统计图的类型有很多，除了可以绘制二维平面图，还可以绘制三维立体图。图形的制作均可由计算机来完成。

定性数据的图形展示方法包括条形图、帕累托图、对比条形图、饼图等。

1. **条形图**

定义 3.5　用等宽直条的长短来表示相互独立的各指标数值大小的一种形式，称为条形图。

例如，与表 3-3 所示不同品牌饮料频数分布表对应的条形图如图 3.1 所示。

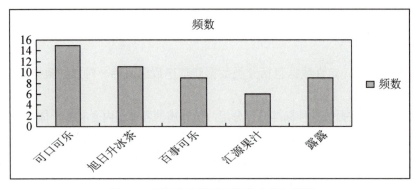

图 3.1　不同品牌饮料频数分布的条形图

2. **帕累托图**

帕累托图是以意大利经济学家帕累托的名字来命名的。它也是条形图的一种特殊情况。

定义 3.6　通过出现的次数显示差异的条形图，称为帕累托图。

帕累托图是通过对条形图按频数大小进行排序而展示的一种特殊图形，可以很容易地看出哪类数据出现得多，哪类数据出现得少。与表 3-3 所示不同品牌饮料频数分布表对应的帕累托图如图 3.2 所示。

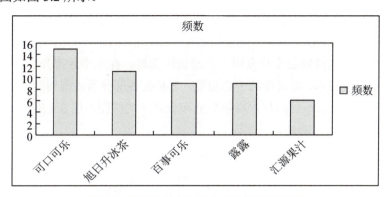

图 3.2　不同品牌饮料频数分布的帕累托图

3. 对比条形图

当分类变量在不同时间或不同空间上有多个取值时，为对比分类变量的取值，可以绘制对比条形图，了解数据在不同时间或不同空间上的差异或变化趋势。

例如，本月与上月的不同品牌饮料频数的市场调查数据如表 3-4 所示。

表 3-4　本月与上月的不同品牌饮料频数的市场调查数据

饮料名称	本月	上月
可口可乐	15	12
旭日升冰茶	11	15
百事可乐	9	8
汇源果汁	6	7
露露	9	8
合计	50	50

利用 Excel 制作对比条形图，如图 3.3 所示。

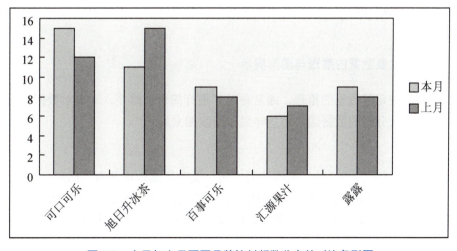

图 3.3　本月与上月不同品牌饮料频数分布的对比条形图

4. 饼图

定义 3.7 用圆形及圆内扇形的角度来表示数值大小的图形，称为饼图。饼图主要用于表示一个样本(或总体)中各组成部分的数据占全部数据的比例。

饼图对于研究结构性问题十分有用。在绘制饼图时，样本中各部分所占的百分比可用圆内的各个扇形角度表示，即扇形的中心角度，它是按各部分所占圆周的相应比例确定的。

例如，与表 3-3 所示不同品牌饮料频数分布表对应的饼图如图 3.4 所示。

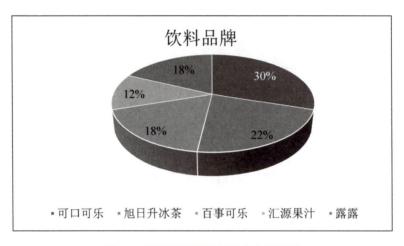

图 3.4　不同品牌饮料频数分布的饼图

3.2　定量数据的整理与图形展示

3.1 节介绍的定性数据的整理与图形展示方法，也可以对数值数据进行整理与图形展示。除此之外，数值数据还有一些特定的整理和图形展示方法，但它们并不适用于分类数据和顺序数据。

定量数据的整理有两种方法，即未分组和分组两种。对于不同的整理方式有不同的图形来展示。

3.2.1　未分组的定量数据的整理与图形展示

对于未分组的定量数据的整理，通常是对其进行简单的排序，通过对数据的排序，找出数据的规律。未分组的数据通常用茎叶图和箱线图来展示。

1. 茎叶图

定义 3.8 由"茎"和"叶"两部分组成的、反映原始数据分布的图形，称为茎叶图。

茎叶图由"茎"和"叶"两部分构成，其图形是由数字组成的。通过茎叶图，可以看出数据的分布形状及数据的离散状况，如分布是否对称、数据是否集中、是否是离群点等。

绘制茎叶图的关键是设计好树茎。设计思路：树茎上长很多树叶，所以设计树茎时，要找出未分组数据的共同点为树茎，不同的为树叶。

例如，125、125、126、127、135、136、147、148 这组数据，可以用茎叶图表示，如图 3.5 所示。

茎叶图具有的特点：保留了原始数据的信息，通常适用于小批量数据。

```
12 | 5 5 6 7
13 | 5 6
14 | 7 8
```

图 3.5　茎叶图

2．箱线图

定义 3.9　由一组数据的最大值、最小值、中位数和两个四分位数 5 个特征值绘制而成的、反映原始数据分布的图形，称为箱线图。

其中中位数和四分位数将在第 4 章学习，所以这里只是简单介绍一下箱线图如何制作。

箱线图由一个箱子和两条线段组成，如图 3.6 所示。其中左侧线段的起点由一组数据的最小值决定，右侧线段的终点由这组数据的最大值决定，箱子的左边和右边分别由这组数据的上、下四分位数(此内容在第 4 章详细介绍)决定，箱子的里面有这组数据的中位数。

如何利用箱线图找出数据的规律呢？简单来看一个例子。

例如从某大学经济学专业某一年级中随机抽取 3 名学生，3 名学生这学期所有课程的成绩如下。

张小(1)：英语 76 分，经济数学 65 分，西方经济学 93 分，市场营销学 74 分，会计学 68 分，政治经济学 70 分，统计学 55 分，计算机应用基础 85 分；

赵华(2)：英语 90 分，经济数学 95 分，西方经济学 81 分，市场营销学 87 分，会计学 75 分，政治经济学 73 分，统计学 91 分，计算机应用基础 78 分；

王英(3)：英语 97 分，经济数学 51 分，西方经济学 76 分，市场营销学 85 分，会计学 70 分，政治经济学 92 分，统计学 68 分，计算机应用基础 81 分。

根据中位数和上、下四分位数的公式，可得出 3 名学生成绩的箱线图，如图 3.7 所示。

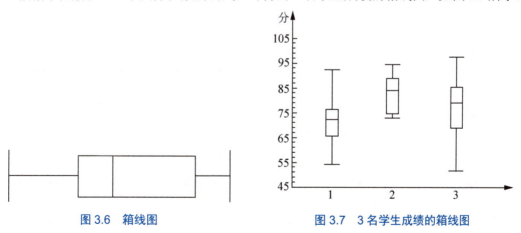

图 3.6　箱线图　　　　　　　　图 3.7　3 名学生成绩的箱线图

从图 3.7 可以看出，在 3 名学生中，第 2 号学生赵华各学科成绩的中位数最高，且各学科成绩的离散程度也较小；而第 1 号学生张小的各学科成绩的中位数最低，且各学科成绩的离散程度也较大；各学科成绩的离散程度最大的是第 3 号学生王英。

3.2.2 分组的定量数据的整理与图形展示

1. 定量数据的分组

对数值数据进行整理的另一种方法,通常是对其进行分组。数据分组的主要目的是观察数据的分布特征。

定义 3.10 根据统计研究的需要,将原始数据按照某种标准分成不同的组别,称为数据分组。

其中,分组后的数据称为分组数据。数据经分组后再计算出各组中数据出现的频数,就形成了一张频数分布表。这里的分组是指组距分组。

定义 3.11 将全部变量值依次划分为若干个区间,并将这一区间的变量值作为一组,称为组距分组。其中,组距分组又分为等距分组和不等距分组。

定义 3.12 各组组距相等的组距分组,称为等距分组。

例如,60~69 分为及格;70~79 分为中等;80~89 分为良好,这是一个等距分组。

定义 3.13 各组组距不相等的组距分组,称为不等距分组。

例如,对人口的分组,可根据年龄分成 0~6 岁(婴幼儿组)、7~17 岁(少年儿童组)、18~59 岁(中青年组)、60 岁以上(老年组)等,这是一个不等距分组。

为了让学生更好地掌握数据分组的过程,这里以例题的形式讲解如何进行分组,注意这里分组采用的是等距分组。

【例 3.1】 东北某地区某年 1—2 月各天同一时点的气温记录数据如表 3-5 所示,对下面的数据进行适当的分组。

表 3-5 东北某地区某年 1—2 月各天同一时点的气温

单位:℃

-3	2	-4	-7	-11	-2	7	8	9	-6
-14	-18	-15	-9	-6	-1	-1	5	-4	-9
-6	-8	-12	-16	-19	-15	-22	-25	-24	-19
-8	-6	-15	-11	-12	-19	-25	-24	-18	-17
-14	-22	-13	-9	-6	-1	-2	5	-4	-9
-32	-4	-4	-16	-1	7	4	-6	5	4

定义 3.14 在组距分组中,一个组的最小值称为下限,一个组的最大值称为上限。

下面,结合例 3.1 说明分组的过程和频数分布表的编制过程。

(1) 对数据进行排序,按从上到下,从左到右排列可得表 3-6。

表 3-6 东北某地区某年 1—2 月各天同一时点的气温排序

单位:℃

-32	-22	-17	-14	-11	-8	-6	-4	-1	5
-25	-19	-16	-14	-9	-7	-6	-3	-1	5
-25	-19	-16	-13	-9	-6	-4	-2	2	7
-24	-19	-15	-12	-9	-6	-4	-2	4	7
-24	-18	-15	-12	-9	-6	-4	-1	4	8
-22	-18	-15	-11	-8	-6	-4	-1	5	9

(2) 确定组数。确定组数是指将这组数据分成多少组。确定组数的规则有 3 个。

① 一般情况下，一组数据所分的组数 K 不应少于 5 组且不多于 15 组，即 $5 \leqslant K \leqslant 15$。

② 用斯特奇斯提出的经验公式来确定组数 K：

$$K = 1 + \frac{\lg n}{\lg 2} \tag{3.1}$$

式中，n 为数据的个数。

对所得结果四舍五入取整数即为组数，则例 3.1 有 K=1+lg60/lg2≈7，即应分为 7 组。当然，这只是一个经验公式。

③ 灵活确定组数。在实际应用中，可根据数据的多少和特点及分析的要求，参考以上规则灵活确定组数。由于这组数据不多，因此该例确定为 $K = 5$ 组。

(3) 确定各组的组距。

定义 3.15 *一个组的上限与下限的差，称为组距。*

组距可根据全部数据的最大值和最小值及所分的组数来确定，即

$$组距 = \frac{最大值 - 最小值}{组数} \tag{3.2}$$

在例 3.1 中，最大值为 9，最小值为-32，则组距=(9+32)/5=8.2。为便于计算，组距宜取 5 或 10 的倍数，因此组距可取 10。

(4) 分组并制作频数分布表。

采用组距分组时，需要遵循"不重不漏"的原则。"不重"是指一项数据只能分在其中的某一组，不能在其他组中重复出现；"不漏"是指组别能够包含所有数据，即在所分的全部组别中，每项数据都能分在其中的某一组，不能遗漏。为了解决"不重"的问题，统计分组时习惯上规定"上限不在内"，即当相邻两组的上下限重叠时，恰好等于某一组上限的变量值不算在本组内，而计算在下一组内。为了解决"不漏"的问题，第一组的下限应不高于最小变量值，最后一组的上限应不低于最大变量值。即第一组的下限就不高于-32，最后一组的上限应不低于 9。"不重不漏"用数学语言来表示就是分组后任意一组的变量值 x 满足 $a \leqslant x < b$（a 为下限，b 为上限）。根据以上的原理，得出例 3.1 的分组后的频数分布表，如表 3-7 所示。

表 3-7 东北某地区某年 1—2 月各天同一时点的气温分组后的频数分布表

按气温分组/°C	频数	百分比/(%)
-40~-30	1	1.7
-30~-20	6	10
-20~-10	18	30
-10~0	25	41.7
0~10	10	16.6
合计	60	100

组距分组掩盖了各组内的数据分布状况，为反映各组数据的一般水平，通常用组中值作为该组数据的一个代表值。

定义 3.16 每一组的下限和上限之间的中点值，称为组中值，即组中值=(下限值+上限值)/2。

使用组中值代表一组数据时有一个必要的假定条件，即数据在本组内呈均匀分布或在组中两侧呈对称分布。如果实际数据的分布不符合这一假定，那么用组中值作为一组数据的代表值会有一定的误差。

2. 分组数据的图形展示——直方图

通过数据分组后形成的频数分布表，可以初步看出数据分布的一些特征和规律。如果用图形来表示这一分布的结果，就会更为形象、直观。

通常使用直方图、折线图和曲线图来显示分组数据的频数分布特征，这里主要介绍直方图。

定义 3.17 用一系列宽度相等、高度不等的矩形连接起来的表示统计数据的图，称为直方图。

在平面直角坐标系中，用横轴表示数据分组，用纵轴表示数据的分布，用矩形的面积表示每一组的频数，即直方图。表 3-7 的直方图如图 3.8 所示。

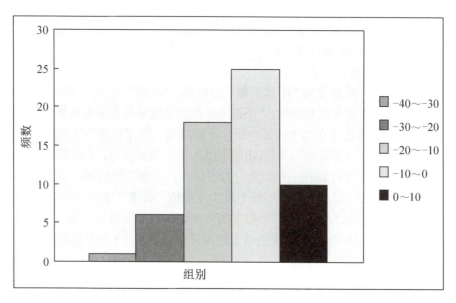

图 3.8 东北某地区某年 1—2 月各天同一时点的气温的直方图(单位：℃)

从图 3.8 可以直观地看出，对于温度的分布来说，其左边的尾部比右边的尾部长一些，略微有一些左偏分布。

直方图与条形图有以下 3 点不同。

(1) 条形图是各条形的宽度相同，用条形的高度表示各类别频数的多少，而直方图各条的宽度由各组的组距决定，用条形的面积表示各类别频数的多少。

(2) 从图 3.2 和图 3.8 中可以看出，直方图的各矩形通常是连续排列，而条形图则是分开排列。

(3) 条形图主要用于展示分类数据，而直方图则主要用于展示数值数据。

3. 时间序列数据的图形展示

如果数值数据是在不同时间上取得的，即时间序列数据，则可以绘制线图。

定义 3.18 线图是在平面坐标系上用折线表现数据变化特征的图形。时间一般绘在横轴，观测值绘在纵轴。

线图主要用于显示时间序列数据，以反映事物发展变化的规律和趋势。

【例 3.2】 已知 2012—2021 年我国城乡居民人均可支配收入数据如表 3-8 所示，试通过绘制线图来看我国城乡居民的人均可支配收入发展变化。

表 3-8　2012—2021 年我国城乡居民人均可支配收入

年份/年	城镇居民人均可支配收入/元	农村居民人均可支配收入/元
2012	24 127	8 389
2013	26 467	9 430
2044	28 844	10 489
2015	31 195	11 422
2016	33 616	12 363
2017	36 396	13 432
2018	39 251	14 617
2019	42 359	16 021
2020	43 834	17 131
2021	47 412	18 931

资料来源：《中国统计年鉴—2022》。

绘制线图通常使用 Excel 软件来绘制，如图 3.9 所示。

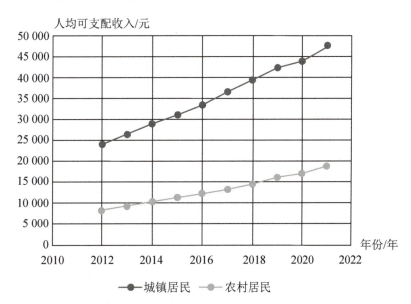

图 3.9　2012—2021 年我国城乡居民人均可支配收入线图

从图 3.9 中可以清楚地看出，城乡居民的家庭人均可支配收入逐年提高，而且城镇居民的人均可支配收入高于农村居民的人均可支配收入。此外，自 2015 年后这种差距有扩大的趋势。

3.2.3 多维定量数据的整理与图形展示

上文介绍的一些图形描述的都是单变量数据。当有两个或两个以上变量时，利用一般的点图方法就很难描述了。为此，人们研究了多变量的图示方法，其中有二维散点图、气泡图、三维散点图、雷达图等。

(1) 二维散点图。二维散点图是用二维坐标展示两个变量之间关系的一种图形。

【例 3.3】 已知 2012—2021 年我国城镇居民的人均可支配收入(X)和人均支出(Y)数据如表 3-9 所示，试通过绘制二维散点图判断城镇居民的人均可支配收入与城镇居民的人均支出是否存在一定的关系。

表 3-9　2012—2021 年我国城镇居民的人均可支配收入和人均支出

年份/年	人均可支配收入/元	人均支出/元
2012	24 127	17 107
2013	26 467	18 488
2014	28 844	19 968
2015	31 195	21 392
2016	33 616	23 079
2017	36 396	24 445
2018	39 251	26 112
2019	42 359	28 063
2020	43 834	27 007
2021	47 412	30 307

资料来源：《中国统计年鉴—2022》。

解：使用 Excel 软件来绘制二维散点图，如图 3.10 所示。

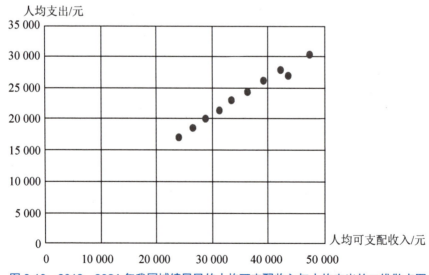

图 3.10　2012—2021 年我国城镇居民的人均可支配收入与人均支出的二维散点图

(2) 气泡图和三维散点图。当考察 3 个变量之间的关系时，二维散点图不再适用，这时可以绘制气泡图和三维散点图来展示 3 个变量之间的关系。其中，气泡图是在二维坐标系中横纵坐标各表示 1 个变量，在二维坐标系中描出 1 个点，另外 1 个变量的大小用以该点为圆心的圆的面积表示。例如：研究农作物产量的影响因素，即水分、温度和产量三者的关系，在二维坐标系中横(X)轴表示水分、纵(Y)轴表示温度，1个水分数值和温度数值可以在二维坐标系中描出1个点，此水分和温度对应的产量，以该点为圆心，用面积表示产量的大小，产量大的面积则大(圆大)，产量小的则面积小(圆小)。三维散点图是用三维坐标展示三个变量之间关系的一种图形，即用在三维 X-Y-Z 图上针对一个或多个数据序列绘出三个度量的一种图表。

(3) 雷达图。雷达图是显示多个变量的常用图示方法。绘制雷达图的方法如下：设有 n 组样本 $S_1,S_2,\cdots,S_n$，每个样本测得 p 个变量 $X_1,X_2,\cdots,X_p$。我们在平面先做1个圆，然后将圆 p 等分(由变量的个数决定)，得到 p 个点，再将这 p 个点与圆心连线，得到 p 个辐射状的半径，这 p 个半径分别作为 p 个变量的坐标轴，每个变量值的大小由半径上的点到圆心的距离表示，再将同一样本的值在 p 个坐标上的点连线。这样一来，n 个样本形成的 n 个多边形就是一个雷达图。

【例 3.4】 已知2021年我国城乡居民人均各项支出数据如表3-10所示，试通过绘制雷达图将城乡居民的各项支出进行对比。

表 3-10 2021年我国城乡居民的人均各项支出

单位：元

支出项目	城镇居民的人均各项支出	农村居民的人均各项支出
人均食品烟酒支出	8 678	5 200
人均衣着支出	1 843	860
人均居住支出	7 405	3 315
人均生活用品及服务支出	1 820	901
人均交通通信支出	3 932	2 132
人均教育文化娱乐支出	3 322	1 646
人均医疗保健支出	2 521	1 580
人均其他用品及服务支出	786	284

资料来源：《中国统计年鉴—2022》。

解：使用 Excel 软件来绘制雷达图，如图 3.11 所示。

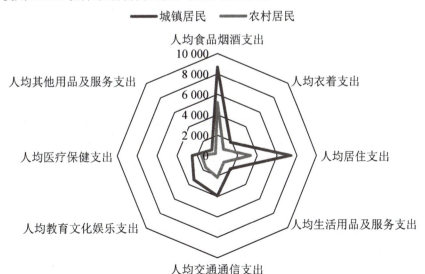

图 3.11 2021年我国城乡居民人均各项支出的雷达图(单位：元)

通过雷达图可以得出，2021年我国城乡居民的人均各项支出中，人均居住支出差距比较大，其次是人均食品烟酒支出和人均交通通信支出，差距最小的是人均其他用品及服务支出。

3.3 统计表的使用

统计表和统计图是显示统计数据的两种方式。在日常生活中，当人们阅读报纸、看电视、查阅计算机网络信息时，都能看到大量的统计表和统计图。统计表把杂乱的数据有条理地组织在一张简明的表格内，统计图把数据形象地展示出来。本节将介绍统计表的构成及如何正确使用统计表。

统计表一般由表号、表题、表头、表身和表注构成。表头和表身构成表格的主体，一般分为行和栏。横线称为行线，竖线称为栏线。某城市居民关注广告类型的频数分布如表 3-11 所示。

表 3-11　某城市居民关注广告类型的频数分布

广告类型	频数	百分比/(%)
商品广告	112	56.0
服务广告	51	25.5
金融广告	9	4.5
房地产广告	16	8.0
招生招聘广告	10	5.0
其他广告	2	1.0
合计	200	100

资料来源：贾俊平. 统计学[M]. 2版. 北京：清华大学出版社，2006。

(1) 表号(表3-11)和表题(某城市居民关注广告类型的频数分布)应放在表的上方，表题应简练并明确表示出表格的主题。

(2) 表头中的栏目归类应正确，栏目名称应确切、简洁。表头可分层。表头中量和单位的标注形式应为"量的名称或符号/单位符号"。表格中涉及的单位全部相同时，宜在表的右上方统一标注。

(3) 表身是具体的数字资料，单元格内的数值不宜带单位。表身中同一量的数值修约数位应一致。如果不能一致，应在表注中说明。表注宜简洁、清晰、有效。对既可在表身又可在表注中列出的内容，宜在表身中列出。表身中单元格内可使用空白或一字线"—"填充。如果需要区别数据"不适用"和"无法获得"，前者可采用空白单元格，后者可采用一字线，并在正文或表注中说明这种区别。

(4) 在使用统计表时，必要时可在表格的下方加上出处注。表格出处注宜以"资料来源"引出，以表示对他人劳动成果的尊重，这样也能方便读者查阅使用。

第3章 统计数据的整理与图形展示

3.4 案例分析：啤酒市场的调查与分析及 Excel 上机应用——样本组成分析

3.4.1 性别结构的分析

由于抽样调查取得的样本中包含男性和女性，首先进行性别组成分析，这里使用筛选和图表功能来进行分析，其具体操作的过程如下。

第一步：插入一个新的工作表，命名为"样本组成分析"，在工作表中创建如图 3.12 所示的表格。

图形与图表的软件操作

图 3.12 "样本组成分析"工作表

第二步：切换到"调查结果数据库"工作表中，选中第 1 行，单击"数据"→"筛选"按钮，此时第 1 行的单元格中将显示一个下拉按钮，如图 3.13 所示。

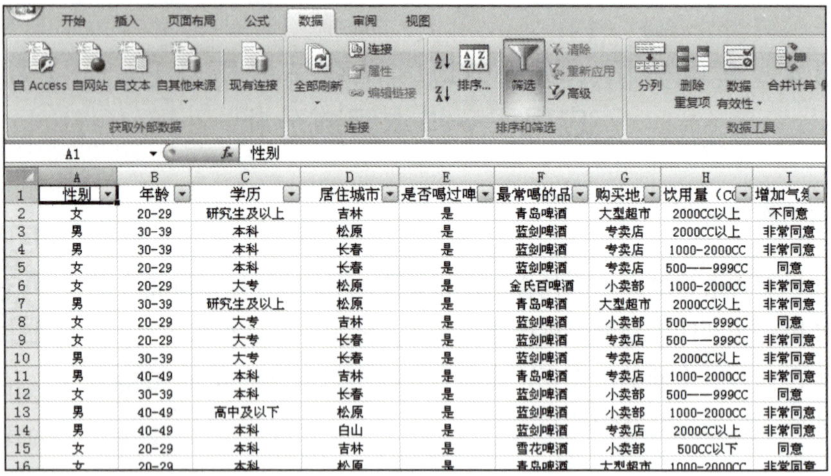

	A	B	C	D	E	F	G	H	I
1	性别	年龄	学历	居住城市	是否喝过啤	最常喝的品	购买地	饮用量（CC	增加气
2	女	20-29	研究生及以上	吉林	是	青岛啤酒	大型超市	2000CC以上	不同意
3	男	30-39	本科	松原	是	蓝剑啤酒	专卖店	2000CC以上	非常同意
4	男	30-39	本科	长春	是	蓝剑啤酒	专卖店	1000-2000CC	非常同意
5	女	20-29	本科	长春	是	蓝剑啤酒	专卖店	500——999CC	同意
6	女	20-29	大专	松原	是	金氏百啤酒	小卖部	1000-2000CC	非常同意
7	男	30-39	研究生及以上	松原	是	青岛啤酒	大型超市	2000CC以上	非常同意
8	女	20-29	大专	吉林	是	蓝剑啤酒	小卖部	500——999CC	同意
9	女	20-29	大专	长春	是	蓝剑啤酒	专卖店	500——999CC	非常同意
10	男	30-39	大专	长春	是	蓝剑啤酒	专卖店	2000CC以上	非常同意
11	男	40-49	本科	吉林	是	青岛啤酒	专卖店	1000-2000CC	非常同意
12	女	30-39	本科	长春	是	蓝剑啤酒	小卖部	500——999CC	同意
13	男	40-49	高中及以下	松原	是	蓝剑啤酒	小卖部	1000-2000CC	非常同意
14	男	40-49	本科	白山	是	蓝剑啤酒	专卖店	2000CC以上	非常同意
15	女	20-29	本科	吉林	是	雪花啤酒	小卖部	500CC以下	同意

图 3.13 数据筛选

第三步：单击第 1 行中的“性别”所在单元格的下拉按钮，在弹出的下拉列表中勾选“男”复选框，如图 3.14 所示。

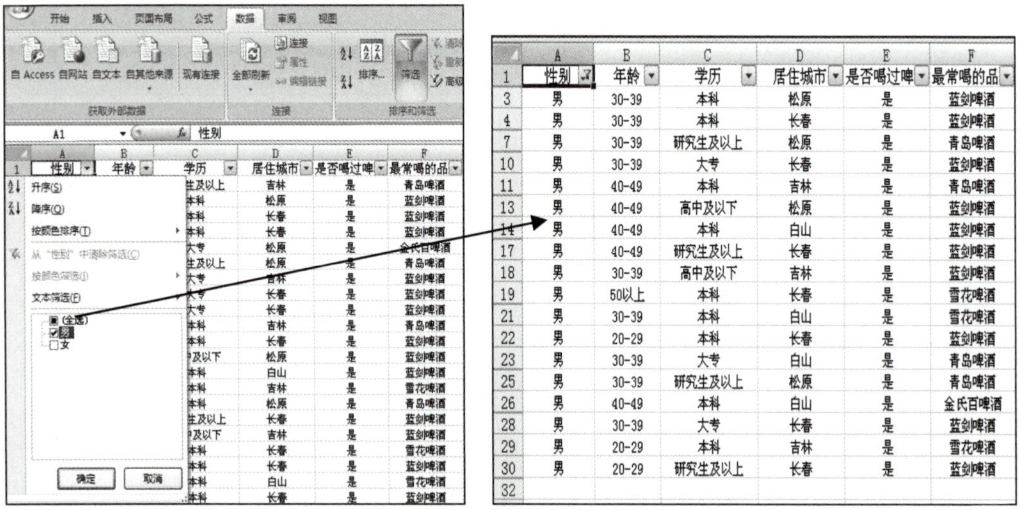

	A	B	C	D	E	F
1	性别	年龄	学历	居住城市	是否喝过啤	最常喝的品
3	男	30-39	本科	松原	是	蓝剑啤酒
4	男	30-39	本科	长春	是	蓝剑啤酒
7	男	30-39	研究生及以上	松原	是	青岛啤酒
10	男	30-39	大专	长春	是	蓝剑啤酒
11	男	40-49	本科	吉林	是	青岛啤酒
13	男	40-49	高中及以下	松原	是	蓝剑啤酒
14	男	40-49	本科	白山	是	蓝剑啤酒
17	男	40-49	研究生及以上	长春	是	蓝剑啤酒
18	男	30-39	高中及以下	吉林	是	蓝剑啤酒
19	男	50以上	本科	长春	是	雪花啤酒
21	男	30-39	本科	白山	是	雪花啤酒
22	男	20-29	本科	长春	是	蓝剑啤酒
23	男	30-39	大专	白山	是	青岛啤酒
25	男	30-39	研究生及以上	松原	是	青岛啤酒
26	男	40-49	本科	白山	是	金氏百啤酒
28	男	30-39	大专	长春	是	蓝剑啤酒
29	男	20-29	本科	吉林	是	雪花啤酒
30	男	20-29	研究生及以上	长春	是	蓝剑啤酒

图 3.14 设置筛选条件和筛选结果示意图

第四步：将上一步的结果填入“样本组成分析”工作表中，结果如图 3.15 所示。

第五步：在“样本组成分析”工作表中，选中单元格区域 B3:C5，单击“插入”→“饼图”的下拉按钮，在弹出的下拉列表中选择“三维饼图”选项，如图 3.16 所示。

第六步：选中图形，右键单击，进行数据系列设置，得到的图形如图 3.17 所示。

第3章 统计数据的整理与图形展示

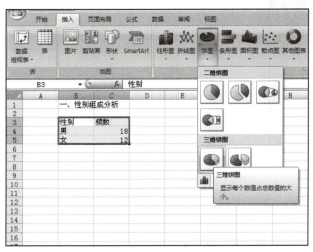

图 3.15　将结果填入表格中

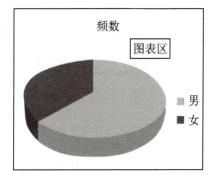

(a) 选择"三维饼图"选项　　　　　　　　(b) 三维饼图

图 3.16　创建三维饼图

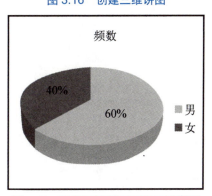

图 3.17　数据系列设置后的三维饼图

3.4.2 年龄结构的分析

下面对样本中被调查者的年龄结构进行分析,这里利用数据透视表来进行分析,具体的操作过程如下。

第一步:打开"样本组成分析"工作表,单击"插入"→"数据透视表"的下拉按钮,在弹出的下拉列表中选择"数据透视表"选项,弹出"创建数据透视表"对话框,如图 3.18 所示。

选择区域及数据透视表的位置,如图 3.18 所示,单击"确定"按钮。

第二步:在"样本组成分析"工作表的右侧出现"数据透视表字段列表"任务窗格,如图 3.19 所示。

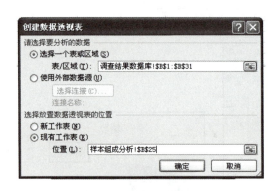

图 3.18 "创建数据透视表"对话框　　图 3.19 "数据透视表字段列表"任务窗格

第三步:选中数据区域,单击"插入"→"柱形图"的下拉按钮,在弹出的下拉列表中选择"簇状柱形图"选项,如图 3.20 所示,得到如图 3.21 所示的结果。

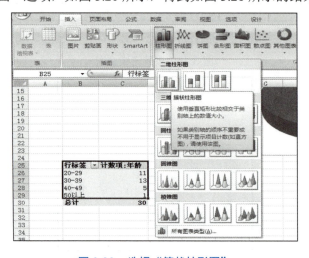

图 3.20 选择"簇状柱形图"

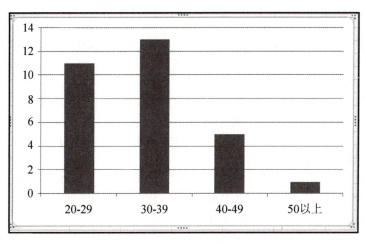

图 3.21 结果统计

习 题

一、填空题

1. 定性统计数据包括(　　　)和(　　　)两种类型。
2. 对于定性数据的整理，我们通常使用的是(　　　)。
3. 落在某一特定类别(或组)中的数据个数，称为(　　　)。
4. 数据在各类别(或组)中的分配以表格形式展示，称为(　　　)。
5. 用等宽直条的长短来表示相互独立的各指标数值大小的一种形式，称为(　　　)。
6. 通过出现的次数显示差异的条形图，称为(　　　)。
7. 由"茎"和"叶"两部分组成的、反映原始数据分布的图形，称为(　　　)。
8. 设计树茎时，对于未分组数据来说共同点为(　　　)，不同的为(　　　)。
9. 定量数据的整理有两种方法，分别是(　　　)和(　　　)两种。
10. 由一组数据的最大值、最小值、中位数和两个四分位数 5 个特征值绘制而成的、反映原始数据分布的图形，称为(　　　)。
11. 将全部变量值依次划分为若干个区间，并将这一区间的变量值作为一组，称为(　　　)。
12. 组距分组分为(　　　)和(　　　)。
13. 一个组的最小值称为(　　　)；一个组的最大值称为(　　　)。
14. 一个组的上限与下限的差，称为(　　　)。
15. 采用组距分组时，需要遵循(　　　)的原则。
16. 用一系列宽度相等、高度不等的矩形连接起来的表示统计数据的图，称为(　　　)。
17. 如果数值数据是在不同时间上取得的，称为(　　　)。
18. 用二维坐标展示两个变量之间关系的图形，称为(　　　)。
19. 统计表一般由(　　　)、(　　　)、(　　　)、(　　　)和(　　　)构成。
20. 表头中量和单位的标注形式应为(　　　)。

二、单项选择题

1. 为对比分类变量的取值在不同时间或不同空间上的差异或变化趋势，可以绘制(　　)。
   A．条形图　　　　　B．帕累托图　　　　C．饼图　　　　　D．对比条形图
2. 对于未分组的数据通常用(　　)图形展示。
   A．条形图　　　　　B．茎叶图　　　　　C．箱线图　　　　D．直方图
3. 能够保留原始数据的信息的图形是(　　)。
   A．饼图　　　　　　B．茎叶图　　　　　C．箱线图　　　　D．直方图
4. 下列不是构成箱线图的特征值的是(　　)。
   A．最大值　　　　　B．最小值　　　　　C．众数　　　　　D．中位数
5. 将学生成绩分为3组：60～69分为及格，70～79分为中等；80～89分为良好，这属于(　　)。
   A．等距分组　　　　B．不等距分组　　　C．组距分组　　　D．区间分组
6. 对人口年龄的分组，可分为以下4组：0～6岁(婴幼儿组)、7～17岁(少年儿童组)、18～59岁(中青年组)、60岁以上(老年组)，这种分组属于(　　)。
   A．等距分组　　　　B．不等距分组　　　C．组距分组　　　D．区间分组
7. 每一组的下限和上限之间的中点值，称为(　　)。
   A．组中值　　　　　B．最小值　　　　　C．众数　　　　　D．中位数
8. 显示分组数据频数分布特征的图形是(　　)。
   A．条形图　　　　　B．茎叶图　　　　　C．箱线图　　　　D．直方图
9. 显示时间序列数据，主要使用(　　)。
   A．条形图　　　　　B．茎叶图　　　　　C．线图　　　　　D．直方图
10. 考察3个变量之间的关系时，下列不适用的图形是(　　)。
    A．二维散点图　　　B．三维散点图　　　C．气泡图　　　　D．雷达图

三、练习题

1. 某银行为加强银行人员服务质量，特对服务质量设有5个等级供顾客选择，分别为：A—非常满意；B—满意；C——般；D—不满意；E—非常不满意。为了解某一位职员服务的质量，从她所服务的顾客中随机抽取50人构成一个样本，调查结果如表3-12所示。

表3-12　调查结果

B	D	A	B	C	D	B	B	A	C
E	A	D	A	B	A	C	A	B	D
C	A	C	D	E	B	C	D	B	C
A	C	C	B	E	C	A	E	C	B
D	D	A	A	B	C	C	A	B	C

问题：

(1) 指出表3-12数据的类型。

(2) 用Excel制作一张频数分布表。

(3) 根据表3-12的数据绘制一张条形图。

2．利用表 3-13 所示的数据绘制茎叶图和箱线图。

表 3-13 调查数据

52	34	22	18	42	33	25	35	45	30
25	26	22	32	20	15	39	41	50	46
36	27	17	12	36	18	45	26	11	29
44	23	18	52	48	33	24	20	18	15

3．某大型超市 30 天的销售额情况如表 3-14 所示。

表 3-14 某大型超市 30 天的销售额

单位：万元

35	36	41	38	46	44	37	26	38	40
41	36	36	37	45	28	42	47	35	26
37	37	40	35	28	28	30	35	36	36

问题：
(1) 以组距为 5 对上面数据进行等距分组，并整理成频数分布表。
(2) 绘制直方图。

4．某袋装洗衣液采用生产线自动装填，每袋容量大约为 500mL，但由于某些原因，每袋容量不会恰好是 500mL。表 3-15 是随机抽取的 100 袋产品的容量数据。

表 3-15 随机抽取的 100 袋产品的容量数据

单位：mL

500	516	528	485	509	491	484	505	518	519
506	515	512	482	491	508	490	492	507	501
508	529	494	481	495	485	506	461	535	465
468	510	493	497	474	458	498	498	496	498
506	492	491	527	499	482	498	500	510	522
494	490	536	489	496	471	473	529	508	527
488	489	483	485	502	521	498	513	486	502
501	681	518	507	483	517	523	512	483	492
493	497	494	481	521	520	487	479	495	491
513	499	525	526	507	501	503	496	517	488

问题：
(1) 利用计算机对表 3-15 的数据进行排序。
(2) 以组距为 10 为表 3-15 的数据进行等距分组，并整理成频数分布表。
(3) 绘制频数分布的直方图。
(4) 说明数据分布的特征。

5．A、B 两个班各有 35 名学生，期末经济学成绩的分布如表 3-16 所示。

表 3-16　学生的期末经济学成绩分布

考试成绩	人数/人	
	A 班	B 班
优	4	5
良	7	10
中	11	11
及格	9	6
不及格	4	3

问题：

(1) 根据表 3-16 的数据，画出两个班成绩的对比条形图。

(2) 比较两个班考试成绩的分布特点。

第 4 章 统计数据的指标度量

教学目标

1. 掌握数据集中趋势的度量。
2. 掌握数据离散程度的度量。
3. 了解数据的偏态和峰态的度量。
4. 掌握描述统计指标的软件操作过程。

引入案例

哪名运动员的发挥更稳定？

在奥运会女子3米跳板跳水比赛中，每名运动员首先进行预赛，然后根据预赛总成绩确定进入半决赛的12名运动员。半决赛时12名运动员再进行5轮比赛，根据半决赛成绩进入决赛。在2020年7月31日举办的第32届东京奥运会女子3米跳板跳水半决赛中，进入半决赛的12名运动员的预赛成绩和半决赛成绩如表4-1所示。

表 4-1 12 名运动员的预赛成绩和半决赛成绩

单位：分

姓名	国家/地区	预赛成绩	半决赛5轮成绩				
			第一轮	第二轮	第三轮	第四轮	第五轮
施廷懋	中国	350.45	64.50	73.50	76.50	75.95	81.00
王涵	中国	347.25	70.50	72.00	75.00	57.35	72.00
亚伯	加拿大	332.40	67.50	74.40	60.00	63.00	76.50
巴斯克斯·蒙塔诺	墨西哥	294.30	67.50	65.10	61.50	63.00	61.50
帕尔梅	美国	279.10	60.00	54.00	61.50	69.75	71.40
努尔达比塔·萨布里	马来西亚	291.60	63.00	65.10	63.00	63.00	58.50
霍尔马克	德国	287.00	61.50	63.55	63.00	63.00	60.00
秦	澳大利亚	292.80	69.00	51.15	58.50	67.50	63.00
詹森·英格	荷兰	278.75	63.00	63.00	58.50	58.90	58.50
赫尔南德斯	美国	309.55	56.70	54.60	63.00	58.80	58.50
波利亚科娃·玛丽娅	俄罗斯奥运队	288.55	61.50	54.00	55.50	54.00	65.10
海姆贝格	瑞士	289.95	55.50	54.00	55.80	57.00	67.50

资料来源：央视网。

最后得出的结论是，虽然中国运动员施廷懋在半决赛中位于第 1 名，但霍尔马克在半决赛中发挥是最稳定的，其次是努尔达比塔·萨布里。试问得出结论的依据是什么呢？本章重点来介绍指标体系。

4.1 集中趋势的指标

集中趋势是指数据分布中大量数据向某方向集中的程度。前文已经介绍过数据的分类，其中按计量尺度不同，可以把数据分为分类数据、顺序数据和数值数据。这 3 种不同类型数据，是从低层次测量数据到高层次测量数据，本节选用这 3 种不同类型数据分别介绍不同数据集中趋势的指标。需要强调的是，低层次数据的集中趋势指标适用于高层次测量数据，而反过来，高层次测量数据的集中趋势指标不适用于低层次测量数据。

4.1.1 分类数据——众数

1. 众数的定义

定义 4.1 一组数据中出现频数最多的变量值，称为众数，用 M_0 表示。

众数主要用于测量分类数据的集中趋势，同时也适用于测量顺序数据和数值数据。

【例 4.1】某研究人员记录的被调查者的性别如表 4-2 所示，试计算这组数据的众数。

表 4-2 被调查者的性别数据

男	女	女	女	男
男	女	女	男	女
女	女	女	女	男
女	女	女	男	男

解：这里的变量为性别，它是分类变量，因而不同的性别就是不同的变量值，所以这里只有"男"和"女"两个变量值。在所有 20 位被调查者中，"男"变量值有 7 位，所以它的频数为 7，"女"变量值有 13 位，所以它的频数为 13。相比"男"变量值，"女"变量值的频数最多，所以此题的众数为"女"。

【例 4.2】金融学院 2020 级学生在本学期统计学成绩如表 4-3 所示，试计算这组数据的众数。

表 4-3 统计学成绩数据

成绩等级	人数/人
优秀	10
良好	23
中等	23
及格	5
不及格	2

解：这里的变量为"成绩等级"，其变量值为"优秀""良好""中等""及格"和"不及格"。从表4-3中看，"良好"和"中等"两个变量值的频数为23，比其他的变量值都多，所以众数为"良好"和"中等"。

对于分类数据和顺序数据，即定性数据容易确定众数，那么对于数值数据，如何确定数据组的众数呢？前面在第3章对数值数据的整理分为两种方式(未分组和分组)，则其确定众数就要分别讨论。

对于未分组的数据，其众数的确定是非常容易的。

【例4.3】 在某城市中随机抽取了9个家庭，调查得到每个家庭的人均月消费数据如下(单位：元)，计算人均月消费的众数。

450　560　900　1 080　570　810　710　720　460

解：这里的变量是数值变量，变量值为450、560、900、1 080、570、810、710、720、460。从数值看，每一个变量值的频数都为1，因此这组数据没有最多的频数，所以此组数据无众数。

【例4.4】 在某城市中随机抽取了10个家庭，调查得到每个家庭的人均月消费数据如下(单位：元)，计算人均月消费的众数。

450　560　900　1 080　570　810　710　720　460　560

解：这里的变量是数值变量，变量值为450、560、560、900、1 080、570、810、710、720、460。从数值看，560这个数值的频数为2，因此这组数据的众数为560。

对于分组数据的数值数据，其众数的确定如下。

先根据定义确定众数所在的组，然后用众数的上限或下限公式求出众数的具体数值。

下限公式：

$$M_o = L + \frac{\Delta_1}{\Delta_1 + \Delta_2} \times d \tag{4.1}$$

上限公式：

$$M_o = U - \frac{\Delta_2}{\Delta_1 + \Delta_2} \times d \tag{4.2}$$

式中：L——众数所在组的下限；

U——众数所在组的上限；

d——该组的组距；

Δ_1——众数所在组频数与上一组(比众数所在组小的)频数之差；

Δ_2——众数所在组频数与下一组(比众数所在组小的)频数之差。

【例4.5】 承接例3.1数据，根据表3-7的数据，计算数据的众数。

根据定义确定众数所在$-10 \sim 0$组，并且可知：

$$L = -10; U = 0; \Delta_1 = 25 - 18 = 7; \Delta_2 = 25 - 10 = 15$$

用下限公式计算：

$$M_o = L + \frac{\Delta_1}{\Delta_1 + \Delta_2} \times d = -10 + \frac{7}{7 + 15} \times 10 = -6.8$$

用上限公式计算：

$$M_o = U - \frac{\Delta_2}{\Delta_1 + \Delta_2} \times d = 0 - \frac{15}{7+15} \times 10 = -6.8$$

可见，根据上限公式与下限公式计算结果相同，均表明长春某段时间的温度一般水平为-6.8℃。

2. 众数的特点

由以上的例题可以总结出众数具有以下特点。

(1) 众数是一个位置代表值，它不受极端值的影响。

例如，一组数据 750、850、960、1 080、1 080、1 250、1 630、2 000，此组数据的众数 M_o=1 080，当这组数据中最小值 750 变为 550 时，众数还是 M_o=1 080。所以它不受极端值的影响。

(2) 众数也可能不存在；如果存在，并不是唯一的，可能有一个，也可能有两个，甚至更多。

例如，例 4.1 有一个众数，例 4.2 有两个众数，例 4.3 无众数。

(3) 一组数据的众数代表数据是否有明显的集中趋势或最高峰点，所以众数的示意图如图 4.1 所示。

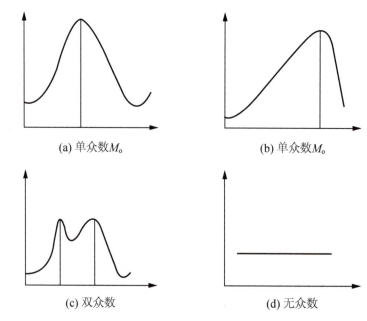

图 4.1 众数示意图

3. Excel 中的众数计算函数

利用 Excel 中的 MODE 函数可以计算出一组数值数据的众数。其中语法为 MODE(number1,number2,…)，如果一组数据中不含有众数，则 MODE 函数返回错误值 N/A。

4.1.2 顺序数据——中位数和四分位数

分位数是样本取值按其数值大小顺序排列，得到的分界点上的数值，包括中位数、四分位数、十分位数和百分位数等。本书主要讲解中位数和四分位数。

1. 中位数

1) 中位数的定义

定义 4.2 按顺序排列在一起的一组数据中居于中间位置的数，称为中位数，用 M_e 表示。

由中位数的定义可知，中位数是把一组数据分成相等的两部分，每部分的数据包含整组数据的 50%，其中一半数据比中位数小，另一半数据比中位数大。

中位数主要是测量顺序数据的集中趋势，它也可以测量数值数据的集中趋势，但不可以测量分类数据的集中趋势。

2) 中位数的计算公式

根据中位数的定义计算中位数，首先要对数据进行排序，然后确定中位数的位置，这个位置上所对应的变量值就是中位数。中位数的位置确定的公式为

$$中位数位置 = \frac{n+1}{2} \tag{4.3}$$

下面来看几个例题，由例题推出中位数的计算公式。

【例 4.6】 根据表 4-3 的数据，计算数据的中位数。

解：这是一个顺序数据，变量为"成绩等级"，其中"优秀""良好""中等""及格"和"不及格"是变量值。由于变量值本身就是排序的，根据中位数的定义得知处于中间位置的为

$$中位数的位置 = \frac{n+1}{2} = \frac{(10+23+23+5+2)+1}{2} = 32$$

即此组数据是处于第 32 个位置的所对应的变量值，位于"良好"这个区间，所以 $M_e =$ 良好。

对于数值数据的中位数如何确定，同样分为以下两种情况。

(1) 未分组的数值数据。

【例 4.7】 计算例 4.3 数据的中位数。

450　560　900　1 080　570　810　710　720　460

解：这是一个数值数据，变量为人均月消费，要想计算中位数，首先把数据进行排序，如下：

450　460　560　570　$\boxed{710}$　720　810　900　1 080

共 9 个数据，中位数的位置 $= \frac{n+1}{2} = 5$，即为 710，此时中位数 $M_e = x_{\frac{n+1}{2}}$

【例 4.8】 在例 4.3 的数据组中加入一个数据 1 200 后，计算新数据组的中位数。

解：加入一个数据 1 200 后，新数据排序后如下：

450　460　560　570　$\boxed{710}$　$\boxed{720}$　810　900　1 080　1 200

这时新数据组共有 10 个数据，则中位数的位置 $=\frac{n+1}{2}=5.5$，即中位数处于第 5 个位置(对应的变量值为 710)和第 6 个位置(对应的变量值为 720)中间的数据，则为两个数据的加和除 2，即 $M_e=\frac{1}{2}\left(x_{\frac{n}{2}}+x_{\frac{n}{2}+1}\right)=715$。

从上面的 3 个例题可以得出中位数的计算公式为

$$M_e = \begin{cases} x_{\frac{n+1}{2}} & n\text{为奇数} \\ \frac{1}{2}\left(x_{\frac{n}{2}}+x_{\frac{n}{2}+1}\right) & n\text{为偶数} \end{cases} \tag{4.4}$$

(2) 分组的数值数据。

首先根据中位点的位置 $\frac{\sum f}{2}$ 确定中位数所在的组，然后按照下限公式或上限公式来计算中位数的近似值。

下限公式：

$$M_e = L + \frac{\frac{\sum f}{2} - S_{m-1}}{f_m} \times d \tag{4.5}$$

上限公式：

$$M_e = U - \frac{S_m - \frac{\sum f}{2}}{f_m} \times d \tag{4.6}$$

式中：L——中位数所在组的下限；

U——中位数所在组的上限；

d——该组的组距；

S_{m-1}——中位数所在组的前一组(分组是小到大排序)的向上累计频数；

S_m——中位数所在组的(分组是小到大排序)的向上累计频数；

f_m——中位数所在组的频数。

【例 4.9】 承接例 3.1 数据，根据表 3-7 的数据，计算数据的中位数。

首先根据中位点的位置 $\frac{\sum f}{2}=30$ 以及向上累计频数表 4-4，确定中位数所在-10～0 组。

表 4-4 东北某地区某年 1—2 月各天同一时点的气温分组后的向上累计频数

按气温分组/℃	频数/天	向上累计频数/天
-40～-30	1	1
-30～-20	6	7
-20～-10	18	25
-10～0	25	50
0～10	10	60

然后按照下限公式或上限公式来计算中位数的近似值。

其中，$S_{m-1}=25$；$S_m=50$；$f_m=25$。

下限公式：

$$M_e = L + \frac{\dfrac{\sum f}{2} - S_{m-1}}{f_m} \times d = -10 + \frac{30-25}{25} \times 10 = -8$$

上限公式：

$$M_e = U - \frac{S_m - \dfrac{\sum f}{2}}{f_m} \times d = 0 - \frac{50-30}{25} \times 10 = -8$$

可见，无论是用下限公式还是上限公式计算出的中位数结果相同。

3) 中位数的特点

中位数是主要测量顺序数据的集中趋势指标，是一个位置代表值，所以中位数不受数据组的极端值影响。

4) Excel 中的中位数的计算函数

利用 Excel 中的 MEDIAN 函数可以计算出一组数值数据的中位数。其语法为 MEDIAN(number1,number2,…)。

2. 四分位数

1) 四分位数的定义及计算公式

定义 4.3 一组数据排序后处于 **25%** 和 **75%** 位置上的值，称为四分位数。

四分位数是把一组数据四等分，四等分一组数据需要 3 个点，分别为此组数据的中位数和被分成的两部分数据各自的中位数，即整组数据的 25%、50% 和 75% 3 个位置上的变量值。其中，50% 位置上的变量值称为中位数，剩余下的两个数就称为四分位数，处于 25% 位置上的变量值是下四分位数，用 Q_L 表示；处于 75% 位置上的变量值是上四分位数，用 Q_U 表示。

四分位数位置的确定与中位数位置的确定不同的是，四分位数的位置确定方法有很多种，每种方法的结果有一定的差异，但差异不是很大，本书四分位数的位置确定公式为

$$Q_L = \frac{n}{4} \qquad\qquad Q_U = \frac{3n}{4} \tag{4.7}$$

【例 4.10】根据例 4.3 中 9 个家庭的消费调查数据，计算人均月消费的四分位数。

解：排序后的数据为

450　460　560　570　710　720　810　900　1 080

共 9 个数据，则 $Q_L = \dfrac{n}{4}$=2.25，即处于第 2 个位置上(变量值为 460)和第 3 个位置上(变量值为 560)间，则

$$Q_L = 460 + 0.25 \times (560 - 460) = 485$$

$Q_U = \dfrac{3n}{4}$=6.75，即处于第 6 个位置上(变量值为 720)和第 7 个位置上(变量值为 810)间，则

$$Q_U = 720 + 0.75 \times (810 - 720) = 787.5$$

对于分组的数值数据，其四分位数的确定同中位数的确定原理相同，可以由下限或上限公式确定。具体步骤如下。

首先上、下四分位数的位置确定出上、下四分位数所在组，即由 $\dfrac{\sum f}{4}$ 确定下四分位数所在的组，由 $\dfrac{3\sum f}{4}$ 确定上四分位数所在的组。然后按照下限公式或上限公式来确定上、下四分位数。

下限公式：

$$Q_L = L + \dfrac{\dfrac{\sum f}{4} - S_{m-1}}{f_m} \times d \qquad Q_U = L + \dfrac{\dfrac{3\sum f}{4} - S_{m-1}}{f_m} \times d \qquad (4.8)$$

上限公式：

$$Q_L = U - \dfrac{S_m - \dfrac{\sum f}{4}}{f_m} \times d \qquad Q_U = U - \dfrac{S_m - \dfrac{3\sum f}{4}}{f_m} \times d \qquad (4.9)$$

式中：L——上、下四位数所在组的下限；

U——上、下四分位数所在组的上限；

d——该组的组距；

S_{m-1}——上、下四分位数所在组的前一组(分组是小到大排序)的向上累计频数；

S_m——上、下四分位数所在组的(分组是小到大排序)的向上累计频数；

f_m——上、下四分数所在组的频数。

【例 4.11】 承接例 3.1 数据，根据表 3-7 的数据，计算数据的上、下四分位数。

首先由 $\dfrac{\sum f}{4}=15$ 及表 4-4 的向上累计频数，确定下四分位数所在组为-20～-10 组，由 $\dfrac{3\sum f}{4}=45$ 及表 4-4 的向上累计频数确定上四分位数所在组为-10～0 组。

然后按照下限公式或上限公式来计算上、下四分位数的近似值。

(1) 计算下四分位数。

由于下四分位数所在的组为-20～-10 组，所以其前一组的 $S_{m-1}=7$；$S_m=25$；$f_m=18$；L=-20；U=-10。

下限公式：

$$Q_L = L + \dfrac{\dfrac{\sum f}{4} - S_{m-1}}{f_m} \times d = -20 + \dfrac{15-7}{18} \times 10 = -15.6$$

上限公式：

$$Q_L = U - \dfrac{S_m - \dfrac{\sum f}{4}}{f_m} \times d = -10 - \dfrac{25-15}{18} \times 10 = -15.6$$

(2) 计算上四分位数。

由于上四分位数所在的组为-10~0 组,所以其前一组 $S_{m-1}=25$;$S_m=50$;$f_m=25$。

下限公式:

$$Q_U = L + \frac{\frac{3\sum f}{4} - S_{m-1}}{f_m} \times d = -10 + \frac{45-25}{25} \times 10 = -2$$

上限公式:

$$Q_U = U - \frac{S_m - \frac{3\sum f}{4}}{f_m} \times d = 0 - \frac{50-45}{25} \times 10 = -2$$

可见,无论是用下限公式还是上限公式计算出的上、下四分位数结果相同。

2) Excel 中的四分位数的计算函数

利用 Excel 中的 QUARTILE 函数可以计算出一组数值数据的四分位数。其中语法为 QUARTILE(array quart),array 为需要求得四分位数值数据的单元格区域,quart 有 4 种取值,分别为 0、1、2、3 和 4,不同取值,返回不同的四分位数值。当取值为 0 时,返回这组数据的最小值;当取值为 1 时,返回这组数据的下四分位数;当取值为 2 时,返回的是这组数据的中位数;当取值为 3 时,返回的是这组数据的上四分位数;当取值为 4 时,返回这组数据的最大值。

4.1.3 数值数据——平均数

定义 4.4 描述一组同质观察值的集中趋势或平均水平的指标,称为平均数。

平均数是测量数值数据的集中趋势,不适用于分类数据和顺序数据。平均数主要包括算术平均数和几何平均数。

1. 算术平均数

对于数值数据,算术平均数有两个:一是简单算术平均数(未分组数值数据);二是加权算术平均数(分组的数值数据)。

1) 简单算术平均数

(1) 定义及计算公式。

简单算术平均数主要是测量未分组数值数据的集中趋势。

定义 4.5 未经分组的一组样本数据为 $x_1, x_2, \cdots, x_n$,样本数据的个数为 n,则样本平均数为 $\bar{x}$,称为简单算术平均数。

简单算术平均数的计算公式为

$$\bar{x} = \frac{x_1 + x_2 + \cdots + x_n}{n} = \frac{\sum_{i=1}^{n} x_i}{n} \tag{4.10}$$

【例 4.12】 根据例 4.3 中的 9 个家庭的消费调查数据,计算人均月消费的简单算术平均数。

解：根据式(4.9)，有

$$\bar{x} = \frac{x_1 + x_2 + \cdots + x_n}{n}$$

$$= \frac{450+460+560+570+710+720+810+900+1\,080}{9}$$

$$= \frac{6\,260}{9} = 695.6$$

(2) 简单算术平均数的特点。

简单算术平均数的数值受这组数据的极端值影响，即改变这组数据的极大值和极小值时，此组数据的平均数也随之改变。

2) 加权算术平均数

(1) 加权算术平均数的定义及计算公式。

加权算术平均数主要是测量分组数值数据的集中趋势。

定义 4.6 将原始数据分成 k 组，各组的数据用各自组中值来表示，各组变量值出现的个数用各自的频数表示，这样的数据平均数称为加权算术平均数。

设原始数据分 k 组，各组的组中值分别为 $M_1, M_2, \cdots, M_k$，各组变量值出现的频数为 $f_1, f_2, \cdots, f_k$，则样本平均数的计算公式为

$$\bar{x} = \frac{M_1 f_1 + M_2 f_2 + \cdots + M_k f_k}{f_1 + f_2 + \cdots + f_k} = \frac{\sum_{i=1}^{k} M_i f_i}{n} \tag{4.11}$$

式中，$n = f_1 + f_2 + \cdots + f_k$，即样本容量。

【例 4.13】某企业职工年收入统计资料如表 4-5 所示，试计算这个企业职工平均年收入。

表 4-5 某企业职工年收入统计资料

年收入/万元	职工人数/人
2.0～3.0	6
3.0～4.0	10
4.0～5.0	18
5.0～6.0	12
6.0～7.0	7
合计	53

解：这是一组分组数值数据，计算平均数使用加权算术平均数。其中每组的组中值分别为 2.5、3.5、4.5、5.5、6.5，各组的频数分别为 6、10、18、12、7。根据式(4.5)有

$$\bar{x} = \frac{M_1 f_1 + M_2 f_2 + \cdots + M_k f_k}{f_1 + f_2 + \cdots + f_k}$$

$$= \frac{6 \times 2.5 + 10 \times 3.5 + 18 \times 4.5 + 12 \times 5.5 + 7 \times 6.5}{53}$$

$$= 4.58$$

从加权算术平均数的公式得知,用各组的组中值来替代各组的实际变量值,如果各组数据在组内是均匀分布的,则计算结果还是比较准确的;如果各组数据在组内是非均匀分布的,则误差较大。所以一般情况下,在各组数据均匀分布的前提下,使用加权算术平均数来计算平均数。

(2) 加权算术平均数的特点。

从加权算术平均数的定义可以得知,其数值的大小不仅受各组组中值的影响,而且受各组变量值频数的影响。即当一组频数较大时,意味着这组数据的个数较多,则这组数据的组中值对平均数的影响较大。

3) Excel 中的算术平均数的计算函数

利用 Excel 中的 AVERAGE 函数可以计算出一组数值数据的平均数。其语法为 AVERAGE(number1,number2,…),返回其参数的算术平均值,参数可以是数值或包含数值的名称、数组或引用。

2. 几何平均数

对于数值数据,几何平均数也有两个:一是简单几何平均数(未分组的数值数据);二是加权几何平均数(分组的数值数据)。

1) 简单几何平均数

简单几何平均数主要是测量未分组数值数据,通常用于计算平均增长率。

定义 4.7 未经分组的一组样本数据为 $x_1, x_2, \cdots, x_n$,样本数据的个数为 n,则样本平均数为 $\bar{x} = \sqrt[n]{x_1 x_2 \cdots x_n}$,则称 $\bar{x}$ 为简单几何平均数。

简单几何平均数通常用于计算平均增长率。

如果题中给出的数据是绝对数值 $x_1, x_2, \cdots, x_n$,则平均增长率计算过程为

$$\bar{x} = \sqrt[n]{\frac{x_1}{x_0} \times \frac{x_2}{x_1} \times \cdots \times \frac{x_n}{x_{n-1}}} = \sqrt[n]{\frac{x_n}{x_0}} \tag{4.12}$$

如果题中给出的数据不是绝对数值,是每一期的增长率,即一组增长率 $g_1, g_2, \cdots, g_n$,则其平均增长率为

$$\bar{x} = \sqrt[n]{(1+g_1)(1+g_2)\cdots(1+g_n)} \tag{4.13}$$

最后得出其平均增长率为 $\bar{x} - 1$。

【例 4.14】 某投资公司投资某个项目,该项目初始投资额为 100 万元,第一年内收益率为 10%,即第一年年末资金为 110 万元;继续投资,第二年内收益率为 5%,即第二年年末资金为 115.5 万元;第三年内收益率为 15%,即第三年年末资金为 132.825 万元。求该项目三年内的平均收益率为多少?

解：由于题中给出了绝对数和相对数两个数值，所以可以用两种方式求平均收益率。

方式一：$\bar{x} = \sqrt[n]{\dfrac{x_1}{x_0} \times \dfrac{x_2}{x_1} \times \cdots \times \dfrac{x_n}{x_{n-1}}}$

$= \sqrt[3]{\dfrac{110}{100} \times \dfrac{115.5}{110} \times \dfrac{132.825}{115.5}} = 109.92\%$

所以平均增长率为 109.92% − 100% = 9.92%。

方式二：$\bar{x} = \sqrt[n]{(1+g_1)(1+g_2)\cdots(1+g_n)}$

$= \sqrt[3]{(1+10\%) \times (1+5\%) \times (1+15\%)} = 109.92\%$

所以平均增长率为 109.92% − 100% = 9.92%。

2) 加权几何平均数

加权几何平均数主要是测量分组数值数据的平均增长率。

定义 4.8 加权几何平均数是指，对于一组数据 $x_1, x_2, \cdots, x_n$，若其相应的次数为 $f_1, f_2, \cdots, f_n$，则必须以指数形式给各变量值加权，然后求其平均数。其计算公式为：

$$\bar{x}_G = {}^{f_1+f_2+\cdots+f_n}\!\!\sqrt{x_1^{f_1} x_2^{f_2} \cdots x_n^{f_n}} \tag{4.14}$$

【例 4.15】 某投资公司投资某个项目，该项目初始投资额为 100 万元，前三年的每年收益率为 10%；继续投资，中期三年内每年的收益率为 5%；最后四年内每年收益率为 15%。求该项目 10 年内的平均收益率为多少？

解：$\bar{x}_H = {}^{f_1+f_2+\cdots+f_n}\!\!\sqrt{x_1^{f_1} x_2^{f_2} \cdots x_n^{f_n}}$

$= \sqrt[3+3+4]{(1+10\%)^3 \times (1+5\%)^3 \times (1+15\%)^4} = 110.42\%$

所以 10 年内的平均收益率为 110.42% − 100% = 10.42%。

4.1.4 众数、中位数和平均数的关系

众数、中位数和平均数都是测量数值数据的集中趋势度量指标，三者存在的关系如下。

(1) 当一组数据是对称分布时，众数 M_o、中位数 M_e 和平均数 $\bar{x}$ 必定相等，即 $M_o = M_e = \bar{x}$，如图 4.2(a)所示。

(2) 当一组数据是左偏时，众数 M_o、中位数 M_e 和平均数 $\bar{x}$ 的关系为 $\bar{x} < M_e < M_o$，如图 4.2(b)所示。

原因：左偏分布，说明数据存在极小值，而中位数和众数不受极端值的影响，而平均值受极端值影响，所以平均数向极小值一方发展。

(3) 当一组数据是右偏时，那么众数 M_o、中位数 M_e 和平均数 $\bar{x}$ 的关系为 $M_o < M_e < \bar{x}$，如图 4.2(c)所示。

原因：右偏分布，说明数据存在极大值，中位数和众数不受极端值的影响，而平均值受极端值影响，所以平均数向极大值一方发展。

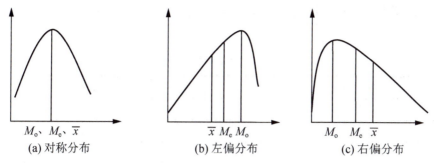

图 4.2 不同分布的众数、中位数和平均数的关系

根据众数、中位数和平均数三者存在的关系，给出一组数据，可以计算出这组数据的众数、中位数和平均数，利用三者的关系，初步判断出这组数据的分布情况。

4.1.5 众数、中位数和平均数应用的注意事项

(1) 众数可以测量分类数据、顺序数据和数值数据，但主要适用于测量分类数据的集中趋势。如果一组数据量较少时，不宜采用众数。

(2) 中位数是一组数据位置上的代表值，它不受极端值的影响。当一组数据的分布偏斜程度较大时，中位数是测量集中趋势一个很好的指标。中位数是主要测量顺序数据的指标。

(3) 平均数是针对数值数据测量集中趋势的指标，它不可以测量其他数据。但针对数值数据的指标却有 3 个，选择使用哪个指标是非常重要的。当一组数据是非对称分布时，因为平均数受极端值的影响，所以采用众数或中位数测量数值数据；当一组数据是对称分布时，采用平均数测量数值数据。

4.2　离散程度的绝对指标

离散程度是指一组数据中各变量值远离其中心值(代表值)的程度。数据的离散程度越大，集中趋势选出的代表值的代表性就越弱；离散程度越小，代表值的代表性就越强。

本节同样按照数据的计量尺度不同，即分类数据、顺序数据和数值数据(从低到高)顺序来讲解。

4.2.1　分类数据——异众比率

定义 4.9　非众数组的频数占总频数的比率，称为异众比率，用 V_r 表示。

根据定义，可得知异众比率的计算公式为

$$V_r = \frac{\sum f_i - f_m}{\sum f_i} \tag{4.15}$$

式中，$\sum f_i$ 为变量值的总频数；f_m 为众数组的频数。

【例 4.16】　一家市场调查公司为研究不同饮料的市场占有率，对随机抽取的一家超

市进行调查。调查员在某天记录 50 名顾客购买的饮料，经统计得到表 4-6，试计算异众比率。

表 4-6　不同饮料的频数分布表 1

不同饮料	频数
碳酸饮料	15
冰红茶	11
冰糖雪梨	9
果汁	6
矿泉水	9
合计	50

解：由表 4-6 可知，这是分类数据，且众数 M_o=碳酸饮料，其他变量值为非众数。

$$V_r = \frac{\sum f_i - f_m}{\sum f_i} = \frac{50-15}{50} = 70\%$$

这说明，在所调查的 50 人中，有 70%的人购买的不是碳酸饮料，只有 30%的人购买了碳酸饮料。

【例 4.17】将表 4-6 中的数据更改为表 4-7 的数据，试计算异众比率。

表 4-7　不同饮料的频数分布表 2

不同饮料	频数
碳酸饮料	35
冰红茶	5
冰糖雪梨	5
果汁	4
矿泉水	1
合计	50

解：由表 4-7 中可知，众数还是 M_o=碳酸饮料，其他变量值为非众数。

$$V_r = \frac{\sum f_i - f_m}{\sum f_i} = \frac{50-35}{50} = 30\%$$

这说明，在所调查的 50 人中，有 30%的人购买的不是碳酸饮料，70%的人购买了碳酸饮料。

比较例 4.16 和例 4.17 的结果，可以看出，例 4.17 的异众比率小于例 4.16 的，而例 4.17 的异众比率说明调查的 50 人，只有 30%没有购买碳酸饮料(众数)，说明在例 4.17 中的众数比例 4.16 中的众数代表性强。由此，得出以下结论。

异众比率越大，说明众数的代表性就越弱；异众比率越小，说明众数的代表性就越强。

异众比率主要测量分类数据的离散程度，同时也可以测量顺序数据和数值数据的离散程度。

4.2.2 顺序数据——四分位差

定义 4.10 上四分位数与下四分位数之差，也称内距或四分间距，称为四分位差，用 Q_d 表示。

根据四分位差的定义，得出四分位差的公式：

$$Q_d = Q_U - Q_L \tag{4.16}$$

由 4.1 节的内容知道，下、上四分位数分别是处于一组数据 25%位置和 75%位置上的变量值，也就是说四分位差包含了一组数据中间的 50%数据，是反映中间 50%数据的离散程度。如果四分位差的值越小，意味着中间 50%的数据越向中位数靠拢，即中位数的代表性就越强；如果四分位差的值越大，意味着中间 50%的数据越分散，中位数的代表性就越弱。

【例 4.18】 根据例 4.10 的计算结果，计算家庭人均月消费的四分位差。

解：根据例 4.10 的计算结果可知：

$$Q_U = 787.5 \qquad Q_L = 485$$

所以四分位差为

$$Q_d = Q_U - Q_L = 787.5 - 485 = 302.5$$

四分位差主要用于测量顺序数据，同时也可以测量数值数据离散程度，但不适用于测量分类数据的离散。

4.2.3 数值数据——方差和标准差

定义 4.11 各变量值与其平均数离差平方的平均数，称为方差。总体方差用 σ^2 表示，样本方差用 s^2 表示。

定义 4.12 方差的平方根称为标准差。

标准差是最常用最基本的一种标志变异指标。总体标准差用 σ 表示，样本标准差用 s 表示。

1. 样本方差和标准差的计算

根据样本数据分为分组数据和未分组数据，有两种样本方差和标准差的计算公式。

1) 未分组数据

根据方差的定义，样本方差计算公式为

$$s^2 = \frac{\sum_{i=1}^{n}(x_i - \overline{x})^2}{n-1} \tag{4.17}$$

2) 分组数据

分组数据，各变量值用所在组的组中值来替代，所以其计算公式为

$$s^2 = \frac{\sum_{i=1}^{k} f_i (M_i - \overline{x})^2}{n-1} \tag{4.18}$$

3) 自由度

式(4.17)和式(4.18)的分母都为 $n-1$，即样本数据的个数减 1，称之为自由度。自由度是指在一组数据有一个附加的约束时，自由取值的变量个数。

例如，$x_1 + x_2 = 2\bar{x}$，其中 $\bar{x} = 1$，即 $x_1 + x_2 = 2$，两个变量相加和为 2，这时两个变量自由取值的只有一个变量，1 为此数据的自由度。

再如，$x_1 + x_2 + x_3 = 3\bar{x}$，$\bar{x}$ 再固定，3 个变量自由取值的只有两个，2 为自由度。以此类推，在样本方差公式中，有 $\bar{x}$ 这个附加的约束，所以有 $x_1 + \cdots + x_n = n\bar{x}$，$n$ 个变量中自由取值的有 $n-1$ 个，$n-1$ 为自由度。

4) 样本标准差的计算

根据标准差的定义，有其计算公式为

$$s = \sqrt{s^2} \tag{4.19}$$

2. 总体方差和总体标准差的计算

1) 未分组数据总体方差的计算

未分组数据总体方差的计算公式为

$$\sigma^2 = \frac{\sum_{i=1}^{N}(x_i - \mu)^2}{N} \tag{4.20}$$

2) 分组数据总体方差的计算

分组数据总体方差的计算公式为

$$\sigma^2 = \frac{\sum_{i=1}^{k} f_i(x_i - \mu)^2}{N} \tag{4.21}$$

3) 总体标准差的计算

$$\sigma = \sqrt{\sigma^2} \tag{4.22}$$

3. Excel 中标准差和方差的计算函数

1) 标准差的计算函数

利用 Excel 中的 STDEV 函数可以计算出一组数值数据的标准差。其中语法为 STDEV(number1,number2,⋯)，返回其参数的标准差，参数可以是数值或包含数值的名称、数组或引用。

2) 方差的计算函数

利用 Excel 中的 VAR 函数可以计算出一组数值数据的方差。其语法为 VAR(number1,number2,⋯)，返回其参数的方差，参数可以是数值或包含数值的名称、数组或引用。

【例 4.19】根据表 4-5 的数据，计算该企业职工年收入的标准差。

解：根据样本方差公式有

$$s^2 = \frac{\sum_{i=1}^{k} f_i (M_i - \overline{x})^2}{n-1}$$

$$= \frac{6 \times (2.5-4.6)^2 + 10 \times (3.5-4.6)^2 + 18 \times (4.5-4.6)^2 + 12 \times (5.5-4.6)^2 + 7 \times (6.5-4.6)^2}{53-1}$$

$$=1.42$$

$$s = \sqrt{s^2} = \sqrt{1.42} = 1.19$$

4.2.4 相对离散程度——离散系数

以上介绍了数值数据离散程度的测量指标，即方差和标准差，其数值的大小受各变量值变动程度的影响，且也受平均水平的影响。例如，测量 20 人身高的离散程度，当不同研究人员采用不同单位时，即一个研究人员采用 m 为单位，得出一个标准差数值；另一个研究人员采用 cm 为单位，得出另一个标准差数值，两个数值不相等。为了消除计量单位不同或平均水平高低不等的影响，采用反映离散程度的相对指标，即离散系数。

定义 4.13　一组数据的标准差与其相应的平均数之比，称为离散系数，用 V_s 表示。

其计算公式为

$$V_s = \frac{s}{\overline{x}} \tag{4.23}$$

离散系数是离散程度测量的相对指标，可被应用于比较不同样本数据的离散程度。离散系数大的，说明数据的离散程度越大，即一组数据偏离代表值；离散系数小的，说明数据的离散程度越小，即一组数据向代表值靠拢。

4.3　指标的应用

4.3.1 数据的相对位置测量——标准分数

在生活中，人们经常要测量数据的相对位置，即测量某个数据在一组数据中的位置。

例如，某个同学在期末考试中货币银行学取得 89 分，统计学取得 75 分，试问他哪科成绩较好？这时我们不能用分数的绝对值来进行衡量，因为会存在一种可能，货币银行学试卷较简单，货币银行学全班的成绩都较高，而统计学试卷较难，所以不能用分数的绝对值衡量他哪科成绩较好。这时我们可以采用相对指标，即计算这两科分数在全班分数数据中的位置。

定义 4.14　变量值与其平均数的离差除以标准差后的值，称为标准分数，用 Z 表示。

根据标准分数定义，其计算公式为

$$Z = \frac{x_i - \overline{x}}{s} \tag{4.24}$$

标准分数是测量各变量值在所在的数据中的位置。如果某个变量值的标准分数为−1，说明其变量值低于平均值，且低于一个标准差；如果某个变量值的标准分数为1，说明其变量值高于平均值，且高出一个标准差。

【例 4.20】 某个同学在期末考试中货币银行学取得 89 分，全班同学货币银行学成绩的均值为 75 分，标准差为 7 分；统计学取得 75 分，全班同学统计学成绩的均值为 60 分，标准差为 5 分。试问，这名同学哪科成绩较好？

解：比较该名学生的哪科成绩较好，只需测量出他每科成绩在全班的位置，即相对位置。所以有

货币银行学的位置：

$$Z = \frac{x_i - \bar{x}}{s} = \frac{89 - 75}{7} = 2$$

统计学的位置：

$$Z = \frac{x_i - \bar{x}}{s} = \frac{75 - 60}{5} = 3$$

即该名学生货币银行学的成绩高于全班成绩的均值，且高于 2 个标准差，而统计学的成绩高于全班成绩的均值，且高于 3 个标准差。结论是，该名学生统计学成绩较好。

4.3.2 统计指数

在我们日常的统计工作中，指数是最常见的数字之一，如经济学中的零售物价指数、股票价格指数、消费价格指数等。在统计年鉴中看到这些指数的数值，那这些数值代表什么意思？如何编制这些指数呢？

指数有广义和狭义之分。

定义 4.15 广义的指数是一切相对数，即把相对数与指数等同起来。

这种指数不仅包括动态相对数，也包括静态相对数；不仅包括个体指数，也包括总指数。

定义 4.16 狭义的指数是表明复杂经济社会现象总体的数量综合变动的相对数。

复杂经济社会现象总体由于各个部分性质不同而在研究数量特征时不能直接相加或直接对比，但可依据统计的原理和方法，通过编制指数反映总体的综合变动。

1. 统计指数的作用

统计指数在统计工作和社会经济活动分析中具有以下 3 个方面的作用。

1) 运用总指数能综合地反映复杂社会经济现象变动的方向和程度

例如，居民消费价格指数是度量消费商品及服务项目价格水平随着时间变动的相对数，反映居民购买的商品及服务项目价格水平的变动趋势和变动程度。其按年度计算的变动率通常被用来反映通货膨胀或紧缩的程度；居民消费价格指数及其分类指数还是计算国内生产总值以及资产、负债、消费、收入等实际价值的重要参考依据。通过居民消费价格指数的数值变化，得出居民消费价格是上升，还是下降。又如，一个经济体的消费价格指数从去

年的 100 增加到今年的 112，那么这一时期的通货膨胀率为 $T = (112-100)/100 \times 100\% = 12\%$，就是说通货膨胀率为 12%，表现为物价上涨 12%。

2) 运用指数体系可以进行因素分析

社会经济现象总体的数量变化，往往是由两个或两个以上因素共同作用的结果。运用统计指数，根据其经济上的联系和数量上的对等关系，建立指数体系，分析各因素对总指数在相对数和绝对数两个方面的影响。此外，还可以借助于指数体系中各要素间的关系进行相互推算。

例如，某经济主体的销售额=销售量×单位产品的价格，所以衡量该经济主体的销售额的变化程度，可以建立销售额指数=销售量指数×单位产品的价格指数，当本月的销售量相比上月的销售量上涨10%，即销售量指数为 1.1；单位产品的价格指数(以上月为基数)为 1.2，即相比上月单价上涨 20%，则销售额指数为 1.1×1.2=1.32(以上月为基数)，即相对上月销售额增长 32%。

3) 运用指数数列能研究社会经济现象的发展变化趋势

指数数列是按照时间的顺序编制的。一方面指数数列可以从动态上反映某种社会经济发展变化趋势，如工业产品产量定基指数及环比指数。另一方面指数数列可以表明现象之间变化的差异和相互联系的动态趋势。例如，把职工生活费用价格指数与职工货币工资指数数列进行对比，研究价格变化趋势与货币工资变化趋势呈何种关联状况，从而进一步研究职工实际工资的发展变化趋势。

2. 综合指数

1) 综合指数的定义

定义 4.17 由两个总量指标对比而形成的指数，称为综合指数。它是总指数的一种。

这里的总量指标往往包括两个或两个以上的因素指数，将其中一个或一个以上的因素固定下来，仅观察另一个因素的综合变动程度。综合指数有两种：一是数量指标指数；二是质量指标指数。

从综合指数的定义可以看出综合指数的编制要求：先综合，后对比；固定同度量因素；保持分子与分母的一致性。

2) 综合指数的编制方法

1864 年，拉斯贝尔提出了同度量因素固定在基期的公式，称为拉氏公式：

$$\bar{K}_p = \frac{\sum p_1 q_0}{\sum p_0 q_0} \tag{4.25}$$

$$\bar{K}_q = \frac{\sum p_0 q_1}{\sum p_0 q_0} \tag{4.26}$$

1874 年，派氏提出了同度量因素固定在报告期的公式，通常称为派氏公式：

$$\bar{K}_p = \frac{\sum p_1 q_1}{\sum p_0 q_1} \tag{4.27}$$

$$\bar{K}_q = \frac{\sum p_1 q_1}{\sum p_1 q_0} \tag{4.28}$$

式中，p 为价格；q 为数量；下标 1 为报告期；下标 0 为基期；$\bar{K}_q$ 为价格指数；$\bar{K}_q$ 为数量指数。

这两类公式为综合指数的建立奠定了理论基础，成为研究综合指数的经典公式。但在统计工作中，一般选择拉氏公式来计算数量指标的综合变动程度；选择派氏公式来计算质量指标的综合变动程度。

【例 4.21】 某商店经营的三种商品的资料如表 4-8 所示。

表 4-8　某商店经营的三种商品的资料

商品名称	计量单位	销售量		价格/元	
		q_0	q_1	p_0	p_1
甲	匹	1 000	1 150	100	100
乙	吨	2 000	2 200	50	55
丙	件	3 000	3 150	20	25

要求：根据上述资料测算该商店的商品销售量指数和商品的价格指数。

解：(1) 商品销售量指数使用拉氏公式，即有：

$$\bar{K}_q = \frac{\sum p_0 q_1}{\sum p_0 q_0} = \frac{100 \times 1\,150 + 50 \times 2\,200 + 20 \times 3\,150}{100 \times 1\,000 + 50 \times 2\,000 + 20 \times 3\,000} = 110.77\%$$

即由于销售量导致销售额的差异为

$$\sum p_0 q_1 - \sum p_0 q_0 = 288\,000 - 260\,000 = 28\,000 \text{元}$$

(2) 商品的价格指数使用派氏公式，即有：

$$\bar{K}_p = \frac{\sum p_1 q_1}{\sum p_0 q_1} = \frac{100 \times 1\,150 + 55 \times 2\,200 + 25 \times 3\,150}{100 \times 1\,150 + 50 \times 2\,200 + 20 \times 3\,150} = 109.29\%$$

即由于价格变动导致销售额差异为

$$\sum p_1 q_1 - \sum p_0 q_1 = 314\,750 - 288\,000 = 26\,750 \text{元}$$

3. 加权平均数指数

定义 4.18　加权平均数指数是总指数的一种基本形式。它是先计算出复杂社会经济现象总体中单项事物的个体指数，然后对其进行加权平均计算总指数，从而测定复杂社会经济现象总体平均变动程度。

1) 与综合指数的异同点

相同点：加权平均数指数与综合指数都是编制总指数的基本形式，它们既有联系又有区别。其联系表现为当权数为基期价值量或报告期价值量时，这两种指数的计算公式可以互变。

不同点如下。

① 出发点不同。

综合指数是从社会经济现象总体的总量出发，找出同度量因素，将不能直接相加的现象过渡到可以加总并对比，以观察现象总量综合的平均变动方向和程度。加权平均数指数是从个体指数出发的，并选用一定的权数进行加权平均，以观察个体指数的平均变动方向和程度。

② 对资料的要求不同。

综合指数的编制要求使用全面调查资料。加权平均数指数的编制可以使用全面调查资料，也可以使用非全面调查资料。

③ 选择的权数不同。

综合指数的编制要求以实际指标作为权数。加权平均数指数的编制既可以以实际的总量指标为权数，也可以以实际的比重指标为权数，还可以以经验指标为权数。

2) 加权平均数指数的编制方法

加权平均数指数包括加权算术平均数指数、加权调和平均数指数。本书重点介绍的是固定权数的加权算术平均数指数。即使用经过调整的不变权数 w 为固定权数，其公式为

固定权数的加权算术平均数价格指数：

$$K_p = \frac{\sum \frac{p_1}{p_0} w}{\sum w} \tag{4.29}$$

固定权数的加权算术平均数数量指数：

$$K_q = \frac{\sum \frac{q_1}{q_0} w}{\sum w} \tag{4.30}$$

4. 商品零售价格指数的编制

商品零售价格指数是指使用商品零售价格调查数据所编制的反映商品零售价格总体变动趋势和程度的指数。从其商品的包括范围上看，既包括城乡居民的生活消费品，也包括农用生产资料，但城市商品零售价格指数只包括生活消费品。其编制的要求有以下几点。

① 选择代表规格品。全国零售商品的种类成千上万，要编制包括全部商品零售价格指数既不可能也不经济，因此必须选择代表规格品，其特点是成交量大，市场供应稳定，能代表该商品变动的趋势。

② 选择典型地区。典型地区的标准既要考虑其代表性，也要注意类型上的多样性以及地区分布上的合理性和相对稳定性。

③ 确定代表品的价格。在零售商品市场上，每一种商品都有各种不同形式的价格，而代表品的价格应当是一定时期内的牌价、议价和市价的加权平均，其权数是各种价格形式的商品零售量或零售额。

④ 确定各层的权数。由于商品的种类繁多，一般分为大类、中类、小类、代表规格品几个层次。因此计算各类商品的权数也要一层层地确定。权数是根据上年商品零售额资料和当年住户调查资料予以调整后确定的。在确定权数时，先确定大类权数，然后依次确定中类、小类、代表规格品权数。各层权数均以百分比表示，并要满足各层权数之和为100%。

⑤ 计算各层价格指数及总指数。其计算过程是先计算各代表规格品的价格指数，然后

分层逐级计算小类指数、中类指数、大类指数、总指数。其采用的公式是固定权数的加权算术平均数计算价格指数。

【例 4.22】 根据表 4-9 所示的资料，计算某市零售商品价格总指数。

表 4-9　某市零售商品的资料

商品类别及品名	代表规格品	计量单位	平均价格/元 p_0	平均价格/元 p_1	权数 w /%	指数 $k=p_1/p_0$ /(%)
总指数					100	112.76
一、食品类					52	119.35
1. 粮食					35	111.12
(1) 细粮					70	113.74
面粉	标准粉	kg	1.15	1.25	45	108.70
大米	粳米标一	kg	1.40	1.65	55	117.86
(2) 粗粮					30	105.02
2. 副食品					45	130.11
3. 烟酒类					13	112.38
4. 其他食品					7	104.25
二、衣着类					19	103.26
三、日用品类					10	104.34
四、文化娱乐类					6	106.22
五、书报杂志类					2	102.65
六、药及医药用品类					5	112.53
七、建筑装潢类					4	110.37
八、燃料类					2	108.68

解：(1) 根据上面的资料可得零售商品为 4 层，如图 4.3 所示。

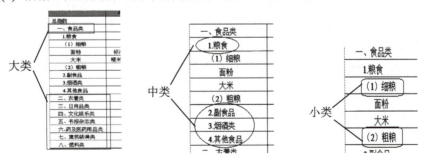

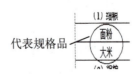

图 4.3　零售商品指数的层次

(2) 计算零售商品指数的过程。

① 确定代表规格品的价格指数：

面粉的价格指数： $\dfrac{p_1}{p_0} = \dfrac{1.25}{1.15} = 108.70\%$

大米的价格指数： $\dfrac{p_1}{p_0} = \dfrac{1.65}{1.40} = 117.86\%$

② 确定小类的价格指数，如细粮的价格指数：

$$K_p = \dfrac{\sum \dfrac{p_1}{p_0} w}{\sum w} = \dfrac{108.70\% \times 0.45 + 117.86\% \times 0.55}{0.45 + 0.55} = 113.74\%$$

同样的原理，可得出粗粮的价格指数为 105.02。

③ 确定中类的价格指数，如确定 1.粮食的价格指数：

$$K_p = \dfrac{\sum \dfrac{p_1}{p_0} w}{\sum w} = \dfrac{113.74\% \times 0.7 + 105.02\% \times 0.3}{0.7 + 0.3} = 111.12\%$$

同样原理确定其他所有的中类价格指数。

④ 确定大类的价格指数，如确定一、食品类的价格指数：

$$K_p = \dfrac{\sum \dfrac{p_1}{p_0} w}{\sum w} = \dfrac{111.12\% \times 0.35 + 130.11\% \times 0.45 + 112.38\% \times 0.13 + 104.25\% \times 0.07}{0.35 + 0.45 + 0.13 + 0.07} = 119.35\%$$

同样原理确定其他所有的大类价格指数。

⑤ 确定零售商品的价格指数：

$$K_p = \dfrac{\sum \dfrac{p_1}{p_0} w}{\sum w} = \dfrac{119.35\% \times 0.52 + 103.26\% \times 0.19 + \cdots + 108.68\% \times 0.02}{0.52 + 0.19 + \cdots + 0.02} = 112.76\%$$

4.4 偏态与峰态的指标度量

4.2 节和 4.3 节学习了集中趋势和离散程度的测量，但这两部分的学习仅可以了解数据分布的一些特点，要想全面了解数据分布的特点，还是不够的。例如，给出一组样本数据，可以计算其众数、中位数和平均数 3 个数值，通过 3 个数值的关系，初步了解到数据分布是对称还是非对称，但如果是非对称时，无法知道数据的偏斜程度；如果是对称的，无法知道数据的扁平程度。这时需要学习偏态和峰态的指标度量。

4.4.1 偏态及偏态系数

1. 偏态及偏态系数的定义

定义 4.19 数据分布的不对称，称为偏态。

偏态是对数据分布对称性的测量，如果要测量偏斜程度，需要计算偏态系数。

定义 4.20　数据分布不对称的度量值，称为偏态系数，用 SK 表示。
其计算公式为

$$SK = \frac{1}{n-1} \times \frac{\sum(x_i - \bar{x})^3}{s^3} \tag{4.31}$$

(1) 当偏态系数为 0 时，说明这组数据是对称分布的。
(2) 当偏态系数为正值时，表示这组数据是右偏的，偏态系数越大，偏斜的程度也就越大。
(3) 当偏态系数为负值时，表示这组数据是左偏的，偏态系数越小，偏斜的程度也就越大。

2. Excel 中偏态系数的计算函数

利用 Excel 中的 SKEW 函数可以计算出一组数值数据的偏态系数 SK。其语法为 SKEW(number1,number2,…)。

4.4.2　峰态及峰态系数

1. 峰态及峰态系数的定义

定义 4.21　数据分布的平峰或尖峰程度，称为峰态。
峰态是对数据对称分布的扁平测量，如果要测量扁平程度，需要计算峰态系数。
定义 4.22　数据分布峰态的度量值，称为峰态系数，用 *K* 表示。
其计算公式为

$$K = \frac{1}{n-1} \times \frac{\sum(x_i - \bar{x})^4}{s^4 - 3} \tag{4.32}$$

峰态通常是相对于标准正态分布而言的。
(1) 当峰态系数为 0 时，说明这组数据是标准正态分布的。
(2) 当峰态系数为正值时，表示这组数据是尖峰的，同时意味着数据比较集中。
(3) 当峰态系数为负值时，表示这组数据是扁平的，同时意味着数据比较分散。

2. Excel 中峰态系数的计算函数

利用 Excel 中的 KURT 函数可以计算出一组数值数据的峰态系数 *K*。其语法为 KURT(number1,number2,…)。

4.5　案例分析：啤酒市场的调查与分析及 Excel 上机应用——描述统计指标

本节案例分析主要分析不同性别和不同学历对啤酒的印象分布情况。首先要计算出啤酒印象分数，操作过程如下。

打开"自动统计调查结果"工作表，在 Z 列之后插入一列"啤酒印象分数"，同时设非常不同意为 1 分，不同意为 2 分，中立为 3 分，同意为 4 分，非常同意为 5 分，所以啤酒印象分数根据"调查问卷"中的第 9 题来计算，计算方法为(1)+(2)+(4)−(3)−(5)，然后拖动 AA2 单元格右下角的填充柄向下复制公式，计算出每位被调查者的啤酒印象分数，如图 4.4 所示。

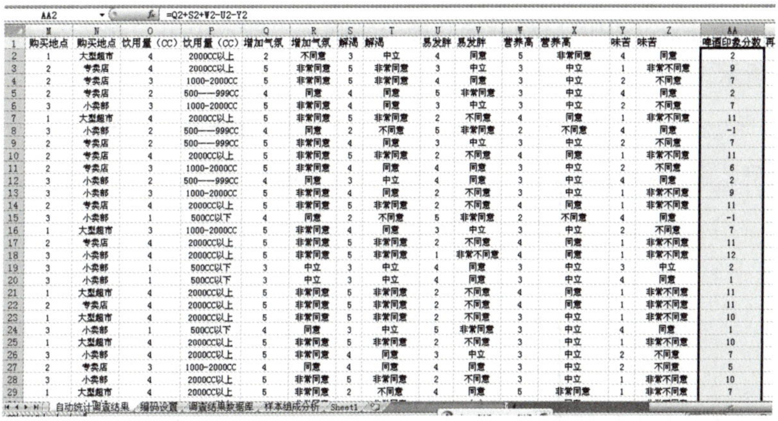

AA2 =Q2+S2+W2-U2-Y2

	M	N	O	P	Q	R	S	T	U	V	W	X	Y	Z	AA
1	购买地点	购买地点	饮用量（CC）	饮用量（CC）	增加气氛	增加气氛	解渴	解渴	易发胖	易发胖	营养高	营养高	味苦	味苦	啤酒印象分数
2	1	大型超市	4	2000CC以上	2	不同意	3	中立	4	同意	5	非常同意	4	同意	2
3	2	专卖店	4	2000CC以上	5	非常同意	5	非常同意	3	中立	3	中立	1	非常不同意	9
4	2	专卖店	3	1000-2000CC	5	非常同意	5	非常同意	4	同意	3	中立	2	不同意	7
5	2	专卖店	2	500——999CC	4	同意	4	同意	5	非常同意	3	中立	4	同意	2
6	3	小卖部	3	1000-2000CC	5	非常同意	4	同意	3	中立	3	中立	2	不同意	7
7	1	大型超市	4	2000CC以上	5	非常同意	5	非常同意	2	不同意	4	同意	1	非常不同意	11
8	3	小卖部	2	500——999CC	4	同意	2	不同意	5	非常同意	2	不同意	4	同意	-1
9	2	专卖店	2	500——999CC	5	非常同意	4	同意	3	中立	3	中立	2	不同意	7
10	2	专卖店	4	2000CC以上	5	非常同意	5	非常同意	2	不同意	4	同意	1	非常不同意	11
11	2	专卖店	3	1000-2000CC	5	非常同意	4	同意	4	同意	3	中立	2	不同意	6
12	3	小卖部	2	500——999CC	4	同意	3	中立	4	同意	3	中立	4	同意	2
13	3	小卖部	3	1000-2000CC	5	非常同意	4	同意	2	不同意	3	中立	1	非常不同意	9
14	2	专卖店	4	2000CC以上	5	非常同意	5	非常同意	2	不同意	4	同意	1	非常不同意	11
15	3	小卖部	1	500CC以下	4	同意	2	不同意	5	非常同意	2	不同意	4	同意	-1
16	1	大型超市	3	1000-2000CC	5	非常同意	4	同意	3	中立	3	中立	2	不同意	7
17	2	专卖店	4	2000CC以上	5	非常同意	5	非常同意	2	不同意	4	同意	1	非常不同意	11
18	3	小卖部	4	2000CC以上	5	非常同意	5	非常同意	1	非常不同意	4	同意	1	非常不同意	12
19	3	小卖部	1	500CC以下	3	中立	3	中立	4	同意	3	中立	3	中立	2
20	3	小卖部	1	500CC以下	3	中立	3	中立	4	同意	3	中立	4	同意	1
21	1	大型超市	4	2000CC以上	5	非常同意	5	非常同意	2	不同意	4	同意	1	非常不同意	11
22	2	专卖店	4	2000CC以上	5	非常同意	5	非常同意	2	不同意	4	同意	1	非常不同意	11
23	1	大型超市	4	2000CC以上	5	非常同意	5	非常同意	2	不同意	3	中立	1	非常不同意	10
24	3	小卖部	1	500CC以下	4	同意	3	中立	5	非常同意	3	中立	4	同意	1
25	1	大型超市	4	2000CC以上	5	非常同意	5	非常同意	2	不同意	3	中立	1	非常不同意	10
26	3	小卖部	4	2000CC以上	5	非常同意	4	同意	3	中立	3	中立	2	不同意	7
27	2	专卖店	3	1000-2000CC	4	同意	4	同意	4	同意	3	中立	2	不同意	5
28	3	小卖部	4	2000CC以上	5	非常同意	5	非常同意	2	不同意	3	中立	1	非常不同意	10
29	1	大型超市	4	2000CC以上	5	非常同意	2	不同意	4	同意	5	非常同意	1	非常不同意	7

自动统计调查结果 / 编码设置 / 调查结果数据库 / 样本组成分析 / Sheet1

图 4.4　计算啤酒印象分数

上面已经介绍过，描述一组数据的特性，通常用该组数据的描述性指标来反映其分布的情况，即计算出一组数据的平均数、标准差、众数、中位数等指标，方便用户从“集中趋势”和“离散程度”两个角度对样本数据进行观察。本节采用 Excel 软件，使用两种方法来计算。

4.5.1　不同性别的啤酒印象分数分布情况

首先分析一下性别是否会对啤酒印象分数有影响，即计算男、女两组啤酒印象分数描述性指标。这里采用 Excel 统计函数来计算每个指标的数值。

第一步：建立一个新的工作表，命名为“性别对啤酒印象分数的影响分析”，并把“性别”和“啤酒印象分数”的数据复制到该工作表中，如图 4.5 所示。

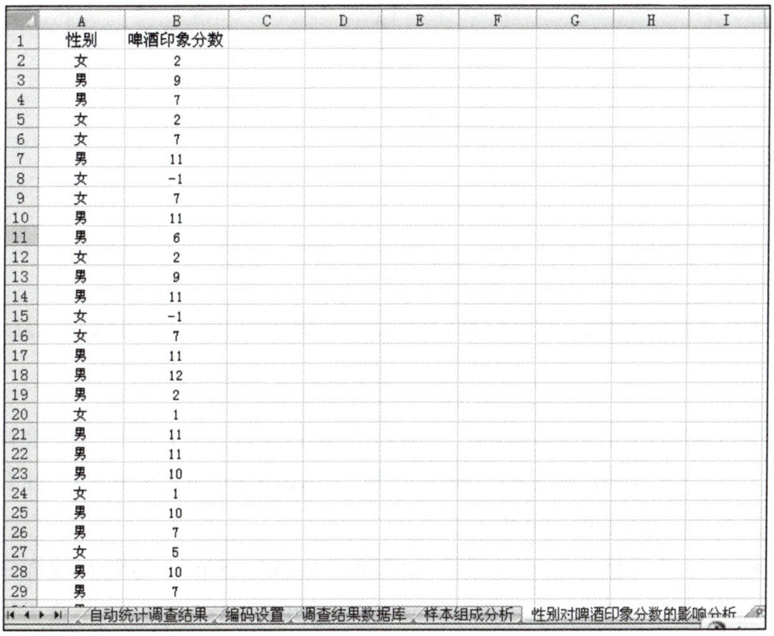

	A	B
1	性别	啤酒印象分数
2	女	2
3	男	9
4	男	7
5	女	2
6	女	7
7	男	11
8	女	-1
9	女	7
10	男	11
11	男	6
12	女	2
13	男	9
14	男	11
15	女	-1
16	女	7
17	男	11
18	男	12
19	男	2
20	女	1
21	男	11
22	男	11
23	男	10
24	女	1
25	男	10
26	男	7
27	女	5
28	男	10
29	男	7

自动统计调查结果 / 编码设置 / 调查结果数据库 / 样本组成分析 / 性别对啤酒印象分数的影响分析

图 4.5　“性别对啤酒印象分数的影响分析”工作表

第二步：利用 Excel 中的自动筛选功能分别筛选出样本中男、女性各自的啤酒印象分数，如图 4.6 所示。

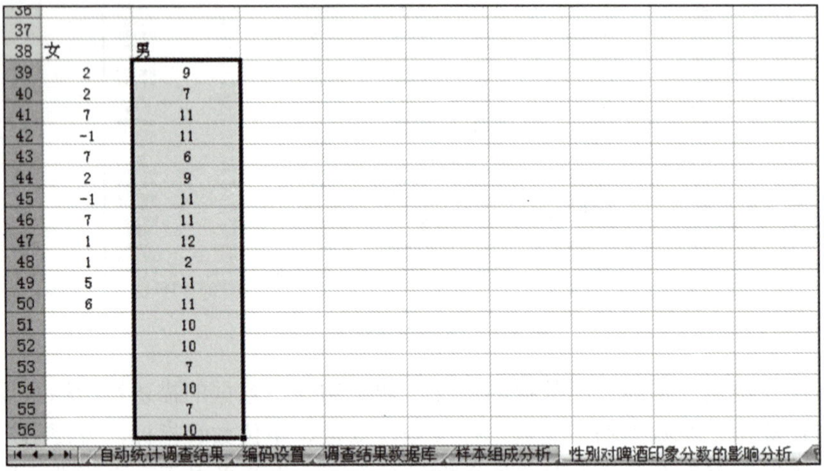

图 4.6　筛选结果

第三步：在"性别对啤酒印象分数的影响分析"工作表中，输入如图 4.7 所示的内容。

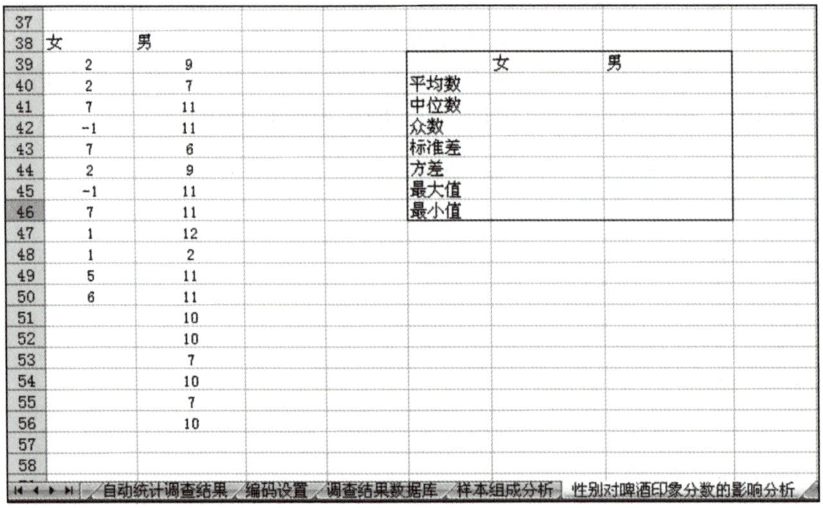

图 4.7　输入结果

第四步：在 F40 单元格中输入函数"=AVERAGE(A39:A50)"，得到女性样本的啤酒印象分数平均数；同样在 G40 单元格中输入函数"=AVERAGE(B39:B56)"计算男性样本的啤酒印象分数平均数。结果如图 4.8 所示。

第五步：在 F41 单元格中输入函数"=MEDIAN(A39:A50)"，得到女性样本的啤酒印象分数中位数；同样在 G41 单元格中输入函数"=MEDIAN(B39:B56)"计算男性样本的啤酒印象分数中位数。结果如图 4.9 所示。

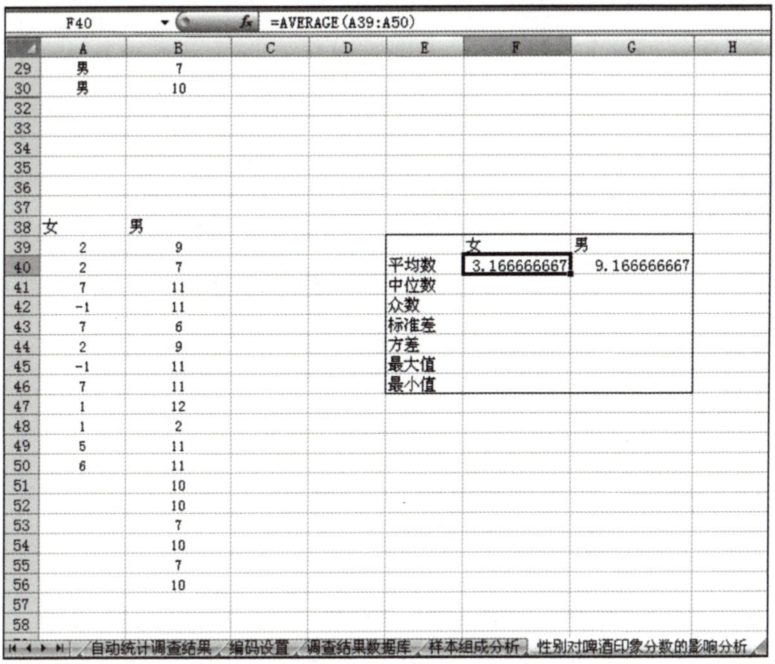

图 4.8　计算样本的啤酒印象分数平均数

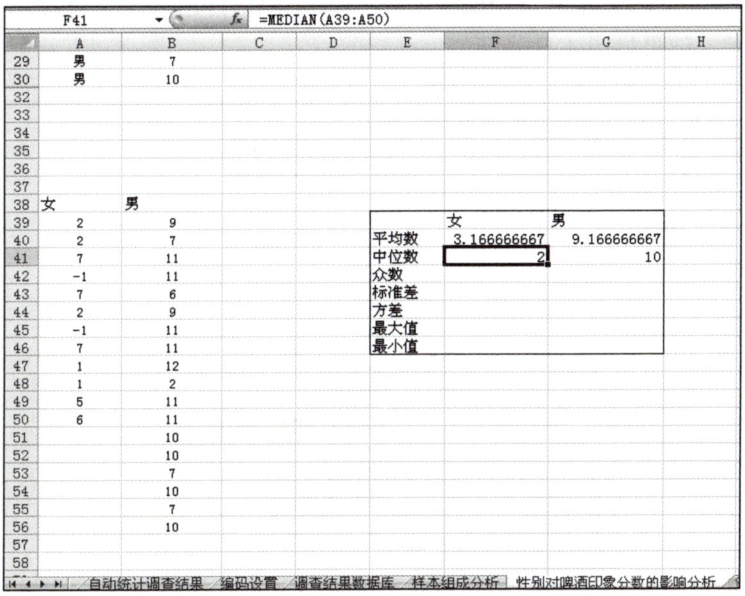

图 4.9　计算样本的啤酒印象分数中位数

第六步：在 F42 单元格中输入函数"=MODE(A39:A50)"，得到女性样本的啤酒印象分数众数；同样在 G42 单元格中输入函数"=MODE(B39:B56)"，计算男性样本的啤酒印象分数众数。结果如图 4.10 所示。

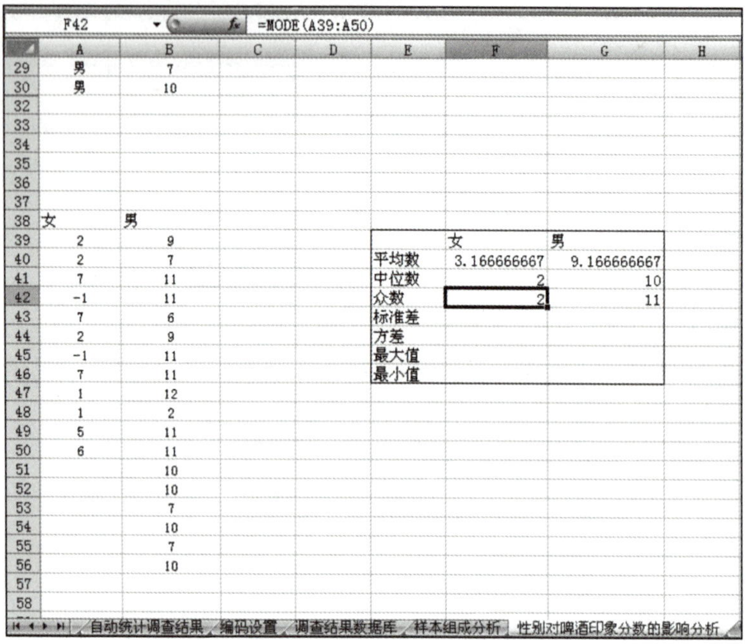

图 4.10　计算样本的啤酒印象分数众数

第七步：在 F43 单元格中输入函数"=STDEV(A39:A50)"，得到女性样本的啤酒印象分数标准差；同样在 G43 单元格中输入函数"=STDEV(B39:B56)"，计算男性样本的啤酒印象分数标准差。结果如图 4.11 所示。

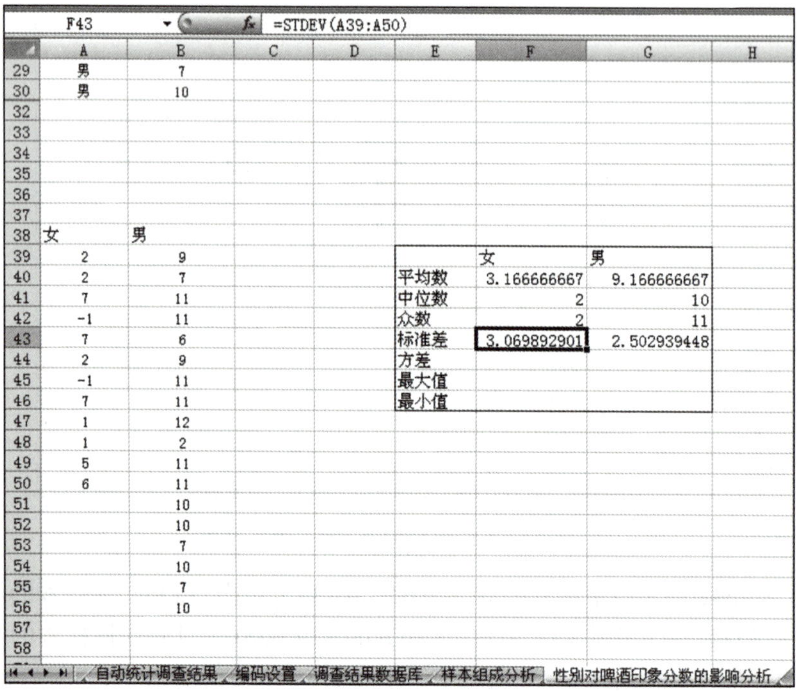

图 4.11　计算样本的啤酒印象分数标准差

第八步：在 F44 单元格中输入函数"=VAR(A39:A50)"，得到女性样本的啤酒印象分数方差；同样在 G44 单元格中输入函数"=VAR(B39:B56)"，计算男性样本的啤酒印象分数方差。结果如图 4.12 所示。

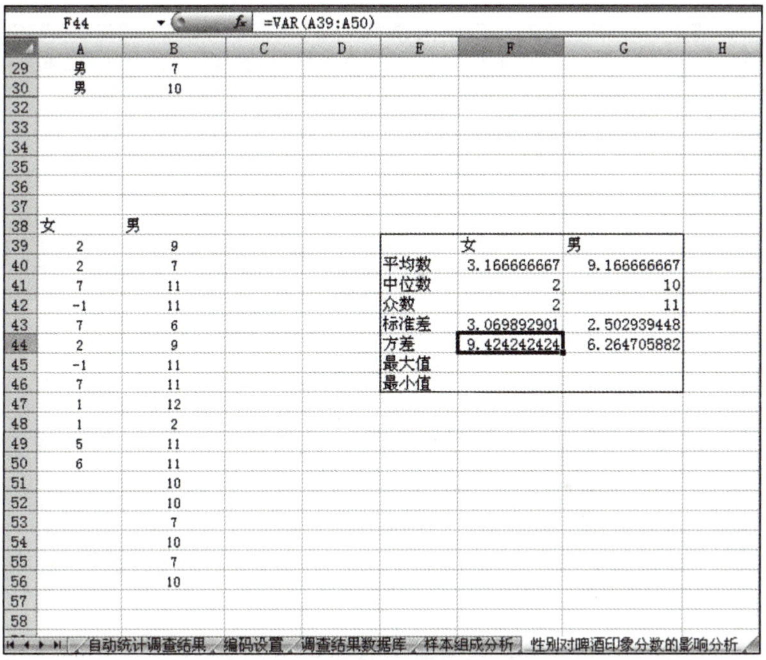

图 4.12 计算样本的啤酒印象分数方差

第九步：在 F45 单元格中输入函数"=MAX(A39:A50)"，得到女性样本的啤酒印象分数最大值；同样在 G45 单元格中输入函数"=MAX(B39:B56)"，计算男性样本的啤酒印象分数最大值。结果如图 4.13 所示。

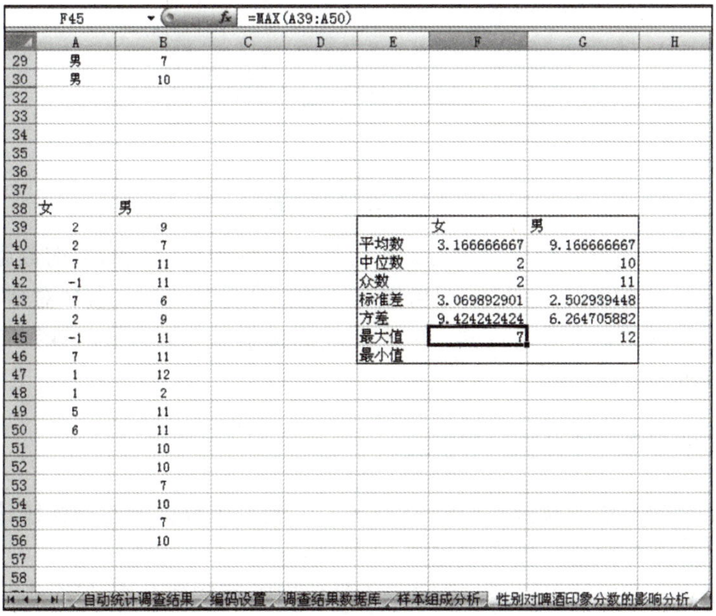

图 4.13 计算样本的啤酒印象分数最大值

第十步：在 F46 单元格中输入函数"=MIN(A39:A50)"，得到女性样本的啤酒印象分数最小值；同样在 G46 单元格中输入函数"=MIN(B39:B56)"，计算男性样本的啤酒印象分数最小值。结果如图 4.14 所示。

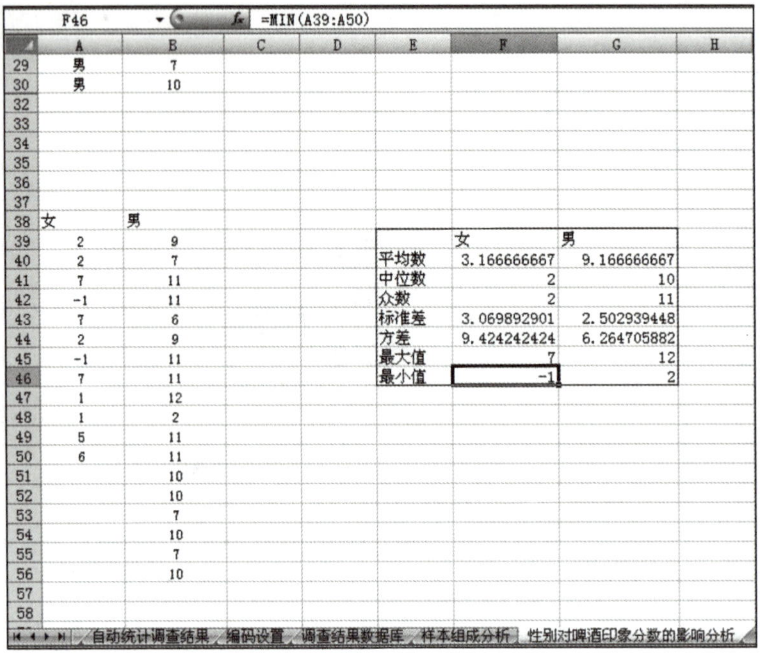

图 4.14　计算样本的啤酒印象分数最小值

第十一步：最后得到如图 4.15 所示的结果。

	女	男
平均数	3.166666667	9.166666667
中位数	2	10
众数	2	11
标准差	3.069892901	2.502939448
方差	9.424242424	6.264705882
最大值	7	12
最小值	−1	2

图 4.15　统计结果报表

根据图 4.15 的描述统计结果报表可知，男性对啤酒印象分数的平均数远远高于女性对啤酒印象分数的平均数(9.17＞3.17)，即男性对啤酒的印象较佳，而女性对啤酒的印象较差。虽然从描述统计分析结论来看是这样，但不能准确说明对啤酒印象与性别有关，必须借助另外的分析工具进行分析检验。

4.5.2　不同学历的啤酒印象分数分布情况

分析不同学历的啤酒印象分数的分布情况，这里采用数据中的描述统计分析，不再用统计函数来计算各指标数值。操作过程如下。

第一步：建立一个新的工作表，命名为"学历对啤酒印象分数的影响分析"，然后把学历和啤酒印象分数的数据复制到该工作表中，如图 4.16 所示。

第 4 章 统计数据的指标度量

	A	B	C	D	E	F	G	H	I
1	学历	啤酒印象分数							
2	研究生及以上	2							
3	本科	9							
4	本科	7							
5	本科	2							
6	大专	7							
7	研究生及以上	11							
8	大专	-1							
9	大专	7							
10	大专	11							
11	本科	6							
12	本科	2							
13	高中及以下	9							
14	本科	11							
15	本科	-1							
16	本科	7							
17	研究生及以上	11							
18	高中及以下	12							
19	本科	2							
20	本科	1							
21	本科	11							
22	本科	11							
23	大专	10							
24	本科	1							
25	研究生及以上	10							
26	本科	7							
27	研究生及以上	5							
28	大专	10							
29	本科	7							

图 4.16　"学历对啤酒印象分数的影响分析"工作表

第二步：利用 Excel 中的自动筛选功能分别筛选出样本中不同学历的啤酒印象分数，如图 4.17 所示。

40	高中及以下	大专	本科	研究生及以上
41	9	7	9	2
42	12	-1	7	11
43		7	2	11
44		11	6	10
45		10	2	5
46		10	11	10
47			-1	
48			7	
49			2	
50			1	
51			11	
52			11	
53			1	

图 4.17　样本中不同学历的啤酒印象分数

第三步：单击"数据"→"分析"→"数据分析"按钮，弹出"数据分析"对话框，在"分析工具"列表中选择"描述统计"选项，如图 4.18 所示。

第四步：单击"确定"按钮后，弹出"描述统计"对话框，需要填好数据的"输入区域"A40:D56，填好"输出区域"F47，选择统计指标，即选择"汇总统计"，如图 4.19 所示。

图 4.18 "数据分析"对话框

图 4.19 "描述统计"对话框

第五步：单击"确定"按钮，统计结果如图 4.20 所示。

高中及以下		大专		本科		研究生及以上	
平均	10.5	平均	7.3333333	平均	5.5625	平均	8.1666667
标准误差	1.5	标准误差	1.8012341	标准误差	0.98305964	标准误差	1.5365907
中位数	10.5	中位数	8.5	中位数	6.5	中位数	10
众数	#N/A	众数	7	众数	7	众数	11
标准差	2.1213203	标准差	4.4121046	标准差	3.93223855	标准差	3.7638633
方差	4.5	方差	19.466667	方差	15.4625	方差	14.166667
峰度	#DIV/0!	峰度	3.1789501	峰度	-1.2151768	峰度	-0.327031
偏度	#DIV/0!	偏度	-1.716945	偏度	-0.0917788	偏度	-1.172762
区域	3	区域	12	区域	12	区域	9
最小值	9	最小值	-1	最小值	-1	最小值	2
最大值	12	最大值	11	最大值	11	最大值	11
求和	21	求和	44	求和	89	求和	49
观测数	2	观测数	6	观测数	16	观测数	6

图 4.20 统计结果

从图 4.20 的统计结果可以看出，高中及以下学历的啤酒印象分数最高，其次是研究生及以上学历，再次是大专学历，最后是本科学历。高中及以下学历这组由于数据过少，因此出现了众数、峰度、偏度无值或错误标志。从这些观测值可以看出，学历对啤酒印象分数有显著的影响，但由于样本的随机性，因此不能非常肯定地说学历对啤酒印象分数有影响，还需要借助其他的检验方法来确定。

描述指标的软件操作

习 题

一、填空题

1．一组数据中出现频数最多的变量值为(　　　　)。

2．按顺序排列在一起的一组数据中居于中间位置的数为(　　　　)。

3．上四分位数减下四分位数的结果，称为(　　　　)。

4. 当一组数据的众数、中位数和平均数相等时，这组数据的分布(　　　　)。

5. 一组数据的离散系数为 0.4，若该组数据中每个变量值变为原变量值的 2 倍，此时数据的离散系数为(　　　　)。

6. 测量数据是否对称分布的统计量是(　　　　)。

7. 一组数据的方差为 16，平均数为 2，则这组数据的离散系数为(　　　　)。

8. 峰态通常是与标准正态分布相比较而言的，如果一组数据服从标准正态分布，则峰态系数为(　　　　)。

9. 如果一组数据比较集中，则这组数据的峰态系数为(　　　　)。

10. 标准分数的公式为(　　　　)。

二、单项选择题

1. 一组数据排序后，处于 25%位置上所对应的变量值为(　　　　)。
   A．众数　　　　B．上四分位数　　　　C．下四分位数　　　　D．中位数

2. 一组数据排序后，处于 75%位置上所对应的变量值为(　　　　)。
   A．众数　　　　B．上四分位数　　　　C．下四分位数　　　　D．中位数

3. 8 个数据的平均数是 10，其中一个数为 6，那么其余 7 个数的平均数是(　　　　)。
   A．10.6　　　　B．10.2　　　　C．10.7　　　　D．10.9

4. 有两组样本，两组样本平均数相等，其中第一组样本的方差为 $s_1^2=6$，$s_2^2=8$，试问两组样本的波动情况是(　　　　)。
   A．两组波动情况相同　　　　　　　　B．第二组比第一组波动程度大
   C．第一组比第二组波动程度大　　　　D．无法比较

5. 当一组数据是左偏分布时，这组数据的众数、中位数和平均数的关系是(　　　　)。
   A．$M_o = M_e = \bar{x}$　　　　　　B．$\bar{x} < M_e < M_o$
   C．$M_o < M_e < \bar{x}$　　　　　　D．$M_e < M_o < \bar{x}$

6. 当一组数据是右偏分布时，这组数据的众数、中位数和平均数的关系是(　　　　)。
   A．$M_o = M_e = \bar{x}$　　　　　　B．$\bar{x} < M_e < M_o$
   C．$M_o < M_e < \bar{x}$　　　　　　D．$M_e < M_o < \bar{x}$

7. 当一组数据是对称分布时，这组数据的众数、中位数和平均数的关系是(　　　　)。
   A．$M_o = M_e = \bar{x}$　　　　　　B．$\bar{x} < M_e < M_o$
   C．$M_o < M_e < \bar{x}$　　　　　　D．$M_e < M_o < \bar{x}$

8. 中位数主要适用于测量顺序数据的集中趋势，也可以测量(　　　　)。
   A．分类数据　　　　　　　　　　　　B．数值数据
   C．分类数据和数值数据　　　　　　　D．以上都不能

9. 如果一个数据的标准分数为-4，表明数据(　　　　)。
   A．比平均数高出 4 个标准差
   B．比平均数低出 4 个标准差
   C．比平均数高出 4 个方差
   D．比平均数低出 4 个方差

10. 比较两组数据的离散程度采用的统计量是(　　　　)。
    A．方差　　　　B．标准差　　　　C．四分位数　　　　D．离散系数

11. 下列统计量不受极端值的影响的是( )。
    A．众数   B．平均数
    C．加权算术平均数   D．方差
12. 比较两组数据离散程度使用离散系数，其原因是( )。
    A．两组数据的个数不同
    B．两组数据的平均数不同
    C．两组数据的方差不同
    D．两组数据的数据水平不同或计量单位不同
13. 两组数据的均值不等，但方差相等，则离散程度( )。
    A．均值大的，离散程度小   B．均值大的，离散程度大
    C．两组数据的离散程度相同   D．无法比较
14. 下列指标受极端值的影响的是( )。
    A．中位数   B．众数   C．平均数   D．四分位数
15. 如果一个数据的标准分数为4，表明数据比平均数( )。
    A．高出4个标准差   B．低出4个标准差
    C．高出4个方差   D．低出4个方差

三、多项选择题

1. 下列关于众数的叙述，正确的有( )。
    A．一组数据可能存在多个众数
    B．众数主要适用于分类数据的集中趋势度量，也可以测量顺序数据和数值数据
    C．众数不受极端值的影响
    D．一组数据存在唯一的众数
2. 下列有关离散系数的叙述，正确的有( )。
    A．离散系数主要是比较多组数据的离散程度
    B．离散系数可以同时消除数据的水平和计量单位对标准差的影响
    C．离散系数大的离散程度大，离散系数小的离散程度小
    D．离散系数大的离散程度小，离散系数小的离散程度大
3. 如果偏态系数为正值，则数据的分布是( )。
    A．右偏的   B．非对称的   C．左偏的   D．对称的
4. 异众比率衡量的是一组数据的离散程度，它可以测量( )。
    A．分类数据   B．顺序数据   C．数值数据   D．以上都不可以
5. 分组数据计算算术平均数时，使用加权算术平均数，加权算术平均数受( )影响。
    A．频数   B．组中值   C．最大值   D．最小值
6. 测量数值数据的集中趋势的统计量有( )。
    A．众数   B．中位数   C．平均数   D．以上都不对
7. 某小区物业准备对其服务采取新的收费标准，为此，它随机抽取了该小区100户居民进行调查，其中表示赞成的有23户，中立的有20户，不赞成的有57户，试问描述该组数据的集中趋势统计量有( )。
    A．众数   B．中位数   C．平均数   D．方差

8. 下列指标不受极端值的影响的是(   )。

    A．众数   B．中位数   C．平均数   D．方差

四、名词解释

1. 众数和中位数。
2. 简单算术平均数和加权算术平均数。
3. 方差和标准差。
4. 离散系数。
5. 偏度和峰度。

五、计算题

1. 某班共有 25 名学生，期末经济学课程的成绩分数分别为 68、73、66、78、86、74、60、89、64、90、69、67、76、62、81、63、68、81、81、81、81、70、60、87、64。

试回答以下问题：

(1) 计算该组数据的众数。

(2) 计算该组数据的中位数及四分位数。

(3) 计算该组数据的算术平均数和方差。

(4) 写出以上 3 个问题 Excel 的计算过程。

2. 某班期末共进行经济学和统计学两门课程的考试，全班经济学成绩的平均分数为 80 分，标准差是 15 分；全班统计学成绩的平均分数为 65 分，标准差为 5 分。一名学生的经济学成绩为 85 分，统计学成绩为 70 分，试问，该名学生哪门课程的考试表现理想？

3. 一项关于 4 岁儿童身高状况的研究发现，女童的平均身高为 105cm，标准差为 5cm；男童的平均身高为 107cm，标准差为 10cm，试回答以下问题：

(1) 女童和男童身高差异哪个大？为什么？

(2) 如果该题的单位由"cm"转为"m"，女童和男童身高差异哪个大？为什么？

4. 某企业生产日光灯，随机抽取了 120 个日光灯，测得寿命测试数据如表 4-10 所示，试计算该分组数据的平均数和标准差。

表 4-10   日光灯寿命测试数据

按寿命分组	频数
500～1 000	19
1 000～1 500	30
1 500～2 000	42
2 000～2 500	18
2 500～3 000	11
合计	120

5. 一种产品的组装方法有两种，现要从两种方法中选出单位时间组装产品最多的方法，随机抽取 10 个工人，并让他们分别用这两种方法进行产品组装，两组方法单位时间内组装产品个数数据如表 4-11 所示。试问，采用什么指标比较两种组装方法的离散程度？如果是你，你会选择哪种组装方法？

表 4-11 两种方法单位时间内组装产品个数

方法 1	方法 2
164	129
167	125
170	126
165	130
168	128
162	127
160	130
168	128
171	127
165	131

[第 4 章] 习题参考答案

第5章 参数估计

教学目标

1. 掌握几个重要的统计分布。
2. 了解参数估计的基本理论。
3. 掌握一个总体参数的区间估计。
4. 掌握样本容量的确定。

引入案例

全校在校大学生每月平均消费支出

为了解全国在校大学生每月平均消费支出,光华学院经济学专业的4名本科生对部分本科生做了问卷调查。调查的对象为光华学院在校本科生,调查的内容包括每月平均消费支出、支出的途径、支出结构等,调查问卷由调查员直接到宿舍发放并当场收回。对4个年级各发放了60份,其中每个年级男女生各占一半。共收回有效问卷200份。其中有关月平均消费支出方面的数据整理见表5-1。

表 5-1　月平均消费支出调查数据整理表

回答类别	人数	频率/(%)
500 元以下	32	16
600～800 元	80	40
800～1 000 元	55	27.5
1 000 元以上	33	16.5
合计	200	100

根据表 5-1 数据计算的平均月消费支出为 $\bar{x}=749$ 元,试问全校学生每月平均消费支出是多少?作出估计的理论依据是什么?本章的内容就将回答这些问题。

5.1　几个重要的统计分布

在学习推断统计的两个方法,即参数估计和假设检验前,必须学习统计学中的几个重要的分布,因为在进行参数估计和假设检验时要用到这几个重要的分布,由于这几个重要的分布,在"概率与数理统计"课程中已经学习过,这里只是简单地介绍一下。

5.1.1 正态分布

定义 5.1 概率密度函数是描述随机变量的输出值在某个确定的取值点附近的可能性的函数。

当公式为

$$f(x)=\frac{1}{\sqrt{2\pi\sigma^2}}e^{-\frac{(x-\mu)^2}{2\sigma^2}} \quad (-\infty < x < \infty)$$

式中，μ 为随机变量 X 的均值，它可以为任意的实数；σ^2 为随机变量 X 的方差，称随机变量 X 服从正态分布。即表示为

$$X \sim N(\mu,\sigma^2) \tag{5.1}$$

正态分布是关于 $x=\mu$ 对称分布的；正态分布中 σ^2 代表分布的曲线是扁平还是陡峭的，当其值越小时，曲线越陡峭，其值越大时，曲线越扁平。正态分布的随机变量的线性组合后的随机变量也服从正态分布。

5.1.2 标准正态分布

定义 5.2 标准正态分布是正态分布的特例，若定义 5.1 有 $\mu=0, \sigma^2=1$，则称随机变量服从标准正态分布，即

$$X \sim N(0,1) \tag{5.2}$$

此时，标准正态分布是关于 y 轴对称分布的图形。

由于标准正态分布是正态分布的特例，因此可以将任何一个服从一般正态分布的随机变量 $X \sim N(\mu,\sigma^2)$ 转换成标准正态分布 $N(0,1)$，转换公式为

$$Z=\frac{X-\mu}{\sigma} \tag{5.3}$$

转换后的 Z 是一个服从标准正态分布的随机变量，即 $Z \sim N(0,1)$。

5.1.3 χ^2（卡方）分布

定义 5.3 设一组相互独立的随机变量 $X_1, X_2, \cdots, X_n$，且随机变量 $X_i \sim N(0,1)$，则随机变量

$$\chi^2 = \sum X_i^2 \sim \chi^2(n) \tag{5.4}$$

式中，n 为自由度。

χ^2 是由标准正态分布的平方加和得到的随机变量，所以随机变量 χ^2 为非负数，即 $\chi^2 \geq 0$；同时 χ^2 是非对称分布。

5.1.4 t 分布

定义 5.4 设有一随机变量 X 服从标准正态分布，另一随机变量 Y 服从 χ^2 分布，即 $X \sim N(0,1)$，$Y \sim \chi^2(n)$，则有

$$t=\frac{X}{\sqrt{Y/n}} \sim t(n) \tag{5.5}$$

式中，n 为 t 的自由度。

由定义可知，t 分布是一个关于 y 轴对称分布的图形。

5.1.5 F 分布

定义 5.5 设有一随机变量 X 服从 χ^2 分布，另一随机变量 Y 也服从 χ^2 分布，即 $X \sim \chi^2(n_1)$，$Y \sim \chi^2(n_2)$，则有

$$F = \frac{X/n_1}{Y/n_2} \sim F(n_1, n_2) \tag{5.6}$$

式中，n_1 为第一自由度；n_2 为第二自由度。

由定义同样可以得出随机变量 F 是非负数，即 $F \geqslant 0$，为非对称分布。

【例 5.1】 随机变量 $t \sim t(n)$，证明 $t^2 \sim F(1, n)$。

证明：根据 $t \sim t(n)$，由 t 分布定义可知，它是由一个标准正态分布和一个 χ^2 构造的，所以设有一个随机变量 X 服从标准正态分布，即 $X \sim N(0,1)$；另一个随机变量 Y 服从 χ^2 分布，即 $Y \sim \chi^2(n)$，则有

$$t = \frac{X}{\sqrt{Y/n}} \sim t(n)$$

则有

$$t^2 = \frac{X^2}{Y/n}$$

其中 $Y \sim \chi^2(n)$，再看 X^2，因为 $X \sim N(0,1)$，那么 $X^2 \sim \chi^2(1)$，所以有

$$t^2 \sim F(1, n)$$

5.2 样本抽样分布

前面已经介绍过，统计学主要是分析数据，得出数据的规律性，即得出研究对象(总体)的特征(参数)，总体的参数有总体均值 μ、总体比例 π、总体方差 σ^2。一般情况，想得出总体的这些参数，需要收集总体的数据，而总体的数据是不易收集，甚至是收集不到的，所以只能利用推断统计，先来计算样本的统计量值，推断出总体的参数。那么必须学习这种推断统计的理论依据，即样本的抽样分布。

定义 5.6 重复选取样本量为 n 的样本，由该统计量(样本均值 $\bar{x}$、样本比例 p、样本方差 s^2)的所有可能取值所形成的概率分布，称为样本抽样分布。

样本抽样分布指的是样本的统计量分布，本书主要介绍样本均值 $\bar{x}$ 的分布、样本比例 p 的分布和样本方差 s^2 的分布，因为统计学最为关心总体的均值、比例和方差，而这 3 个参数往往是利用推断统计，根据样本的均值、比例和方差进行估计的。

这里需要注意的是，在统计学实务中，抽样采取的是重复抽样，所以下面的研究都是在重复抽样的基础上进行的。

5.2.1 样本均值的抽样分布

定义 5.7 重复选取样本量为 n 的样本,由样本均值的所有可能取值所形成的概率分布,称为样本均值的抽样分布。

下面以一个简单的例子来推导样本均值的抽样分布。

【例 5.2】 设一个总体含有 4 个元素(个体),即总体元素个数 $N=4$,4 个元素的取值分别为 $x_1=2$、$x_2=3$、$x_3=4$、$x_4=5$。从总体中采取重复抽样方法抽取样本量为 $n=2$ 的随机样本,写出样本均值 $\bar{x}$ 的抽样分布。

解:从总体分布情况看,总体的分布为均匀分布,即 x_i 取每一个值的概率都相同。计算总体均值和方差分别为

总体均值:

$$\mu = \frac{\sum_{i=1}^{4} x_i}{N} = \frac{14}{4} = 3.5$$

总体方差:

$$\sigma^2 = \frac{\sum_{i=1}^{4}(x_i - \mu)^2}{4} = \frac{5}{4} = 1.25$$

从总体中采取重复抽样方法抽取样本量为 $n=2$ 的随机样本,共有 16 个可能的样本,如表 5-2 所示。

表 5-2 样本的所有情况

样本	样本中的元素	样本均值	概率
1	2,2	2.0	1/16
2	2,3	2.5	1/16
3	2,4	3.0	1/16
4	2,5	3.5	1/16
5	3,2	2.5	1/16
6	3,3	3.0	1/16
7	3,4	3.5	1/16
8	3,5	4.0	1/16
9	4,2	3.0	1/16
10	4,3	3.5	1/16
11	4,4	4.0	1/16
12	4,5	4.5	1/16
13	5,2	3.5	1/16
14	5,3	4.0	1/16
15	5,4	4.5	1/16
16	5,5	5.0	1/16

第 5 章 参数估计

从表 5-2 中可以得到，样本均值 $\bar{x}$ 的概率分布如表 5-3 所示。

表 5-3　样本均值的概率分布

样本均值 $\bar{x}$	概率
2.0	1/16
2.5	2/16
3.0	3/16
3.5	4/16
4.0	3/16
4.5	2/16
5.0	1/16

将样本均值 $\bar{x}$ 的分布绘制成图，如图 5.1 所示，发现样本均值 $\bar{x}$ 是对称分布的。

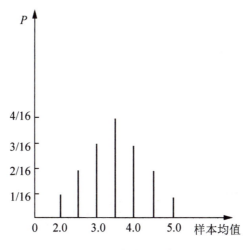

图 5.1　样本均值分布图

由图 5.1 可知，样本均值 $\bar{x}$ 是关于均值 3.5 对称的，而总体均值也是 3.5，所以说样本均值 $\bar{x}$ 的均值与总体均值相等。计算得出样本方差为 0.625，是总体方差的一半，即 1/2，而 2 又是样本容量，所以得出 $D(\bar{x}) = \dfrac{1}{n}\sigma^2$，即

$$\bar{X} \sim N(\mu, \dfrac{1}{n}\sigma^2) \tag{5.7}$$

样本均值的抽样分布与原有总体的分布和样本容量 n 的大小是有关的。
(1) 当总体服从正态分布时，无论样本量大小，样本均值 $\bar{x}$ 都服从正态分布。
(2) 当总体不服从正态分布，且样本量为大样本时，样本均值 $\bar{x}$ 也服从正态分布。
(3) 当总体不服从正态分布，且样本量为小样本时，样本均值 $\bar{x}$ 不服从正态分布。
本书只考虑前两种情况，即样本均值 $\bar{x}$ 都服从正态分布的情况。

5.2.2 样本比例的抽样分布

在统计学中,经常要使用到比例,如想估计一批产品的次品率,往往要从样本比例 p 推断总体比例 π。

定义 5.8 总体(或样本)中具有某种属性的单位数与全部单位数的比值,称为比例。

定义 5.9 重复选取样本量为 n 的样本,由样本比例所有可能取值所形成的概率分布,称为样本比例的抽样分布。

样本比例的抽样分布与样本均值的研究方法相似,本书只考虑大样本的情况,最后推导出样本比例 p 的抽样分布为

$$p \sim N(\pi, \frac{\pi(1-\pi)}{n}) \tag{5.8}$$

5.2.3 样本方差的抽样分布

定义 5.10 重复选取样本量为 n 的样本,由样本方差所有可能取值所形成的概率分布,称为样本方差的抽样分布。

$$\chi^2 = \frac{(n-1)s^2}{\sigma^2} \sim \chi^2(n-1) \tag{5.9}$$

证明:

$$\chi^2 = \frac{(n-1)\frac{\sum(x_i-\bar{x})^2}{n-1}}{\sigma^2} = \frac{\sum(x_i-\bar{x})^2}{\sigma^2} = \sum(\frac{x_i-\bar{x}}{\sigma})^2 \sim \chi^2(n-1)$$

所以有

$$\chi^2 = \frac{(n-1)s^2}{\sigma^2} \sim \chi^2(n-1)$$

5.3 参数估计的基本理论

5.3.1 参数估计的含义

定义 5.11 根据样本数据提供的信息来推断总体的参数,称为参数估计。

前面已经介绍过参数是描述总体特征的,主要包括总体均值、总体方差和总体比例,如一批灯泡的平均寿命(总体均值)、投资组合的风险(总体方差)和一批灯泡的次品率(总体比例)。这些总体的参数往往是利用样本的数据估计出来,即通常用样本均值 $\bar{x}$ 估计总体均值 μ;用样本方差 s^2 估计总体方差 σ^2;用样本比例 p 估计总体比例 π 等。

5.3.2 参数估计的几个基本概念

1. 估计量与估计值

定义 5.12 根据样本(测量值)求出的用来估计总体的某个未知参数 θ 的随机变量，称为估计量。

例如，样本均值 $\bar{x}$、样本比例 p、样本方差 s^2 等都是估计量。

定义 5.13 估计总体参数时计算出来的估计量的具体数值，称为估计值。

例如，要估计某学院学生考试的平均成绩，这时该学院是研究的总体，其平均分数 μ 为参数。随机在该学院抽取了一个班级为样本，该班级的平均分数为 $\bar{x}$，根据这个样本的平均分数估计整个学院的平均分数，所以 $\bar{x}$ 就是一个估计量。假定计算得出样本的平均分数为 80 分，那么这个 80 分就是估计量的具体值，称为估计值。

2. 点估计与区间估计

参数估计的方法有点估计和区间估计。

1) 点估计

(1) 点估计的定义。

定义 5.14 在参数估计中，点估计是利用样本数据对总体参数进行估计，且得到的是一个具体的数值。

例如，用样本均值 $\bar{x}$ 直接作为总体均值 μ 的估计值，用样本比例 p 直接作为总体比例 π 的估计值，用样本方差 s^2 直接作为总体方差 σ^2 的估计值。

(2) 点估计的优缺点。

① 点估计的优点。点估计的计算较简单，易于理解。例如，要估计一批灯泡产品的合格率，从这批灯泡中随机抽取 20 只灯泡，如果抽样合格率为 96%，那么可以将 96%直接作为这批产品的合格率的估计值。

② 点估计的缺点。虽然在重复抽样的条件下，点估计的均值可能等于总体真值，但由于样本是随机的，因此抽出一个具体的样本所得到的估计值很可能不同于总体真值，即表明一个具体的点估计值无法给出点估计的可靠性，因此不能完全依赖于一个点估计值，而应该围绕点估计值构造出总体参数的一个区间，即区间估计。

2) 区间估计

定义 5.15 根据样本对总体参数所在范围(区间)做出的估计，同时给出总体参数的取值落在这个区间的置信程度，称为区间估计。

例如，一名高考学生在考完英语后估计自己的成绩，认为有 90%的概率成绩为 120～130 分。这个估计就是区间估计。其概率的表达形式为 $p(120 \leqslant X \leqslant 130)=90\%$，即该名学生的英语成绩是未知参数，这个未知参数有 90%的概率为 120～130。同时也表明让人从某种程度上确信这个区间会包含真正的总体参数，所以给它取名为置信区间。

定义 5.16 置信区间是由样本对某总体参数所做的区间估计。该区间将以一定的置信度(概率)包含该参数的真值。其中区间的最小值称为置信下限,最大值称为置信上限。

上例中置信区间是在以概率为 90%的水平存在,这里的概率取名为置信水平。

定义 5.17 总体参数值落在样本统计值附近某一区内的概率,称为置信水平。

参数区间估计的定义

在构造置信区间时,可以用所希望的任意值作为置信水平。但通常情况下,置信水平取 90%、95%和 99%。

3. 标准误差

定义 5.18 估计量的样本分布的标准差,称为标准误差。标准误差一般用来判定该组测量数据的可靠性,在数学上等于测量值误差的平方和的平均值的平方根。标准误差用于衡量统计量的离散程度。

5.3.3 评价估计量的标准

在参数估计中,一般用样本估计量作为总体参数的估计。实际上,用于估计总体参数的估计量有很多,如可以用样本均值作为总体均值的估计量,也可以用样本中位数作为总体均值的估计量,等等。那么,究竟用样本的哪种估计量估计总体参数呢?自然要用估计效果最好的估计量。什么样的估计量才算是一个好的估计量呢?这就需要有一定的评价标准。评价估计量的标准,主要有以下几个。

1. 无偏性

定义 5.19 估计量抽样分布的数学期望等于被估计的总体参数,称为无偏性。无偏估计量是用来估计待估参数没有系统误差,且其期望值就是待估参数真值的估计量。即设总体参数为 θ,所选择的估计量为 $\hat{\theta}$,如果 $E(\hat{\theta}) = \theta$,则称 $\hat{\theta}$ 为 θ 的无偏估计量。

通常用样本均值 $\bar{x}$ 估计总体均值 μ;用样本方差 s^2 估计总体方差 σ^2;用样本比例 p 估计总体比例 π 等,即样本均值 $\bar{x}$ 是总体均值 μ 的无偏估计;样本方差 s^2 是总体方差 σ^2 的无偏估计;样本比例 p 是总体比例 π 的无偏估计。在讨论抽样分布时,曾经提到 $E(\bar{x}) = \mu$ 和 $E(p) = \pi$,同样可以证明 $E(s^2) = \sigma^2$。

证明:$E(s^2) = \sigma^2$。

$$\begin{aligned}
E(s^2) &= E\left(\frac{\sum_{i=1}^{n}(x_i - \bar{x})^2}{n-1}\right) \\
&= \frac{1}{n-1}E\sum_{i=1}^{n}(x_i^2 - 2\bar{x}x_i + \bar{x}^2) \\
&= \frac{1}{n-1}E(\sum_{i=1}^{n}x_i^2 - 2\bar{x}\sum_{i=1}^{n}x_i + n\bar{x}^2) \\
&= \frac{1}{n-1}E(\sum_{i=1}^{n}x_i^2 - 2\bar{x}n\bar{x} + n\bar{x}^2) \\
&= \frac{1}{n-1}E(\sum_{i=1}^{n}x_i^2 - n\bar{x}^2) = \sigma^2
\end{aligned}$$

注意：一个参数的无偏估计量并不是唯一的，如 $\bar{x} = \dfrac{x_1 + x_2 + \cdots + x_n}{n}$ 和 $\bar{x}' = \dfrac{a_1 x_1 + a_2 x_2 + \cdots + a_n x_n}{a_1 + a_2 + \cdots + a_n}$ (其中 $\sum a_i \neq 0$) 都是总体均值 μ 的无偏估计量。前面已经得出 $E(\bar{x}) = \mu$，则 $E(\bar{x}') = \mu$。证明如下：

$$E(\bar{x}') = E\left(\dfrac{a_1 x_1 + a_2 x_2 + \cdots + a_n x_n}{a_1 + a_2 + \cdots + a_n}\right) = \dfrac{\sum E(a_i x_i)}{\sum a_i}$$

$$= \dfrac{\sum a_i E(x_i)}{\sum a_i} = \dfrac{\sum a_i \mu}{\sum a_i} = \mu$$

2. 有效性

由于一个参数的无偏估计量并不是唯一的，要想得出参数的最好估计量，就要看估计量与参数的离散程度，即一个无偏的估计量并不意味着它只是非常接近被估计的参数，它必须与总体参数的离散程度比较小。也就是说，在无偏估计的条件下，估计量的方差越小，估计就越有效。

定义 5.20 对同一个总体的两个无偏估计量 $\hat{\theta}_1$ 和 $\hat{\theta}_2$，若 $D(\hat{\theta}_1) < D(\hat{\theta}_2)$，则称 $\hat{\theta}_1$ 是比 $\hat{\theta}_2$ 更有效的一个估计量。

证明：总体均值 μ 的两个无偏估计量 $\bar{x}$ 和 $\bar{x}'$，$\bar{x}$ 比 $\bar{x}'$ 更有效。

$$D(\bar{x}) = D\left(\dfrac{x_1 + x_2 + \cdots + x_n}{n}\right)$$

$$= \dfrac{1}{n^2} \sum D(x_i) = \dfrac{1}{n^2} \times n\sigma^2 = \dfrac{1}{n}\sigma^2$$

$$D(\bar{x}') = D\left(\dfrac{a_1 x_1 + a_2 x_2 + \cdots + a_n x_n}{a_1 + a_2 + \cdots + a_n}\right)$$

$$= \dfrac{\sum a_i^2 \sigma^2}{(\sum a_i)^2} = \dfrac{\sum a_i^2}{(\sum a_i)^2} \sigma^2$$

现在比较 $\dfrac{1}{n}$ 和 $\dfrac{\sum a_i^2}{(\sum a_i)^2}$ 大小。

其中

$$(\sum a_i)^2 = \sum a_i^2 + 2a_1 a_2 + 2a_1 a_3 + \cdots + 2a_1 a_n$$
$$+ 2a_2 a_3 + 2a_2 a_4 + \cdots + 2a_2 a_n$$
$$+ 2a_3 a_4 + \cdots + 2a_3 a_n$$
$$+ \cdots$$
$$+ 2a_{n-1} a_n$$

又有 $2a_i a_j \leq a_i^2 + a_j^2$，

所以 $(\sum a_i)^2 \leq n \sum a_i^2$，$\dfrac{\sum a_i^2}{(\sum a_i)^2} \geq \dfrac{1}{n}$，即 $\bar{x}$ 比 $\bar{x}'$ 更有效。

3. 一致性

定义 5.21 随着样本容量的增大，点估计量的值越来越接近被估计总体的参数，称为一致性。

例如，研究估计某个班级统计成绩的方差，该研究总体是这个班级，共有人数为 50 人。分别让 4 个不同的研究人员去估计，估计的结果如下。

第 1 个人，随机抽取了 20 人，得出的方差为 5.6。

第 2 个人，随机抽取了 26 人，得出的方差为 4.9。

第 3 个人，随机抽取了 30 人，得出的方差为 5.5。

第 4 个人，由于手中掌握更多的数据，随机抽取了 48 人，得出的方差为 5.2。

试问，哪个人得出的估计值最接近被估计的总体参数？答案是第 4 个人得出的估计值最接近总体的参数方差。因为他抽取的样本最大。

5.3.4 参数估计的思路

前面已经介绍过一个具体的点估计值无法给出点估计的可靠性，因此不能完全依赖于一个点估计值，而是应该围绕点估计值构造出总体参数的一个区间，即区间估计，而用区间估计推断出总体的参数的范围的理论依据是样本的抽样分布。所以，估计总体均值 μ 要从样本均值 $\bar{x}$ 的抽样分布入手；估计总体方差 σ^2 要从样本方差 s^2 的抽样分布入手；估计总体比例 π 要从样本比例 p 的抽样分布入手。

区间估计就是在一定的置信水平下，得出总体参数的置信区间。曾经在概率中学习过，当一个统计量服从标准正态分布或 χ^2 分布、t 分布、F 分布时，可以查表得出该统计量小于某个值所对应的概率，相反，给出某个概率，可以查表得出某个值，即 $P(X \leqslant x)$。给出上式的 x 的数值，由随机变量 X 的分布表可得出概率 P。同样，先给出概率 P，可以由随机变量的分布表得出 x 数值。

根据以上方法，得到区间估计的思路：估计总体参数的区间范围，要从样本的抽样分布入手，同时用各种方法使抽样分布服从标准正态分布、χ^2 分布、t 分布和 F 分布 4 种分布之一。根据此思路，下面讲解一个总体参数的区间估计。

5.4 一个总体参数的区间估计

本节将介绍如何用样本统计量来构造总体参数的置信区间。

5.4.1 总体均值的区间估计

对总体均值进行区间估计时，需要考虑总体是否为正态总体、总体方差是否已知、用于构造估计量的样本是大样本还是小样本等几种情况。

1. 正态总体或非正态总体、大样本，方差已知

当总体服从正态分布且 σ 已知，或者总体不服从正态分布但为大样本时，样本均值 $\bar{x}$ 的抽样分布均为正态分布，其数学期望为总体均值 μ，方差为 $\dfrac{1}{n}\sigma^2$，即 $\bar{x} \sim N(\mu, \dfrac{1}{n}\sigma^2)$。样本均值经过标准化以后的随机变量服从标准正态分布，即

$$Z = \dfrac{\bar{x} - \mu}{\sigma/\sqrt{n}} \sim N(0,1)$$

在置信水平 $1-\alpha$ 有

$$P(a \leqslant Z \leqslant b) = 1 - \alpha$$

根据标准正态分布(图 5.2)的性质可得出

一个总体均值的区间估计

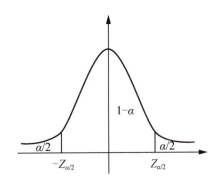

图 5.2 分布示意图

即 $a = -Z_{\alpha/2}$，$b = Z_{\alpha/2}$，所以有 $-Z_{\alpha/2} \leqslant Z \leqslant Z_{\alpha/2}$，又因为 $Z = \dfrac{\bar{x} - \mu}{\sigma/\sqrt{n}}$，有下式成立：

$$-Z_{\alpha/2} \leqslant Z = \dfrac{\bar{x} - \mu}{\sigma/\sqrt{n}} \leqslant Z_{\alpha/2}$$

由于总体方差是已知的，分母乘到两边，得

$$-Z_{\alpha/2}\, \sigma/\sqrt{n} \leqslant \bar{x} - \mu \leqslant Z_{\alpha/2}\, \sigma/\sqrt{n}$$

上式中，样本均值 $\bar{x}$ 可以利用样本数据计算出来，所以由上式可以得到总体均值 μ，即区间范围如下：

$$\bar{x} - Z_{\alpha/2}\, \sigma/\sqrt{n} \leqslant \mu \leqslant \bar{x} + Z_{\alpha/2}\, \sigma/\sqrt{n} \tag{5.10}$$

或者写成：

$$\bar{x} \pm Z_{\alpha/2}\, \sigma/\sqrt{n}$$

式中，$\bar{x} - Z_{\alpha/2}\, \sigma/\sqrt{n}$ 称为置信下限，$\bar{x} + Z_{\alpha/2}\, \sigma/\sqrt{n}$ 称为置信上限；$1-\alpha$ 称为置信水平；α 是事先所确定的一个概率值，也称风险值，它是总体均值不包括在置信区间的概率；$Z_{\alpha/2}$ 是

标准正态分布上侧面积为 $\alpha/2$ 时的 Z 值；$Z_{\alpha/2}\sigma/\sqrt{n}$ 是估计总体均值时的边际误差，也称估计误差或误差范围。这就是说，总体均值的置信区间由两部分组成：点估计值和描述估计量精度的误差值，该值称为边际误差。

2. 大样本，方差未知

1) 区间估计

如果总体服从正态分布且 σ 未知，或总体并不服从正态分布，但只要是在大样本条件下，样本均值 $\bar{x}$ 就服从正态分布，即 $\bar{x} \sim N(\mu, \frac{1}{n}\sigma^2)$，经过标准化以后的随机变量还是服从标准正态分布，即

$$Z = \frac{\bar{x} - \mu}{\sigma/\sqrt{n}} \sim N(0,1)$$

此时的标准正态分布的统计量中包含了两个未知参数（μ 和 σ），所以无法求出 μ 的区间，但由于样本是大样本，前面学习过一致性，随着样本容量的不断增加，样本所计算出的样本统计量非常接近于总体参数，这时可以用样本方差 s^2 代替总体方差 σ^2。所以有

$$Z = \frac{\bar{x} - \mu}{s/\sqrt{n}} \sim N(0,1)$$

在置信水平 $1-\alpha$ 有

$$P(a \leqslant Z \leqslant b) = 1-\alpha$$

根据标准正态分布的性质可得出

$a = -Z_{\alpha/2}$，$b = Z_{\alpha/2}$，所以有 $-Z_{\alpha/2} \leqslant Z \leqslant Z_{\alpha/2}$，又因为 $Z = \frac{\bar{x}-\mu}{s/\sqrt{n}}$，有下式成立：

$$-Z_{\alpha/2} \leqslant Z = \frac{\bar{x}-\mu}{s/\sqrt{n}} \leqslant Z_{\alpha/2}$$

由于总体方差是已知的，分母乘到两边，得到：

$$-Z_{\alpha/2}\, s/\sqrt{n} \leqslant \bar{x}-\mu \leqslant Z_{\alpha/2}\, s/\sqrt{n}$$

上式中，样本均值 $\bar{x}$ 可以利用样本数据计算出来，所以由上式可以得到总体均值 μ，即区间范围如下：

$$\bar{x} - Z_{\alpha/2}\, s/\sqrt{n} \leqslant \mu \leqslant \bar{x} + Z_{\alpha/2}\, s/\sqrt{n} \tag{5.11}$$

或者写成

$$\bar{x} \pm Z_{\alpha/2}\, s/\sqrt{n}$$

式中，$\bar{x} - Z_{\alpha/2}\, s/\sqrt{n}$ 称为置信下限，$\bar{x} + Z_{\alpha/2}\, s/\sqrt{n}$ 称为置信上限。这时 $Z_{\alpha/2}\, s/\sqrt{n}$ 是估计总体均值时的边际误差。

2) Excel 中的统计函数

利用 Excel 中的 NORMSINV 函数可以计算给定置信水平下的正态分布的分位数值。在 95%的置信水平下，相应的 $\alpha/2 = 0.025$。求 $Z_{\alpha/2}$ 的具体步骤如下。

第一步：进入 Excel 表格界面，单击"插入函数"按钮，弹出"插入函数"对话框，在对话框中单击"或选择类别"的下拉按钮，在弹出的下拉列表中选择"统计"选项，并在"选择函数"列表中选择 NORMSINV 选项，单击"确定"按钮，弹出"函数参数"对话框。

第二步：在"函数参数"对话框中的"Probability"文本框中输入"0.025"，得到"-1.959963985"。

3. 正态总体、方差未知，样本是小样本

1) 区间估计

如果总体方差 σ^2 已知，而且是在小样本的情况下，也可以用样本方差 s^2 代替 σ^2，但此时样本均值经过标准化以后的随机变量服从自由度为(n-1)的 t 分布，其过程如下。

当总体服从正态分布，无论大小样本，样本均值 $\bar{x}$ 的抽样分布均为正态分布，即 $\bar{x} \sim N(\mu, \frac{1}{n}\sigma^2)$。样本均值经过标准化以后的随机变量服从标准正态分布：

$$Z = \frac{\bar{x} - \mu}{\sigma/\sqrt{n}} \sim N(0,1)$$

此时该统计量中包含了两个未知参数(μ 和 σ)，所以无法求出 μ 的区间。又是小样本，不能直接用样本方差 s^2 代替 σ^2，此时从标准正态无法得出总体 μ 的区间估计。若用 χ^2 分布，χ^2 是标准正态分布的平方加和，经过平方加和后，式中还是有两个未知参数(μ 和 σ)，还是不可以。此时可用 t 分布。

$$\chi^2 = \frac{(n-1)s^2}{\sigma^2} \sim \chi^2(n-1)$$

所以有

$$t = \frac{Z}{\sqrt{\chi^2/(n-1)}} \sim t(n-1)$$

可得到：

$$t = \frac{\dfrac{\bar{x} - \mu}{\sigma/\sqrt{n}}}{\sqrt{\dfrac{(n-1)s^2}{\sigma^2}/(n-1)}} \sim t(n-1)$$

整理后，得到下式：

$$t = \frac{\bar{x} - \mu}{s/\sqrt{n}} \sim t(n-1)$$

在置信水平 $1-\alpha$ 有

$$P(a \leqslant t \leqslant b) = 1 - \alpha$$

根据 t 分布(图 5.3)的性质可得出

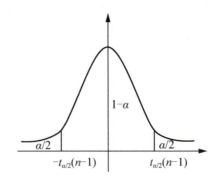

图 5.3　t 分布示意图

$a = -t_{\alpha/2}(n-1)$，$b = t_{\alpha/2}(n-1)$，所以有 $-t_{\alpha/2}(n-1) \leqslant t \leqslant t_{\alpha/2}(n-1)$，又因为 $t = \dfrac{\overline{x} - \mu}{s/\sqrt{n}}$，有下式成立：

$$-t_{\alpha/2}(n-1) \leqslant t = \dfrac{\overline{x} - \mu}{s/\sqrt{n}} \leqslant t_{\alpha/2}(n-1)$$

经整理，得到总体均值 μ 的区间，即区间范围如下：

$$\overline{x} - [t_{\alpha/2}(n-1)]s/\sqrt{n} \leqslant \mu \leqslant \overline{x} + [t_{\alpha/2}(n-1)]s/\sqrt{n} \tag{5.12}$$

或者写成：

$$\overline{x} \pm t_{\alpha/2}(n-1)s/\sqrt{n}$$

式中，$t_{\alpha/2}(n-1)s/\sqrt{n}$ 为估计总体均值时的边际误差。

2) Excel 中的统计函数

利用 Excel 中的 TINV 函数可以计算给定置信水平下的 t 分布的临界值。设自由度 df = 15，在 95% 的置信水平下，相应的 $\alpha/2 = 0.025$。求 $Z_{\alpha/2}$ 的得具体步骤如下。

第一步：进入 Excel 表格界面，单击"插入函数"按钮，弹出"插入函数"对话框，在对话框中单击"或选择类别"的下拉按钮，在弹出的下拉列表中选择"统计"选项，并在"选择函数"列表中选择 TINV（或者 TINV.2T）选项，单击"确定"按钮，弹出"函数参数"对话框。

第二步：在"函数参数"对话框中的"Probability"文本框中输入"0.025（或者 0.05）"，在"Deg_freedom"文本框中输入"15"，该函数自动返回 $Z_{\alpha/2}$ 的值为"-2.131449546（或者 2.131449546）"。

将以上总体均值的区间估计进行总结，如表 5-4 所示。

表 5-4　不同情况下总体均值的区间估计

总体分布	样本容量	σ 已知	σ 未知
正态分布	大样本（$n>30$）	$\overline{x} \pm Z_{\alpha/2}\sigma/\sqrt{n}$	$\overline{x} \pm Z_{\alpha/2}s/\sqrt{n}$
	小样本（$n \leqslant 30$）	$\overline{x} \pm Z_{\alpha/2}\sigma/\sqrt{n}$	$\overline{x} \pm t_{\alpha/2}(n-1)s/\sqrt{n}$
非正态分布	大样本（$n>30$）	$\overline{x} \pm Z_{\alpha/2}\sigma/\sqrt{n}$	$\overline{x} \pm Z_{\alpha/2}s/\sqrt{n}$

【例 5.3】 一家罐装饮料生产企业,要求每罐的平均容量为 255 mL,标准差为 5mL,为了对产品质量进行监测,从某天生产的一批产品中随机抽取 40 罐进行研究,测得每罐的平均容量为 255.9 mL。已知产品容量的分布服从正态分布。试估计该批产品平均容量的置信区间,其中置信水平为 95%。

解:已知总体的标准差 $\sigma = 5$,所以无论样本为大小样本,对总体均值进行区间估计,使用公式(5.10):

$$\bar{x} - Z_{\alpha/2} \sigma/\sqrt{n} \leq \mu \leq \bar{x} + Z_{\alpha/2} \sigma/\sqrt{n}$$

其中 $n = 40$,置信水平为 $1 - \alpha = 95\%$,查标准正态分布表得 $Z_{\alpha/2} = 1.96$,同时有 $\bar{x} = 255.9$。所以有

$$255.9 \pm 1.96 \times \frac{5}{\sqrt{40}}$$

$$254.4 \leq \mu \leq 257.4$$

【例 5.4】 一家保险公司想知道某险种被保险人的年龄范围,从而评估该险种的盈利情况,收集到由 36 位被保险人组成的随机样本,得到每位被保险人的年龄数据,如表 5-5 所示。

表 5-5 36 位被保险人的年龄

23	35	40	25	35	42	36	41	46
40	32	35	40	45	48	40	32	48
34	23	27	40	41	38	30	42	28
44	43	37	21	38	28	35	41	38

试建立被保险人年龄置信水平为 99% 的置信区间。

解:根据题意,总体方差未知,但 $n = 36$ 为大样本,要估计总体均值的区间,所以使用式(5.11):

$$\bar{x} - Z_{\alpha/2} s/\sqrt{n} \leq \mu \leq \bar{x} + Z_{\alpha/2} s/\sqrt{n}$$

根据样本的数据计算的样本均值和样本标准差如下:

$$\bar{x} = \frac{\sum x_i}{n} = 36.4 \qquad s = \sqrt{\frac{\sum(x_i - \bar{x})^2}{n-1}} = 7.14$$

置信水平为 $1 - \alpha = 99\%$,查标准正态分布表得 $Z_{\alpha/2} = 2.58$。所以有

$$36.4 \pm 2.58 \times \frac{7.14}{\sqrt{36}}$$

$$33.33 \leq \mu \leq 39.47$$

【例 5.5】 一家食品生产企业以生产袋装食品为主,每天产量大约为 8 000 袋。按规定,每袋食品的质量应为 100g。为对产品质量进行监测,企业质检部经常要进行抽检,以分析

每袋质量是否符合要求。现从某天生产的一批食品中随机抽取了 25 袋，测得每袋质量如表 5-6 所示。

表 5-6　25 袋食品的质量　　　　　　　　　　　　　　　　　　　单位：g

112.5	101.0	103.0	102.0	100.5	102.6	107.5	95.0	108.8
115.6	100.0	95.4	102.0	101.6	102.2	116.6	123.5	97.8
108.6	105.0	136.8	102.8	101.5	95.4	93.3	—	—

已知产品质量的分布服从正态分布。试估计该批产品平均质量的置信区间，其中置信水平为 95%。

解：总体方差未知，置信水平 $1-\alpha = 95\%$，查 t 分布表得 $t_{\alpha/2}(24) = 2.0639$。根据样本数据计算的样本均值和样本标准差为

$$\bar{x} = \frac{\sum_{i=1}^{n} x_i}{n} = \frac{2631}{25} = 105.24 \qquad s = \sqrt{\frac{\sum (x_i - \bar{x})^2}{n-1}} = \sqrt{95.31} = 9.76$$

根据式(5.12)得：

$$\bar{x} - t_{\alpha/2}(n-1) s / \sqrt{n} \leqslant \mu \leqslant \bar{x} + t_{\alpha/2}(n-1) s / \sqrt{n}$$

$$105.24 \pm 2.0639 \times \frac{9.76}{\sqrt{25}}$$

$$105.24 - 4.03 \leqslant \mu \leqslant 105.24 + 4.03$$

最后的区间范围为 $101.21 \leqslant \mu \leqslant 109.27$。

5.4.2　总体比例的区间估计

本节只讨论大样本情况下总体比例的估计问题，当样本容量足够大时，比例 p 的抽样分布可用正态分布近似，即

$$p \sim N\left(\pi, \frac{\pi(1-\pi)}{n}\right)$$

样本比例经标准化以后的随机变量服从标准正态分布，即

$$Z = \frac{p - \pi}{\sqrt{\dfrac{\pi(1-\pi)}{n}}} \sim N(0,1)$$

与总体均值的区间估计类似，在置信水平 $1-\alpha$ 有

$$P(a \leqslant Z \leqslant b) = 1-\alpha$$

即 $a = -Z_{\alpha/2}$，$b = Z_{\alpha/2}$，所以有 $-Z_{\alpha/2} \leqslant Z \leqslant Z_{\alpha/2}$，又因为 $Z = \dfrac{p-\pi}{\sqrt{\dfrac{\pi(1-\pi)}{n}}}$，有下式成立：

$$-Z_{\alpha/2} \leqslant Z = \frac{p - \pi}{\sqrt{\dfrac{\pi(1-\pi)}{n}}} \leqslant Z_{\alpha/2}$$

$$p - Z_{\alpha/2} \sqrt{\frac{\pi(1-\pi)}{n}} \leqslant \pi \leqslant p + Z_{\alpha/2} \sqrt{\frac{\pi(1-\pi)}{n}}$$

又因为是大样本，所以用样本的统计量 p 代替两边的 π，得到区间范围如下：

$$p - Z_{\alpha/2}\sqrt{\frac{p(1-p)}{n}} \leqslant \pi \leqslant p + Z_{\alpha/2}\sqrt{\frac{p(1-p)}{n}} \tag{5.13}$$

或者写成：

$$p \pm Z_{\alpha/2}\sqrt{\frac{p(1-p)}{n}}$$

其中 $Z_{\alpha/2}\sqrt{\dfrac{p(1-p)}{n}}$ 是估计总体比例时的边际误差。

一个总体比例的区间估计

【例 5.6】 某城市想要估计下岗职工中女性所占的比例，所以随机抽取了 1 000 个下岗职工，其中 650 人为女性职工。试在置信水平为 90% 下估计该城市下岗职工中女性比例的置信区间。

解：已知 $n=1\,000$，置信水平 $1-\alpha=90\%$，查标准正态分布表得 $Z_{\alpha/2}=1.645$。根据样本数据计算的样本比例为

$$p = \frac{650}{1\,000} = 65\%$$

根据式(5.13)得：

$$p \pm Z_{\alpha/2}\sqrt{\frac{p(1-p)}{n}} = 65\% \pm 1.645 \times \sqrt{\frac{65\% \times (1-65\%)}{1\,000}} = 65\% \pm 2.5\%$$

即最后的区间范围为 $62.5\% \leqslant p \leqslant 67.5\%$。

5.4.3 总体方差的区间估计

1. 区间估计

本节只讨论正态总体方差的区间估计问题。构造总体方差的区间估计，要从样本方差 s^2 入手，由于 $\dfrac{(n-1)s^2}{\sigma^2} \sim \chi^2(n-1)$，因此用 χ^2 分布(图 5.4)构造总体方差的置信区间。

$$\chi^2 = \frac{(n-1)s^2}{\sigma^2} \sim \chi^2(n-1)$$

在置信水平 $1-\alpha$ 有

$$P(a \leqslant \chi^2 \leqslant b) = 1-\alpha$$

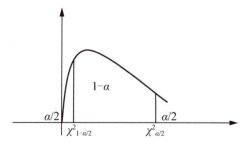

图 5.4 χ^2 分布示意图

所以有

$$\chi^2_{1-\alpha/2}(n-1) \leqslant \chi^2 \leqslant \chi^2_{\alpha/2}(n-1)$$

由于 $\dfrac{(n-1)S^2}{\sigma^2} \sim \chi^2(n-1)$，因此可以用它来代替 χ^2，于是有

$$\chi^2_{1-\alpha/2}(n-1) \leqslant \dfrac{(n-1)s^2}{\sigma^2} \leqslant \chi^2_{\alpha/2}(n-1)$$

一个总体方差的区间估计

最后可以推导出总体方差 σ^2 在 $1-\alpha$ 置信水平下的置信区间为

$$\dfrac{(n-1)s^2}{\chi^2_{\alpha/2}(n-1)} \leqslant \sigma^2 \leqslant \dfrac{(n-1)s^2}{\chi^2_{1-\alpha/2}(n-1)} \tag{5.14}$$

2. Excel 中的统计函数

利用 Excel 中的 CHIINV.RT 右尾函数(或者 CHIINV 左尾函数)可以计算给定置信水平下的 χ^2 分布的分位数值。设自由度 df = 24，在 95% 的置信水平下，相应的 $\alpha/2=0.025$。求 $\chi^2_{\alpha/2}$ 的具体步骤如下(本书采用右尾标注法)。

第一步：进入 Excel 表格界面，单击"插入函数"按钮，弹出"插入函数"对话框，在对话框中单击"或选择类别"的下拉按钮，在弹出的下拉列表中选择"统计"选项，并在"选择函数"列表中选择 CHIINV.RT 选项，单击"确定"按钮，弹出"函数参数"对话框。

第二步：在"函数参数"对话框中的"Probability"文本框中输入"0.025"，在"Deg_freedom"文本框中输入"24"，该函数自动返回 $\chi^2_{\alpha/2}$ 的值为"39.36407703"。同样可得到 $1-\alpha/2=0.975$ 时，$\chi^2_{1-\alpha/2}$ 的值为"12.40115022"。

【例 5.7】 仍利用例 5.5 的数据，以 95% 的置信水平建立该种食品质量的方差的置信区间。

解：根据样本的数据已计算出 $s = \sqrt{\dfrac{\sum(x_i-\bar{x})^2}{n-1}} = \sqrt{95.31} = 9.76$，置信水平 $1-\alpha = 95\%$，则查表可得：

$$\chi^2_{0.975}(24) = 12.401\,15$$

$$\chi^2_{0.025}(24) = 39.364\,08$$

$$\dfrac{(n-1)s^2}{\chi^2_{\alpha/2}(n-1)} \leqslant \sigma^2 \leqslant \dfrac{(n-1)s^2}{\chi^2_{1-\alpha/2}(n-1)}$$

$$\dfrac{24 \times 9.76^2}{39.364\,08} \leqslant \sigma^2 \leqslant \dfrac{24 \times 9.76^2}{12.401\,15}$$

$$58.08 \leqslant \sigma^2 \leqslant 184.35$$

5.5 样本容量的确定

在进行参数估计之前，首先应确定一个适当的样本容量，也就是应该抽取一个多大的样本来估计总体参数。在进行参数区间估计时，一是希望提高估计的可靠程度，二是希望提高估计的精确性。但在样本容量一定时，两者往往是对立的。

例如，要说出某一天会下雨，置信区间并不宽，但是可靠性相对较低，如果说第三季度会下一场雨，尽管很可靠，但准确性又太差，也就是置信区间太宽的估计是没有意义的。如果既想缩小置信区间，又不想降低置信程度，就需要增加样本容量，但样本容量的增加也会受到许多限制，如会增加调查的费用和工作量。通常来说，样本容量的确定与可容忍的置信区间的宽度及对此区间设置的置信水平有一定关系。因此，如何确定一个适当的样本容量，也是抽样估计中需要考虑的问题。

5.5.1 估计总体均值时样本容量的确定

如前所述，总体均值的置信区间是由样本均值 $\bar{x}$ 和边际误差两部分组成的。

1. 总体方差已知

在重复抽样或无限总体抽样的条件下，总体方差已知时，边际误差为 $Z_{\alpha/2}\sigma/\sqrt{n}$。$Z_{\alpha/2}$ 的值和样本容量 n 共同确定了边际误差的大小。也就是说，一旦确定了置信水平 $1-\alpha$，那么 $Z_{\alpha/2}$ 的值就确定了。根据给定的 $Z_{\alpha/2}$ 的值和总体标准差 σ，就可以确定任一希望的边际误差内所需要的样本容量。令 E 代表希望达到的边际误差，即

$$Z_{\alpha/2}\sigma/\sqrt{n} \leqslant E$$

由此可以推导出确定样本容量的公式为

$$n \geqslant \frac{(Z_{\alpha/2})^2 \sigma^2}{E^2} \tag{5.15}$$

2. 总体方差未知、大样本

相同的原理，总体方差未知，且为大样本时，可得出样本容量的公式为

$$n \geqslant \frac{(Z_{\alpha/2})^2 s^2}{E^2} \tag{5.16}$$

3. 总体方差未知、小样本

总体方差未知，且为小样本时，样本容量的公式为

$$n \geqslant \frac{[t_{\alpha/2}(n-1)]^2 s^2}{E^2} \tag{5.17}$$

从上面几个公式可以看出，样本容量与置信水平成正比，在其他条件不变的情况下，置信水平越大，所需的样本容量也越大；样本容量与总体方差成正比，总体的差异越大，所要求的样本容量也越大；样本容量与边际误差的平方成反比，可以接受的边际误差的平方越大，所需的样本容量就越小。

注意：计算出的样本容量不一定是整数，通常是将样本容量取成最小的整数，也就是将小数点后面的数值一律进位成整数，如 25.68 取 26，25.01 也取 26，这就是样本容量的圆整法则。

【**例 5.8**】某超市想要估计每个顾客平均每次购物花费的金额。根据过去的经验，标准差为 120 元，现要求以 90% 的置信水平估计每个顾客平均购物金额的置信区间，并要求边际误差不超过 20 元，应最少抽取多少个顾客作为样本？

解：根据题意可知，想要估计总体均值，且总体方差已知，可以使用式(5.15)，有

$$n \geq \frac{(Z_{\alpha/2})^2 \sigma^2}{E^2} = \frac{(1.645 \times 120)^2}{20^2} = 97.416\,9$$

即最少要抽取 98 个顾客作为样本。

5.5.2 估计总体比例时样本容量的确定

与估计总体均值时样本容量的确定方法类似，在重复抽样或无限总体抽样的条件下，估计总体比例置信区间的边际误差为 $Z_{\alpha/2}\sqrt{\dfrac{\pi(1-\pi)}{n}}$。

$$Z_{\alpha/2}\sqrt{\frac{\pi(1-\pi)}{n}} \leq E$$

由此可以推导出重复抽样或无限总体抽样条件下确定样本容量的公式为

$$n \geq \frac{(Z_{\alpha/2})^2 \pi(1-\pi)}{E^2} \tag{5.18}$$

在实际应用中，如果不知道 π 的值，可以用样本比例来代替。

【**例 5.9**】根据以往的生产统计，某产品的合格率约为 95%，现要求边际误差不超过 4%，求 90% 的置信区间时，应最少抽取多少个产品作为样本？

解：已知 $\pi = 95\%$，$E = 4\%$，$Z_{\alpha/2} = 1.645$，根据式(5.18)得：

$$n \geq \frac{(Z_{\alpha/2})^2 \pi(1-\pi)}{E^2} = \frac{(1.645)^2 \times 95\% \times (1-95\%)}{4\%} = 80.335$$

即应最少抽取 81 个产品作为样本。

习 题

一、填空题

1. 样本抽样分布是指样本的（   ）分布。

2. 当总体服从正态分布时，无论样本量大小，样本均值 $\bar{x}$ 都服从(   )。
3. 总体(或样本)中具有某种属性的单位数与全部单位数的比值称为(   )。
4. 根据样本(测量值)求出的用来估计总体的某个未知参数 θ 的随机变量，称为(   )。
5. 估计总体参数时计算出来的估计量的具体数值，称为(   )。
6. 在参数估计中，(   )是利用样本数据对总体参数进行估计，且得到的是一个具体的数值。
7. 根据样本对总体参数所在范围(区间)做出的估计，同时给出总体参数的取值落在这个区间的置信程度，称为(   )。
8. (   )是由样本对某总体参数所做的区间估计。其中区间的最小值称为(   )，最大值称为(   )。
9. 总体参数值落在样本统计值附近某一区内的概率，称为(   )。
10. 评价估计量的标准有(   )、(   )、(   )。
11. 随着样本容量的增大，点估计量的值越来越接近被估计总体的参数，这种评价标准称为(   )。
12. 当总体服从正态分布且 σ 已知，或者总体不服从正态分布但为大样本时，样本均值 $\bar{x}$ 的抽样分布均为(   )。
13. 总体均值的置信区间等于样本均值加减(   )。
14. 总体参数的置信区间是由样本统计量的(   )加减(   )得到的。
15. 其他条件不变的情况下，90%的置信区间比95%的置信区间(   )。

二、单项选择题

1. 当总体是非正态分布，样本容量为大样本时，样本均值 $\bar{x}$ 服从(   )。
   A．正态分布　　　　B．标准正态分布　　C．t 分布　　　　D．χ^2 分布
2. 在重复抽样条件下，样本均值 $\bar{x}$ 的抽样分布服从正态分布时，其均值为(   )。
   A．$\bar{x}$　　　　　　B．μ/n　　　　　C．μ　　　　　　D．σ^2/n
3. 在重复抽样条件下，样本均值 $\bar{x}$ 的抽样分布服从正态分布时，其方差为(   )。
   A．$\sigma/\sqrt{n}$　　　　B．$\sigma^2/\sqrt{n}$　　　C．μ/n　　　　　D．σ^2/n
4. 在重复抽样及样本容量为大样本的情况下，可推导出样本比例 p 的抽样分布为(   )。
   A．正态分布　　　　B．标准正态分布　　C．t 分布　　　　D．χ^2 分布
5. 在大样本及重复抽样条件下，样本比例的方差为(   )。
   A．π　　　　　　B．$1-\pi$　　　　　C．$\pi(1-\pi)$　　　D．$\pi(1-\pi)/n$
6. 重复抽样下，样本方差所有可能取值形成的概率分布为(   )。
   A．正态分布　　　　B．标准正态分布　　C．t 分布　　　　D．χ^2 分布
7. 统计量的标准误差是指(   )。
   A．样本观测值的标准差　　　　　　B．总体观测值的标准差
   C．样本统计量抽样分布的标准差　　D．总体统计量的标准差
8. 下列说法中不正确的是(   )。
   A．样本均值是总体均值的点估计
   B．样本比例是总体比例的点估计
   C．如果抽样分布的均值等于总体参数，则该统计量称作参数的无偏估计
   D．如果抽样分布的均值不等于总体参数，则该统计量称作参数的无偏估计
9. 对同一个总体的两个无偏估计量 $\hat{\theta}_1$ 和 $\hat{\theta}_2$，若称 $\hat{\theta}_1$ 是比 $\hat{\theta}_2$ 更有效的一个估计量，则 $\hat{\theta}_1$ 和 $\hat{\theta}_2$ 需要满足的条件是(   )。
   A．$D(\hat{\theta}_1) > D(\hat{\theta}_2)$　　　　　　B．$D(\hat{\theta}_1) < D(\hat{\theta}_2)$
   C．$\text{COV}(\hat{\theta}_1) > \text{COV}(\hat{\theta}_2)$　　　D．$\text{COV}(\hat{\theta}_1) < \text{COV}(\hat{\theta}_2)$

10. 从服从正态分布的总体中抽取容量为8、24、64的三组样本,则随着样本容量的增大,样本均值的标准差( )。
    A. 增加 B. 减少 C. 保持不变 D. 服从 χ^2 分布

11. 总体均值为20,标准差为6,从此总体中随机抽取容量为36的样本,则样本均值和抽样分布的标准误差分别为( )。
    A. 20,6 B. 20,1 C. 20,4 D. 6,6

12. 某大学附近的一家超市记录了过去两年每天的销售额,其每天销售额的均值为2 000元,标准差为500元。由于在某些节日的销售额偏高,所以每日销售额的分布是右偏的。假设从这两年中随机抽取100天,并计算这100天的平均销售额,则样本均值的抽样分布是( )。
    A. 正态分布,均值为200元,标准差为50元
    B. 正态分布,均值为2 000元,标准差为50元
    C. 右偏,均值为2 000元,标准差为500元
    D. 正态分布,均值为2 000,标准差为500元

13. 从均值为2 500,标准差为500的总体中,抽取容量为100的简单随机样本,试问样本均值的数学期望是( )。
    A. 3 000 B. 2 500 C. 2 000 D. 1 500

14. 从均值为2 500,标准差为500的总体中抽取容量为100的简单随机样本,样本均值的标准差是( )。
    A. 100 B. 150 C. 50 D. 500

15. 假定总体比例为0.8,从此总体中抽取容量为100的样本,则样本比例的数学期望为( )。
    A. 0.8 B. 0.4 C. 0.04 D. 0.001 6

16. 假定总体比例为0.8,从此总体中抽取容量为100的样本,则样本比例的标准差为( )。
    A. 0.8 B. 0.4 C. 0.04 D. 0.001 6

17. 估计一个正态总体方差时,应使用的分布是( )分布。
    A. 标准正态 B. F C. t 分布 D. χ^2

18. 当总体方差未知,且为大样本时,对总体均值进行估计,所使用的分布是( )分布。
    A. 标准正态 B. F C. t D. χ^2

19. 当总体方差未知,且为小样本时,对总体均值进行估计,所使用的分布是( )分布。
    A. 标准正态 B. F C. t D. χ^2

20. 当总体方差已知,且为大样本时,对总体均值进行估计,所使用的分布是( )分布。
    A. 标准正态 B. F C. t D. χ^2

21. 当总体方差已知,且为小样本时,对总体均值进行估计,所使用的分布是( )分布。
    A. 标准正态 B. F C. t D. χ^2

22. 在进行参数估计时,评价估计量的标准之一是使估计量抽样分布的数学期望等于被估计的总体参数,这一评价标准称为( )。
    A. 充分性 B. 无偏性 C. 有效性 D. 一致性

23. 在进行参数估计时,评价估计量的标准之一是使它与总体参数的离差越小越好,这一评价标准称为( )。
    A. 充分性 B. 无偏性 C. 有效性 D. 一致性

24. 根据某班统计学成绩的一个样本,估计全班同学统计学平均成绩的95%的置信区间为75~85分。则全班同学统计学的平均成绩( )。
    A. 有95%的概率落在这个区间内
    B. 有5%的概率落在这个区间内
    C. 一定落在这个区间内
    D. 可能在这一区间内,也可能不在这一区间内

25. 当置信水平一定时，置信区间的宽度( )。
   A. 同样本容量的大小无关　　　　B. 同样本容量的平方根成正比
   C. 随样本容量的增大而减小　　　D. 随样本容量的增大而增大
26. 当样本容量一定时，置信区间的宽度( )。
   A. 同置信水平的大小无关　　　　B. 同置信水平的平方成正比
   C. 随置信水平的增大而减小　　　D. 随置信水平的增大而增大
27. 在置信水平一定的情况下，容量大的样本比容量小的样本所构造的置信区间( )。
   A. 可能宽可能窄　　　　　　　　B. 相同
   C. 要窄　　　　　　　　　　　　D. 要宽
28. 在重复抽样或无限总体抽样的条件下，总体方差已知时，边际误差为( )。
   A. $Z_{\alpha/2}\sigma/\sqrt{n}$　　B. $Z_{\alpha/2}\sigma^2/n$　　C. $Z_\alpha\sigma/\sqrt{n}$　　D. $Z_\alpha\sigma^2/n$
29. 在重复抽样或无限总体抽样的条件下，总体方差未知，且为大样本的情况下，边际误差为( )。
   A. $Z_{\alpha/2}s/\sqrt{n}$　　B. $t_{\alpha/2}(n-1)s/\sqrt{n}$　　C. $Z_\alpha s/\sqrt{n}$　　D. $t_\alpha(n-1)s/\sqrt{n}$
30. 在重复抽样或无限总体抽样的条件下，总体方差未知，且为小样本情况下，边际误差为( )。
   A. $Z_{\alpha/2}s/\sqrt{n}$　　B. $t_{\alpha/2}(n-1)s/\sqrt{n}$　　C. $Z_\alpha s/\sqrt{n}$　　D. $t_\alpha(n-1)s/\sqrt{n}$

三、计算题

1. 从均值为 μ，标准差为 12 的总体(总体分布未知)中抽取一个容量为 100 的简单随机样本，估计总体均值 μ 的置信区间。
   (1) $\bar{x}$ 的数学期望是多少？
   (2) $\bar{x}$ 的标准差为多少？
   (3) 置信水平为 95%的边际误差是多少？
   (4) 如果测得样本均值为 81，求总体均值的置信水平为 95%的置信区间。

2. 从一个标准差为 4 的总体中，抽取一个样本容量为 36 的样本，得到样本均值为 20，则样本均值的抽样的标准差为多少？

3. 从均值为 10，标准差为 100 的正态分布总体中，抽取两组样本：一组是样本容量为 20 的随机样本，样本均值为 $\bar{x}_{20}$；另一组是样本容量为 50 的随机样本，样本均值为 $\bar{x}_{50}$，分别描述 $\bar{x}_{20}$ 和 $\bar{x}_{50}$ 的抽样分布。

4. 从比例 π 的总体中，抽取一个样本容量为 100 的随机样本。
   (1) p 的数学期望是多少？
   (2) p 的标准差为多少？
   (3) 如果样本比例为 0.5，则置信水平为 90%的边际误差是多少？
   (4) 如果样本比例为 0.5，求总体比例置信水平为 90%的置信区间。

5. 设总体比例为 0.8，分别从总体中抽取样本容量为 100、500、1 000 的样本。
   (1) 分别计算每个样本比例的标准差。
   (2) 随着样本容量的增大，样本比例的标准差是如何变化的？

6. 某研究机构想了解现在每个家庭每天看电视的平均时间，随机抽取了 200 个家庭作为研究对象，测得每个家庭每天看电视的平均时间为 6.25h，标准差为 2.5h，求现在每个家庭每天看电视平均时间的置信区间。置信水平分别为 90%、95%和 99%。

7. 某小学的班主任想了解班级学生上学从家到学校的距离，随机抽取了 16 名学生组成一个样本，得到他们从家到学校的距离(km)如下：
   10　20　15　9　12　13　21　11　16　18　12　16　13　8　10　15
   求班上学生从家到学校，置信水平为 90%的平均距离的置信区间。

8. 某品牌的罐装饮料，每瓶标准容量为 500mL，现从某天生产的一批产品中随机抽取 50 瓶进行检查，测得每瓶的容量如表 5-7 所示。

表 5-7　样本数据

每瓶容量/mL	瓶数
496～498	2
498～500	3
500～502	34
502～504	7
504～506	4
合计	50

试确定该品牌饮料置信水平为 95% 的平均容量的置信区间。

9. 某高校提出了一项工资改革措施，为估计该校教师赞成这项改革措施的人数，从全校教职工中随机抽取了 100 人进行调查，其中赞成该项措施的人数占 20%，求置信水平为 90% 和置信水平为 95% 的总体比例的置信区间。

10. 在药品制造业，药品的质量非常关键，对某种特定的药物进行检查，从 25 个样本中得到样本的标准差为 0.6g，求该药物质量的置信水平 95% 的总体方差为置信区间。

11. 拥有工商管理学士学位的大学毕业生平均年薪的标准差大约为 2 000 元，假定想要估计信水平为 95% 的平均年薪为置信区间，并希望边际误差不超过 400 元，应抽取多大的样本容量？

12. 根据以往的生产经验，某种产品的合格率为 98%，如果要求该产品置信水平 95% 的合格率为置信区间，且要求边际误差不超过 5%，应最少抽取多少个产品作为样本？

[第 5 章] 习题参考答案

第 6 章 假设检验

教学目标

1. 掌握假设检验的步骤。
2. 了解假设检验的基本问题。
3. 掌握一个总体参数(均值、比例和方差)的假设检验。
4. 掌握两个总体均值之差的假设检验。
5. 掌握两个总体比例之差的假设检验。
6. 掌握两个总体方差之比的假设检验。
7. 掌握假设检验的软件操作过程。

引入案例

女子的体温一般比男子的体温约高 0.3℃

当问起健康成年人中女子的体温是否与男子的体温相同时,多数人的回答是不相同。根据有关数据,女子的体温约比男子的体温高 0.3℃,那么这个结论是否正确? 表 6-1 是一个研究人员测量的 50 个健康成年人的体温测量数据。

表 6-1 50 个健康成年人体温测量数据表 单位:℃

男	36.2	36.9	36.2	36.1	37.1	37	36.6	36.1	36.7	36.8
	36.9	36.6	36.7	36.5	36.2	36.7	37.2	37.1	36.3	37
	36.9	36.2	37.3	36.6	36.3	36.9	36.4	37	—	—
女	37.3	37	37.1	36.7	36.9	36.5	37.5	37	36.6	37.2
	37.1	36.1	36.4	36.9	36.4	36.7	36.9	37.1	37.1	37.4
	36.7	37	—	—	—	—	—	—	—	—

根据样本数据计算出男子的体温平均值为 36.7℃,标准差为 0.361 4℃;女子的体温平均值为 36.9℃,标准差为 0.349 0℃。从样本数据可得出女子的体温平均值比男子的体温平均值高 0.2℃,那么我们是不是就可以得出女子的体温比男子的体温要高 0.2℃呢? 本章的内容将提供一套标准统计程序来检验这个问题。

6.1 假设检验的基本理论

6.1.1 假设检验的定义

在现实生活中，人们经常要对某个"假设"做出判断，确定它的真假。在研究领域中，研究人员在检验一种新的理论时，往往也是首先提出一种自己认为是正确的看法，即假设。而在统计学中，"假设"就是对总体参数的一种事先猜想。

定义 6.1 对总体参数的具体数值所做的陈述，称为假设，也称统计假设。

一个假设的提出总是以一定的理由为基础的，但这些理由通常又是不完全的，因而产生了"检验"的需求，也就是要进行判断。例如，在对某一品牌洗衣粉的抽检中，抽检人员需要判断其净含量是否达到了说明书中所声明的质量；公司在收到一批货物时，质检人员需要判断该批货物的属性是否与合同中规定的一致；某企业使用自动线生产产品，质检人员检验自动线生产是否正常；等等。

当提出假设后，通常要对假设进行判断，即假设检验。假设检验是利用样本信息判断假设是否成立的过程。

定义 6.2 先对总体参数提出某种假设，然后利用样本信息判断假设是否成立的过程，称为假设检验。

6.1.2 假设检验的基本步骤

1. 传统假设检验的基本步骤

传统假设检验的基本步骤有 4 个。
(1) 提出原假设 H_0 和备择假设 H_1。
(2) 构造检验的统计量，并计算其值。
(3) 根据给出的显著性水平 α，确定拒绝原假设 H_0 的区域。
(4) 统计决策。

下面一一来介绍每一步的内容。
1) 提出原假设 H_0 和备择假设 H_1

首先要清楚什么是原假设 H_0 和备择假设 H_1。

定义 6.3 备择假设是指在假设检验中，如果原假设不成立，就要拒绝原假设，而需要在另一个假设中做出选择，即研究人员认为正确的观点，用 H_1 表示。

备择假设通常是用于支持自己的看法。例如，质检部门要检验某车间某天生产的产品是否合格，就应该把他们认为的想法作为备择假设；我们正在做一项研究，并想使用假设检验来支持我们的说法，就应该把我们认为正确的看法作为备择假设。

定义 6.4 对样本测量数据进行统计检验时，事先做出的关于总体未知分布或总体参数所作的统计假设称为原假设，即研究人员认为不正确的观点，用 H_0 表示。

在假设检验中，确定原假设和备择假设十分重要，它直接关系到检验的结论。从原假设和备择假设的定义来看，如果找出研究人员，之后再确定研究人员的想法，其予以支持的观点就是备择假设，相反，其反对的观点，为原假设。下面举例说明原假设和备择假设的建立过程。

【例 6.1】 一家食品生产企业以生产袋装食品为主，按规定每袋的标准净含量要求为 100g，为对生产过程进行控制，质检人员定期对袋装食品进行检查，以确定生产出来的食品是否符合要求。如果平均净含量大于 100g 或小于 100g，就表明生产过程不正常，必须进行调整。试陈述用来检验生产过程是否正常的原假设和备择假设。

解：如果企业生产的食品净含量 $\mu=100$，表明生产过程正常；如果 $\mu>100$ 或 $\mu<100$，表明生产过程不正常。究竟哪个作为原假设，哪个作为备择假设，需要先找出研究人员。根据题意可知，研究人员为质检人员，如果他认为产品是合格的话，他不用去检查，只有当他认为不合格时，才会去检查。所以他认为的观点是 $\mu>100$ 或 $\mu<100$，即生产过程不正常，此观点即为备择假设，相反的为原假设。

所以研究人员建立的原假设和备择假设应为

H_0：$\mu=100$ (生产过程正常)

H_1：$\mu \neq 100$ (生产过程不正常)

【例 6.2】 某品牌奶粉在产品说明书中声称：平均净含量不少于 400g。从消费者的利益出发，有关研究人员要通过抽检其中的一批奶粉产品来检验该产品制造商的说明是否属实。试陈述用于检验的原假设与备择假设。

解：该品牌奶粉平均净含量的真值为 μ。如果抽检的结果是 $\mu<400$，则表明该产品说明书中关于其净含量的内容是不真实的，有关部门应对其采取相应的措施。

该题的研究人员是从消费者的利益出发，对产品说明书产生质疑，否则不会去抽检产品，所以研究人员认为的观点是 $\mu<400$，即产品说明书不真实。相反的观点就是原假设的内容。所以研究人员的原假设与备择假设应为

H_0：$\mu \geqslant 400$

H_1：$\mu < 400$

【例 6.3】 某家企业的研究机构估计，该企业产品的市场占有比例超过 20%。为验证这一估计是否正确，该研究机构随机抽取了一个样本进行检验。试陈述用于检验的原假设与备择假设。

解：设该企业产品的市场占有比例真值为 π。显然，研究人员就是这家企业的研究机构，他们认为的观点是"产品市场占有比例超过 20%"。因此，研究人员建立的原假设和备择假设应为

H_0：$\pi \leqslant 20\%$

H_1：$\pi > 20\%$

原假设和备择假设的定义及提出

下面把以上 3 个例题汇总到表 6-2 中，以总结一下原假设和备择假设的特点。

表 6-2　3 个例题的原假设和备择假设

例题	原假设和备择假设
例 6.1	H_0：$\mu=100$；H_1：$\mu \neq 100$
例 6.2	H_0：$\mu \geqslant 400$；H_1：$\mu < 400$
例 6.3	H_0：$\pi \leqslant 20\%$；H_1：$\pi > 20\%$

(1) 原假设和备择假设是一个完备事件组，而且相互对立。

从上面的 3 个例题可以看出，原假设和备择假设的集合区域是一个完备事件组，且是相互对立的，也就是说，在一项假设检验中，原假设和备择假设必有一个成立，而且只有一个成立。

(2) 在建立假设时，通常先确定备择假设，再确定原假设。

(3) 在假设检验中，"="总是放在原假设上。

从上面的 3 个例题可以得知，"="出现在原假设上，绝不会出现在备择假设中。

(4) 假设检验的目的主要是收集证据拒绝原假设。

研究人员想证明的是他的观点，而他认为正确的观点是备择假设，所以假设检验的目的主要是收集证据拒绝原假设。

2) 构造检验的统计量，并计算其值

在提出具体的假设之后，研究人员需要提供可靠的证据来支持他所提出的备择假设。在实际操作中，提出证据的信息主要是来自所抽取的样本，假设检验就是要凭借可获得的样本观测结果帮助研究人员做出最后的判断和决策。此时，有一个很自然的想法是，如果样本提供的证据能够证明原假设是不真实的，那么研究人员就有理由拒绝它，并倾向于选择备择假设。既然研究人员都倾向于通过样本信息对备择假设提供支持，并倾向于做出"拒绝原假设"的结论，那么研究此类问题，往往需要对这些信息进行压缩和提炼，检验统计量便是对样本信息进行压缩和概括的结果。

定义 6.5 根据样本观测结果计算得到的，并据以对原假设和备择假设做出决策的某个样本统计量，称为检验统计量。

检验统计量实际上是总体参数的点估计量(如样本均值 $\bar{x}$ 就是总体均值 μ 的一个点估计量)，但点估计量并不能直接作为检验统计量，只有将其标准化后，才能用于度量它与原假设的参数值之间的差异程度。

对点估计量进行标准化的依据有两个：①原假设 H_0 为真；②点估计量的抽样分布。

通常，检验统计量服从标准正态分布、χ^2 分布、t 分布和 F 分布。

例如，对于总体均值和总体比例的检验，检验统计量可表示为

$$检验统计量 = \frac{点估计量 - 假设值}{点估计量的抽样标准差}$$

检验统计量是一个随机变量，它的具体数值随着样本观测结果的不同而不同，但只要已知一组特定的样本观测结果，检验统计量的值也就唯一确定了。

检验统计量要求不能含有未知数，若含有，则无法计算出其值。

3) 根据给出的显著性水平 α，确定拒绝原假设 H_0 的区域

定义 6.6 能够拒绝原假设的检验统计量的所有可能取值的集合，称为拒绝域。

拒绝域就是由显著性水平 α 所围成的区域。如果利用样本观测结果计算出来的检验统计量的具体数值落在了拒绝域内，就拒绝原假设，否则就不拒绝原假设。

拒绝域的大小与事先选定的显著性水平有一定的关系。在确定了显著性水平 α 之后，就可以根据 α 值的大小确定出拒绝域的具体边界值。拒绝域的边界值称为临界值。在如何确定临界值之前，先介绍一下什么是显著性水平 α。

(1) 显著性水平 α。

第6章 假设检验

假设检验的目的是要根据样本信息做出决策。显然，研究人员希望做出正确的决策，但由于决策建立在样本信息的基础之上，而样本又是随机的，因而研究人员就有可能犯错误。

如前所述，原假设与备择假设不能同时成立，即要么拒绝原假设 H_0，要么不拒绝原假设 H_0。此时，研究人员希望的情况是，当原假设 H_0 正确时不拒绝它，当原假设 H_0 不正确时拒绝它。但是，很难保证研究人员不犯错误，在假设检验过程中可能发生以下两类错误。

定义 6.7 当原假设正确时拒绝原假设，所犯的错误称为第Ⅰ类错误，又称弃真错误。犯第Ⅰ类错误的概率通常记为 α。

定义 6.8 当原假设错误时不拒绝原假设，所犯的错误称为第Ⅱ类错误，又称取伪错误。犯第Ⅱ类错误的概率通常记为 β。

假设检验的结论与后果有以下两种情况，如表 6-3 所示。

表 6-3 假设检验的结论与后果

决策结果	实际情况	
	H_0 正确	H_0 不正确
未拒绝 H_0	正确决策	第Ⅱ类错误 β
拒绝 H_0	第Ⅰ类错误 α	正确决策

需要注意的是，当样本容量一定时，不能同时减少 α 和 β，即可以不犯第Ⅰ类错误或不犯第Ⅱ类错误，但难以保证两类错误都不犯。因为这两类错误的概率之间存在如下关系。

在样本容量不变的情况下，要减小 α 就会使 β 增大，而要增大 α 就会使 β 减小。自然，人们希望犯两类错误的概率都尽可能小，但实际上很难做到。要使 α 和 β 同时减小的唯一办法是增加样本容量，但样本容量的增加又会受到许多因素的限制，所以人们只能在这两类错误发生的概率之间进行平衡，以使 α 与 β 控制在能够接受的范围内。

一般来说，对于一个给定的样本，如果犯第Ⅰ类错误的代价比犯第Ⅱ类错误的代价高，则将犯第Ⅰ类错误的概率定得低些较为合理；反之，如果犯第Ⅰ类错误的代价比犯第Ⅱ类错误的代价低，则将犯第Ⅰ类错误的概率定得高些。

至于假设检验中应先控制哪类错误，一般来说，发生哪一类错误的后果更为严重，就应该首先控制那类错误发生的概率。但是，由于犯第Ⅰ类错误的概率可由研究人员进行控制，因此在假设检验中，人们往往先控制发生第Ⅰ类错误的概率。

发生第Ⅰ类错误的概率也常用于假设检验结论的可靠性度量，这一概率称为显著性水平。

定义 6.9 假设检验中发生第Ⅰ类错误的概率，称为显著性水平，记为 α。

常用的显著性水平有 $\alpha=0.01$、$\alpha=0.05$、$\alpha=0.1$ 等，当然也可以取其他值。

【检验水平的定义】

(2) 确定临界值。

① 检验的方向。

在假设检验中，研究人员感兴趣的备择假设的内容，可以是原假设 H_0 在某一特定方向的变化,也可以是一种没有特定方向的变化。例如,在例 6.2 中,研究人员感兴趣的是奶粉的平均净含量是否低于 400g。在例 6.3 中,研究人员感兴趣的是产品的市场占有比例是否超过 20%。这种具有方向性的假设称为单侧检验(或单尾检验)。相反,在例 6.1 中,研究人员感兴趣的备择假设没有特定的方向,他们只是关心备择假设 H_1 是否不同于原假设 H_0,而不关心 H_1 是大于还是小于 H_0,这种没有特定方向的假设称为双侧检验(或双尾检验)。

定义 6.10 备择假设具有特定的方向性,并含有符号">"或"<"的假设检验,称为单侧检验或单尾检验。

定义 6.11 备择假设没有特定的方向性,并含有符号"≠"的假设检验,称为双侧检验或双尾检验。

其中,在单侧检验中,根据备择假设中符号不同,又可分为左侧检验和右侧检验。如果备择假设的方向为"<",称为左侧检验;如果备择假设的方向为">",称为右侧检验。

例如,设 μ 为总体参数(这里代表总体均值),μ_0 为假设的参数的具体数值,则假设检验的基本形式如表 6-4 所示。

表 6-4 假设检验的基本形式

假设	双侧检验	单侧检验	
		左侧检验	右侧检验
原假设	H_0:$\mu = \mu_0$	H_0:$\mu \geq \mu_0$	H_0:$\mu \leq \mu_0$
备择假设	H_1:$\mu \neq \mu_0$	H_1:$\mu < \mu_0$	H_1:$\mu > \mu_0$

② 临界值。

定义 6.12 在统计检验中为确定是否接受原假设而确立的接受域或拒绝域的界限值,称为临界值。

在给定显著性水平 α 和检验统计量的分布后,查一些常用统计表就可以得到具体的临界值,或利用 Excel 中的统计函数也可以得出此临界值。

如果假设检验的拒绝域在抽样分布的两侧,称为双侧检验。在单侧检验中,如果备择假设具有符号"<",那么拒绝域位于抽样分布的左侧,称为左侧检验;如果备择假设具有符号">",那么拒绝域位于抽样分布的右侧,称为右侧检验。

在给定显著性水平 α 的条件下,拒绝域和临界值可用图 6.1 来表示。

【拒绝原假设的区域】

4) 统计决策

由图 6.1 可以得出利用统计量进行检验时的准则。
(1) 双侧检验:|统计量|>临界值,拒绝原假设。
(2) 左侧检验:统计量的值<-临界值,拒绝原假设。
(3) 右侧检验:统计量的值>临界值,拒绝原假设。

注意:在假设检验中,应对原假设 H_0 采取"拒绝"或"不拒绝"的表述方式,而不采取"接受"的表述方式。"不拒绝"的表述实际上意味着并未给出明确的结论,原假设正确与否尚未确定。如果说"接受"原假设,则意味着已经证明了原假设是正确的;但实际上,假设检验并不提供原假设"正确"的证据,它只提供不利于原假设的证据。

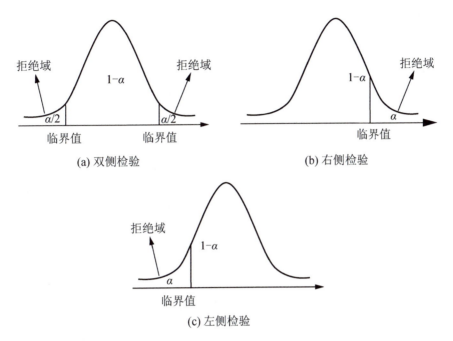

图 6.1 拒绝域和临界值

2. 利用 P 值法进行决策

1) 利用 P 值进行决策的步骤

(1) 提出原假设 H_0 和备择假设 H_1。

(2) 构造检验统计量,并计算其值。

(3) 根据检验统计量的值计算 P 值。

(4) 进行统计决策。

因为此步骤与传统的假设检验的前两个步骤相同,这里不再重复介绍,只介绍第三步和第四步的内容。

2) P 值的计算

传统的统计量检验方法是在检验之前确定显著性水平 α,这就意味着事先确定了拒绝域。这样一来,不论检验统计量的值是大还是小,只要它的值落入拒绝域就拒绝原假设 H_0,否则就不拒绝原假设 H_0。这种固定的显著性水平 α 对检验结果的可靠性起一种度量作用。但不足的是,α 是犯第 I 类错误的上限控制值,它只能提供检验结论可靠性的一个大致范围;但对于一个特定的假设检验问题,它却无法给出观测数据与原假设之间不一致程度的精确度量。也就是说,仅从显著性水平来比较,如果选择的 α 值相同,那么所有检验结论的可靠性都一样。要测量出样本观测数据与原假设中所假设的值 μ_0 的偏离程度,就需要计算 P 值。

定义 6.13 如果原假设 H_0 是正确的,那么所有的样本结果出现实际观测结果极端的概率,称为 P 值,也称观察到的显著性水平。

下面来看 P 值的计算过程。

为理解 P 值的计算过程,统一使用符号 Z 表示检验统计量,Z_c 表示根据样本数据计算得到的检验统计量值,对于假设检验的 3 种基本形式,从抽样分布上看,计算 P 值的一般表达式如下。

(1) 左侧检验。
$$H_0: \mu \geqslant \mu_0; \quad H_1: \mu < \mu_0$$

当 $\mu=\mu_0$ 时,P 值的计算公式为
$$P = P(Z \leqslant Z_c | \mu = \mu_0) \tag{6.1}$$

(2) 右侧检验。
$$H_0: \mu \leqslant \mu_0; \quad H_1: \mu > \mu_0$$

当 $\mu=\mu_0$ 时,P 值的计算公式为
$$P = P(Z \geqslant Z_c | \mu = \mu_0) \tag{6.2}$$

(3) 双侧检验。
$$H_0: \mu = \mu_0; \quad H_1: \mu \neq \mu_0$$

当 $\mu=\mu_0$ 时,P 值的计算公式为
$$P = 2P(Z \geqslant |Z_c| | \mu = \mu_0) \tag{6.3}$$

不同检验的 P 值可以用图 6.2 来表示。

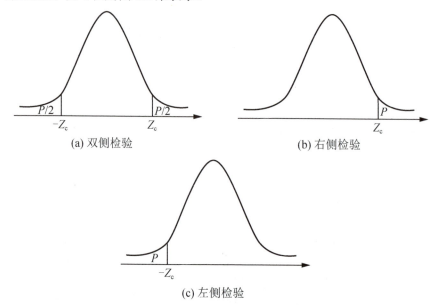

图 6.2 不同检验的 P 值

使用计算机软件计算 P 值十分容易。

3) 利用 P 值决策的规则

利用 P 值进行决策的规则十分简单。不论是单侧检验还是双侧检验,使用 P 值进行决策的准则都是:如果 $P < \alpha$,拒绝 H_0;如果 $P > \alpha$,不拒绝 H_0。但在现代统计检验中,如果 $P < 0.1$,代表有"一些证据"不利于原假设;如果 $P < 0.05$,代表有"适度证据"不利于原假设;如果 $P < 0.01$,代表有"很强证据"不利于原假设。因此,不需再严格地给出显著性水平并将其与 P 值进行比较。

6.2 一个总体参数的假设检验

本节将在 6.1 节的基础上介绍假设检验的具体应用,对于一个总体参数的假设检验包括总体均值 μ、总体比例 π 和总体方差 σ^2。

6.1 节介绍的所有概念都适用于下面介绍的检验方法,检验的步骤中,只有第二步由于检验的参数不同,因此计算检验统计量的方法也有所不同。本节的所有例题都采用了两种方法进行统计决策。

6.2.1 一个总体均值的假设检验

一个总体均值的假设检验要区分总体是否服从正态分布、总体方差 σ^2 是否已知等情况。

1. 正态总体或非正态总体、大样本,方差已知

当总体服从正态分布且 σ 已知,或者总体不服从正态分布但为大样本时,样本均值 $\bar{x}$ 的抽样分布均为正态分布,其数学期望为总体均值 μ,方差为 $\frac{1}{n}\sigma^2$,即 $\bar{x} \sim N(\mu, \frac{1}{n}\sigma^2)$,所以采用正态分布的检验统计量。设总体均值为 μ_0,可以证明,样本均值经过标准化后服从标准正态分布,当总体方差 σ^2 已知时,总体均值的统计量为

$$Z = \frac{\bar{x} - \mu_0}{\sigma/\sqrt{n}} \sim N(0,1) \tag{6.4}$$

如果是双侧检验,则拒绝域为 $(-\infty, -Z_{\alpha/2}) \cup (Z_{\alpha/2}, +\infty)$;如果是左侧单侧检验,则拒绝域为 $(-\infty, -Z_\alpha)$;如果是右侧单侧检验,则拒绝域为 $(Z_\alpha, +\infty)$。其中,临界值可以查相应的统计分布表或利用 Excel 的统计函数计算出来。

【例 6.4】 某种袋装食品采用自动生产线生产,每袋的质量是 255g,标准差为 5g。为检验每袋质量是否符合要求,质检人员在某天生产的食品中随机抽取 40 袋进行检验,测得每袋平均质量为 255.8g。取显著性水平为 $\alpha=0.05$,试检验该天生产的食品是否符合标准要求。

解:
第一种方法采用传统的假设检验,步骤如下。
(1) 提出的原假设和备择假设为

$$H_0:\ \mu=255;\ H_1:\ \mu \neq 255$$

(2) 构造检验统计量,并计算其值。

$$Z = \frac{\bar{x} - \mu_0}{\sigma/\sqrt{n}} = \frac{255.8 - 255}{5/\sqrt{40}} = 1.01$$

一个总体均值的检验统计量

(3) 根据给定的显著性水平 $\alpha=0.05$,查标准正态分布表可知:

$$Z_{\alpha/2} = Z_{0.025} = 1.96$$

所以拒绝域为 $(-\infty, -1.96) \cup (1.96, +\infty)$。还可利用 Excel 计算临界值,操作过程如下。

第一步：进入 Excel 表格界面，单击"插入函数"按钮，弹出"插入函数"对话框，在对话框中单击"或选择类别"的下拉按钮，在弹出的下拉列表中选择"统计"选项，并在"选择函数"列表中选择 NORMSINV 选项，单击"确定"按钮，弹出"函数参数"对话框。

第二步：在"函数参数"对话框中的"Probability"文本框中输入"0.975"，得到函数值"1.959963985"，如图 6.3 所示，保留两位小数取 1.96。

图 6.3 "函数参数"对话框 1

(4) 统计决策。

由于 −1.96＜1.01＜1.96，因此不拒绝原假设。

检验结果表明：样本提供的证据还不足以推翻原假设，因此不能证明该天生产的食品不符合标准要求。

第二种方法利用 P 值进行统计决策。

P 值利用 Excel 中的统计函数功能计算，具体操作步骤如下。

第一步：进入 Excel 表格界面，单击"插入函数"按钮，弹出"插入函数"对话框，在对话框中单击"或选择类别"的下拉按钮，在弹出的下拉列表中选择"统计"选项，并在"选择函数"列表中选择 NORMSDIST 选项，单击"确定"按钮，弹出"函数参数"对话框。

第二步：在"函数参数"对话框中的"Z"文本框中输入"1.01"，得到函数值"0.843752355"，如图 6.4 所示。

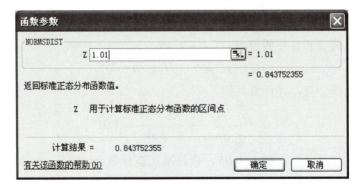

图 6.4 "函数参数"对话框 2

函数值"0.843752355",表示在标准正态分布条件下 Z 值为 1.01 左边的面积。由于是双侧检验,因此有 $P = 2 \times (1 - 0.843\,752\,355) = 0.312\,495$。

统计决策:$P = 0.312\,495 > \alpha = 0.05$,所以不拒绝原假设,和第一种方法的结论相同。

2. 大样本,方差未知

总体服从正态分布且 σ 未知,或总体并不服从正态分布,但只要是在大样本条件下,样本均值 $\bar{x}$ 同样服从正态分布,即 $\bar{x} \sim N(\mu, \frac{1}{n}\sigma^2)$。设总体均值 μ_0,可以证明,样本均值经过标准化后服从标准正态分布,经过标准化以后的随机变量还是服从标准正态分布,即

$$Z = \frac{\bar{x} - \mu_0}{\sigma/\sqrt{n}} \sim N(0,1)$$

此时的标准正态分布的统计量中包含了一个未知参数(σ),所以此时的统计量无法作为检验统计量。因为样本是大样本,随着样本容量的不断增加,样本所计算出的样本统计量非常接近于总体参数,所以可以用样本方差 s^2 代替总体方差 σ^2,即当总体方差未知,且为大样本时,此时总体均值的检验统计量为

$$Z = \frac{\bar{x} - \mu_0}{s/\sqrt{n}} \tag{6.5}$$

如果是双侧检验,则拒绝域为 $(-\infty, -Z_{\alpha/2}) \cup (Z_{\alpha/2}, +\infty)$;如果是左侧单侧检验,则拒绝域为 $(-\infty, -Z_{\alpha})$;如果是右侧单侧检验,则拒绝域为 $(Z_{\alpha}, +\infty)$。

【例 6.5】 一种机床加工的零件尺寸绝对误差的平均数为 1.35mm。生产厂家采用一种新的机床进行加工以期进一步降低误差。为检验新机床加工的零件的平均误差与旧机床相比是否显著降低,从某天生产的零件中随机抽取 50 个进行检验,其绝对误差的平均数 $\bar{x} = 1.215\,2\text{mm}$,标准差 $s = 0.365\,749\text{mm}$。试检验新机床加工的零件尺寸绝对误差的平均数与旧机床相比是否显著降低。($\alpha = 0.01$)

解:
第一种方法采用传统的假设检验,步骤如下。
(1) 提出原假设和备择假设。

$$H_0: \mu \geqslant 1.35; \quad H_1: \mu < 1.35$$

(2) 构造检验统计量,并计算其值。

$$Z = \frac{\bar{x} - \mu_0}{s/\sqrt{n}}$$

其中根据样本数据计算

$$\bar{x} = 1.215\,2, \quad s = 0.365\,749$$

计算检验统计量的具体数值为

$$Z = \frac{\bar{x} - \mu_0}{s/\sqrt{n}} = \frac{1.215\,2 - 1.35}{0.365\,749/\sqrt{50}} = -2.606\,1$$

(3) 根据给定的显著性水平 $\alpha=0.01$，查标准正态分布表或利用 Excel 的统计函数(与例 6.4 操作相同)可知

$$Z_\alpha = Z_{0.01} = 2.33$$

所以拒绝域为 $(-\infty, -2.33)$。

(4) 统计决策。

$$Z = -2.6061 < -Z_{0.01} = -2.33$$

所以拒绝原假设。该检验结果表明，新机床加工的零件尺寸绝对误差的平均数与旧机床相比有显著降低。

第二种方法：利用 P 值进行决策(操作过程同例 6.4)。

计算出 $P = 0.004578986$，统计决策 $P = 0.004578986 < \alpha = 0.01$，所以拒绝原假设。该结论与统计量检验一致。

【例 6.6】 某玉米品种的平均产量为 5 100kg/hm^2。一家研究机构对玉米品种进行了改良后以提高产量。为检验改良后的玉米产量是否有显著提高，随机抽取了 49 个地块进行试种，得到的样本平均产量为 5 275kg/hm^2，标准差为 140 kg/hm^2。试检验改良后的玉米产量是否有显著提高。($\alpha=0.05$)

解：
传统的假设检验，步骤如下。

(1) 提出原假设和备择假设。

$$H_0: \mu \leq 5100; \quad H_1: \mu > 5100$$

(2) 构造检验统计量，并计算其值。

$$Z = \frac{\bar{x} - \mu_0}{s/\sqrt{n}} = \frac{5275 - 5100}{140/\sqrt{49}} = 8.75$$

(3) 根据给定的显著性水平 $\alpha = 0.05$，查标准正态分布表或利用 Excel 的统计函数计算(与例 6.4 操作相同)可知

$$Z_\alpha = Z_{0.05} = 1.645$$

所以拒绝域为 $(1.645, +\infty)$。

(4) 统计决策。

由于 $Z = 8.75 > Z_{0.05} = 1.645$，因此拒绝原假设。检验结果表明，改良后的玉米产量有显著提高。同样利用 Excel 计算出来的 P 值为 $0.000088 < \alpha = 0.05$，同样拒绝原假设。

大样本情况下一个总体均值的检验方法汇总如表 6-5 所示。

表 6-5 大样本情况下一个总体均值的检验方法

项目	双侧检验	左侧检验	右侧检验
假设形式	$H_0: \mu=\mu_0$; $H_1: \mu \neq \mu_0$	$H_0: \mu \geq \mu_0$; $H_1: \mu < \mu_0$	$H_0: \mu \leq \mu_0$; $H_1: \mu > \mu_0$
检验统计量	σ 已知时：$Z=\dfrac{\bar{x}-\mu_0}{\sigma/\sqrt{n}}$； σ 未知时：$Z=\dfrac{\bar{x}-\mu_0}{s/\sqrt{n}}$		
α 与拒绝域	$(-\infty, -Z_{\alpha/2}) \cup (Z_{\alpha/2}, +\infty)$	$(-\infty, -Z_\alpha)$	$(Z_\alpha, +\infty)$
P 值决策准则	$P < \alpha$，拒绝原假设		

3. 正态总体、方差未知，样本是小样本

在小样本（$n<30$）情形下，检验统计量的选择与总体是否服从正态分布、总体方差是否已知有着密切联系。

设假设的总体均值为 μ_0，总体服从正态分布，无论大小样本，可以证明，样本均值经过标准化后服从标准正态分布，经过标准化以后的随机变量还是服从标准正态分布，即

$$Z=\frac{\bar{x}-\mu_0}{\sigma/\sqrt{n}}\sim N(0,1)$$

此时该统计量中包含了一个未知参数（σ），所以无法作为 μ 的检验统计量。又因为是小样本，不能直接用样本方差 s^2 代替 σ^2，此时从标准正态分布无法得出作为总体 μ 的检验统计量。若用 χ^2 分布，χ^2 是标准正态分布的平方加和，经过平方加和后，其式中还有一个未知参数（σ），还是无法得出总体均值的检验统计量。此时可用 t 分布。推导过程如下

$$\chi^2=\frac{(n-1)s^2}{\sigma^2}\sim\chi^2(n-1)$$

所以有

$$t=\frac{Z}{\sqrt{\chi^2/(n-1)}}\sim t(n-1)$$

可得到

$$t=\frac{\dfrac{\bar{x}-\mu_0}{\sigma/\sqrt{n}}}{\sqrt{\dfrac{(n-1)s^2}{\sigma^2}/(n-1)}}\sim t(n-1)$$

整理后得到当总体方差未知，但为大样本时，总体均值的检验统计量为

$$t=\frac{\bar{x}-\mu_0}{s/\sqrt{n}}\sim t(n-1) \tag{6.6}$$

如果是双侧检验，则拒绝域为 $(-\infty,-t_{\alpha/2}(n-1))\cup(t_{\alpha/2}(n-1),+\infty)$；如果是左侧单侧检验，则拒绝域为 $(-\infty,-t_{\alpha}(n-1))$；如果是右侧单侧检验，则拒绝域为 $(t_{\alpha}(n-1),+\infty)$。其中，临界值可以查 t 分布表得到或利用 Excel 中的统计函数计算。

小样本情况下一个总体均值的检验方法汇总如表 6-6 所示。

表 6-6　小样本情况下一个总体均值的检验方法

项目	双侧检验	左侧检验	右侧检验
假设形式	H_0：$\mu=\mu_0$； H_1：$\mu \neq \mu_0$	H_0：$\mu \geq \mu_0$； H_1：$\mu < \mu_0$	H_0：$\mu \leq \mu_0$； H_1：$\mu > \mu_0$
检验统计量	σ 已知时：$t=\dfrac{\bar{x}-\mu_0}{\sigma/\sqrt{n}}$；$\sigma$ 未知时：$t=\dfrac{\bar{x}-\mu_0}{s/\sqrt{n}}$		
α 与拒绝域	$(-\infty,-t_{\alpha/2}(n-1))\cup(t_{\alpha/2}(n-1),+\infty)$	$(-\infty,-t_{\alpha}(n-1))$	$(t_{\alpha}(n-1),+\infty)$
P 值决策准则	$P<\alpha$，拒绝原假设		

【例 6.7】 一种机床加工的零件尺寸平均长度要求为 12cm，高于或低于该标准均被认为是不合格的。购买该零件的企业在购进零件时，通常先经过招标，然后对中标的零件提供商的样品进行检验，以决定是否采购。某汽车生产企业对一个零件提供商提供的 12 个样本进行了检验，其结果如表 6-7 所示。

表 6-7　某汽车生产企业的样本零件的长度数据　　　　　　　　　　单位：cm

12.2	10.8	12.0	11.8	11.9	12.4	11.3	12.2	12.0	12.3	11.9	12.4

假定该提供商的零件长度服从正态分布，那么在 $\alpha=0.05$ 的显著性水平下，检验该提供商提供的零件是否符合要求。

第一种方法，传统的假设检验，步骤如下。

(1) 提出原假设和备择假设。

$$H_0：\mu=12；H_1：\mu \neq 12$$

(2) 构造检验统计量，并计算其值。

$$t=\frac{\bar{x}-\mu_0}{s/\sqrt{n}}$$

其中根据样本数据计算得 $\bar{x}=11.9$，$s=0.469\,687$，计算检验统计量的具体数值为

$$t=\frac{\bar{x}-\mu_0}{s/\sqrt{n}}=\frac{11.9-12}{0.469\,687/\sqrt{12}}=-0.737\,5$$

(3) 显著性水平 $\alpha=0.05$，根据自由度 $n-1=12-1=11$，查 t 分布表可知

$$t_{\alpha/2}(n-1)=t_{0.025}(11)=2.201\,0$$

所以拒绝原假设的区域为 $(-\infty,-2.201\,0)\cup(2.201\,0,+\infty)$。

或者利用 Excel 的统计函数计算，操作过程如下。

第一步：进入 Excel 表格界面，单击"插入函数"按钮，弹出"插入函数"对话框，在对话框中单击"或选择类别"的下拉按钮，在弹出的下拉列表中选择"统计"选项，并在"选择函数"列表中选择"TINV(或者 TINV.2T)"选项，单击"确定"按钮，弹出"函数参数"对话框。

第二步：在"函数参数"对话框中的"Probability"文本框中输入"0.025(函数 TINV)

或者"0.05"(函数 TINV.2T),在"Deg_freedom"文本框中输入"11",得到函数值"2.20098516",如图 6.5 所示,保留 4 位小数取 2.201 0。

图 6.5 "函数参数"对话框 3

(4) 统计决策。

由于 $|t| = 0.737\,5 < t_{0.025}(11) = 2.201\,0$,因此不拒绝原假设,即样本提供的证据还不足以推翻原假设。

第二种方法:利用 P 值进行决策,其操作过程如下。

第一步:进入 Excel 表格界面,单击"插入函数"按钮,弹出"插入函数"对话框,在对话框中单击"或选择类别"的下拉按钮,在弹出的下拉列表中选择"统计"选项,并在"选择函数"列表中选择 TDIST 选项,单击"确定"按钮,弹出"函数参数"对话框。

第二步:在"函数参数"对话框中的 X 文本框中输入"0.7375",在"Deg_freedom"文本框中输入"11",在"Tails"文本框中输入"2",可得出统计值"0.476256199",如图 6.6 所示。

由于 P 值 0.476 256 199＞0.05,因此不拒绝原假设。

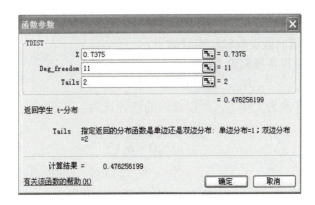

图 6.6 "函数参数"对话框 4

6.2.2 一个总体比例的假设检验

这里只考虑大样本情形下的总体比例的假设检验。总体比例检验的 3 种基本形式如下。

(1) 双侧检验：H_0：$\pi=\pi_0$；H_1：$\pi \neq \pi_0$。
(2) 左侧检验：H_0：$\pi \geq \pi_0$；H_1：$\pi < \pi_0$。
(3) 右侧检验：H_0：$\pi \leq \pi_0$；H_1：$\pi > \pi_0$。

在构造检验统计量时，仍然利用样本比例 p 与总体比例 π 之间的距离等于多少个标准差 σ_p 来衡量。这是因为，在大样本情形下，统计量 p 近似服从正态分布，即设总体比例 π 的假设值为 π_0，检验的统计量为

$$Z=\frac{p-\pi_0}{\sqrt{\frac{\pi_0(1-\pi_0)}{n}}} \sim N(0,1) \tag{6.7}$$

大样本情况下总体比例检验的方法如表 6-8 所示。

表 6-8 大样本情况下总体比例检验的方法

项目	双侧检验	左侧检验	右侧检验
假设形式	H_0：$\pi=\pi_0$； H_1：$\pi \neq \pi_0$	H_0：$\pi \geq \pi_0$； H_1：$\pi < \pi_0$	H_0：$\pi \leq \pi_0$； H_1：$\pi > \pi_0$
检验统计量	$Z=\dfrac{p-\pi_0}{\sqrt{\dfrac{\pi_0(1-\pi_0)}{n}}}$		
α 与拒绝域	$(-\infty,-Z_{\alpha/2}) \cup (Z_{\alpha/2},+\infty)$	$(-\infty,-Z_\alpha)$	$(Z_\alpha,+\infty)$
P 值决策准则	$P<\alpha$，拒绝原假设		

【例 6.8】 一家研究机构声称该城市拥有汽车的家庭占全部家庭的比例超过 40%。为验证这一说法是否属实，这家研究机构专门抽取了由 200 个家庭组成的一个随机样本，发现有 87 个家庭拥有汽车。取显著性水平 $\alpha=0.05$，检验该城市拥有汽车的家庭占全部家庭的比例是否超过 40%。

解：

第一种方法：传统的假设检验，步骤如下。

(1) 提出的原假设和备择假设为

$$H_0：\pi \leq 40\%；\quad H_1：\pi > 40\%$$

(2) 依据题意，样本为大样本，所以检验的统计量为

$$Z=\frac{p-\pi_0}{\sqrt{\frac{\pi_0(1-\pi_0)}{n}}}$$

根据样本结果计算得 $p=\dfrac{87}{200}=43.5\%$，故检验统计量为

$$Z=\frac{0.435-0.4}{\sqrt{\dfrac{0.4\times(1-0.4)}{200}}}=\frac{0.035}{0.035}=1$$

(3) 根据显著性水平 $\alpha=0.05$，查标准正态分布表或利用 Excel 的统计函数计算(与例 6.4 操作相同)可得：

$$Z_\alpha = Z_{0.05} = 1.645$$

所以拒绝域为 $(1.645, +\infty)$。

(4) 统计决策。

由于 $|Z|=1 < Z_\alpha = 1.645$，因此不拒绝原假设。在显著性水平 $\alpha=0.05$ 的条件下，样本提供的证据表明该研究机构的说法并不属实。

第二种方法：利用 P 值进行统计决策，其操作过程同例 6.4。

计算出 P 值为 $0.156 > \alpha = 0.05$，不拒绝原假设。

6.2.3 一个总体方差的假设检验

对于多数生产和生活领域而言，仅仅保证所观测到的样本均值维持在特定水平范围之内并不意味着整个过程的正常，方差的大小是否适度则是需要考虑的另一个重要因素。一个方差大的产品自然意味着其质量或性能不稳定。因此，总体方差 σ^2 的检验也是假设检验的重要内容之一。

用 σ_0^2 表示假定的总体方差的某一个取值，总体方差的假设检验的 3 种基本形式如下。

(1) 双侧检验。H_0：$\sigma^2 = \sigma_0^2$；H_1：$\sigma^2 \neq \sigma_0^2$。

(2) 左侧检验。H_0：$\sigma^2 \geq \sigma_0^2$；H_1：$\sigma^2 < \sigma_0^2$。

(3) 右侧检验。H_0：$\sigma^2 \leq \sigma_0^2$；H_1：$\sigma^2 > \sigma_0^2$。

对总体方差进行检验，检验统计量要从其样本方差入手，设总体方差的假设值为 σ_0^2，由前面的介绍可知其检验统计量为

$$\chi^2 = \frac{(n-1)s^2}{\sigma_0^2} \sim \chi^2(n-1) \tag{6.8}$$

一个总体方差检验的方法如表 6-9 所示。

表 6-9 一个总体方差检验的方法

项目	双侧检验	左侧检验	右侧检验
假设形式	H_0：$\sigma^2=\sigma_0^2$； H_1：$\sigma^2 \neq \sigma_0^2$	H_0：$\sigma^2 \geq \sigma_0^2$； H_1：$\sigma^2 < \sigma_0^2$	H_0：$\sigma^2 \leq \sigma_0^2$； H_1：$\sigma^2 > \sigma_0^2$
检验统计量	$\chi^2 = \dfrac{(n-1)s^2}{\sigma_0^2}$		
α 与拒绝域	$(0, \chi^2_{1-\alpha/2}(n-1)) \cup (\chi^2_{\alpha/2}(n-1), +\infty)$	$(0, \chi^2_{1-\alpha}(n-1))$	$(\chi^2_\alpha(n-1), +\infty)$
P 值决策准则	$P < \alpha$，拒绝原假设		

【例 6.9】一个制造商所生产的零件直径的方差本来是 0.001 56mm²。后来为削减成本，就采用了一种费用较低的生产方法。从新方法制造的零件中随机抽取 200 个作为样本，测得零件直径的方差为 0.002 11mm²。假设显著性水平 $\alpha = 0.05$，检验新方法生产零件的方差是否比老方法大。

解：传统的假设检验步骤如下。
(1) 提出原假设和备择假设。

$$H_0: \sigma^2 \leq 0.00156; \quad H_1: \sigma^2 > 0.00156$$

(2) 构造检验的统计量，并计算其值。

$$\chi^2 = \frac{(n-1)s^2}{\sigma_0^2} \sim \chi^2(n-1)$$

其中 $s^2 = 0.00211$；$\sigma_0^2 = 0.00156$，则有

$$\chi^2 = \frac{(200-1) \times 0.00211}{0.00156} = 269.16$$

(3) $\alpha = 0.05$，确定拒绝原假设的区域。

根据题意可得拒绝原假设的区域为 $(\chi_\alpha^2(199), +\infty)$，查 χ^2 分布表可得，$\chi_{0.05}^2(199) = 232.9118$。

(4) 统计决策。

由于 $\chi^2 = 269.16 > \chi_{0.05}^2(199) = 232.9118$，所以拒绝原假设，新方法比老方法的方差大。

6.3 两个总体参数的假设检验

本节的检验主要介绍传统的假设检验的程序，一般不再给出拒绝域的图示。同时两个总体参数的假设检验的 Excel 操作过程将在案例中进行详细的介绍。

6.3.1 两个总体均值之差的假设检验

两个总体参数的假设检验包括两个总体均值之差 $\mu_1 - \mu_2$ 的假设检验、两个总体比例之差 $\pi_1 - \pi_2$ 的假设检验和两个总体方差之比 σ_1^2/σ_2^2 的假设检验等。假设检验的程序与一个总体参数的假设检验类似，但统计量的计算要复杂一些。

根据样本获得方式的不同，两个总体均值的假设检验分为独立样本和配对样本两种情形，而且也有大样本与小样本之分。检验的统计量是以两个样本均值之差 $\bar{x}_1 - \bar{x}_2$ 的抽样分布为基础构造出来的。对于大样本和小样本两种情形，由于两个样本均值之差经标准化的分布不同，检验的统计量也略有差异。

1. 独立样本，两个总体正态分布，或非正态分布，大样本，且两个总体方差已知

当两个总体服从正态分布，或非正态分布，但样本为大样本时，从两个总体各自抽取的样本均值均服从正态分布，即 $\bar{x}_1 \sim N(\mu_1, \frac{1}{n_1}\sigma_1^2)$；$\bar{x}_2 \sim N(\mu_2, \frac{1}{n_2}\sigma_2^2)$，构造 $\mu_1 - \mu_2$ 的检验统计量要以样本抽样分布 $\bar{x}_1 - \bar{x}_2$ 为基础，所以有

$$\bar{x}_1 - \bar{x}_2 \sim N(\mu_1 - \mu_2, \frac{1}{n_1}\sigma_1^2 + \frac{1}{n_2}\sigma_2^2)$$

设两个总体均值之差的假设值为$(\mu_1-\mu_2)_0$，经标准化后，可检验统计量为

$$Z=\frac{(\bar{x}_1-\bar{x}_2)-(\mu_1-\mu_2)_0}{\sqrt{\frac{1}{n_1}\sigma_1^2+\frac{1}{n_2}\sigma_2^2}}\sim N(0,1) \tag{6.9}$$

【例 6.10】 某企业对男女职员的每天平均工资进行了调查，男职员的总体方差为 $\sigma_1^2=64$，女职员的总体方差为 $\sigma_2^2=42.25$。独立抽取了具有同类工作经验的男女职员的两个随机样本，并记录下两个样本的样本均值、样本容量数据如表 6-10 所示。在显著性水平为 0.05 的条件下，能否认为男职员与女职员的每天平均工资存在显著性差异？

表 6-10　两个样本的数据结果

男职员	女职员
$n_1=44$	$n_2=32$
$\bar{x}_1=75$	$\bar{x}_2=70$

解：设 μ_1＝男职员的每天平均工资；μ_2＝女职员的每天平均工资。

(1) 提出原假设和备择假设。

$$H_0: \mu_1-\mu_2=0; \quad H_1: \mu_1-\mu_2\neq 0$$

(2) 构造检验的统计量，并计算其值。

由于两个样本是独立的，且方差已知，所以检验的统计量为

$$Z=\frac{(\bar{x}_1-\bar{x}_2)-(\mu_1-\mu_2)_0}{\sqrt{\frac{1}{n_1}\sigma_1^2+\frac{1}{n_2}\sigma_2^2}}\sim N(0,1)$$

$$=\frac{(75-70)-0}{\sqrt{\frac{1}{44}\times 64+\frac{1}{32}\times 42.25}}=3.002$$

(3) 根据显著性水平 0.05，拒绝原假设的区域为

$$(-\infty,-Z_{0.025})\cup(Z_{0.025},+\infty)$$

查标准正态分布表可知 $Z_{0.025}=1.96$，所以拒绝域为 $(-\infty,-1.96)\cup(1.96,+\infty)$。

(4) 统计决策。

因为有 $Z=3.002>Z_{0.025}=1.96$，所以拒绝原假设，即认为男职员与女职员的每天平均工资存在显著差异。

2. 独立样本，大样本，且两个总体方差未知

在大样本情况下，两个样本均值之差 $\bar{x}_1-\bar{x}_2$ 的抽样分布近似服从正态分布，即有

$$\bar{x}_1-\bar{x}_2\sim N(\mu_1-\mu_2,\frac{1}{n_1}\sigma_1^2+\frac{1}{n_2}\sigma_2^2)$$

设两个总体均值之差的假设值为 $(\mu_1-\mu_2)_0$，经标准化后可得

$$Z=\frac{(\bar{x}_1-\bar{x}_2)-(\mu_1-\mu_2)_0}{\sqrt{\frac{1}{n_1}\sigma_1^2+\frac{1}{n_2}\sigma_2^2}}\sim N(0,1)$$

由于统计量中含有未知数（σ_1^2 和 σ_2^2），但两个样本是大样本，可分别用样本方差 s_1^2 和 s_2^2 替代，此时检验统计量为

$$Z=\frac{(\bar{x}_1-\bar{x}_2)-(\mu_1-\mu_2)_0}{\sqrt{\frac{1}{n_1}s_1^2+\frac{1}{n_2}s_2^2}}\sim N(0,1) \tag{6.10}$$

【例 6.11】 某研究机构对两种组装产品的方法每小时组装产品数量进行了调查，独立抽取了具有同类工作经验工人的两个随机样本，并记录下两组工人的每小时组装产品的平均数量、样本容量和样本方差数据，如表 6-11 所示。在显著性水平为 0.05 的条件下，能否认为两种组装方法每小时组装产品的平均数量存在显著性差异？

表 6-11 两个随机样本的数据

样本 1	样本 2
$n_1=44$	$n_2=32$
$\bar{x}_1=75$	$\bar{x}_2=70$
$s_1^2=4$	$s_2^2=7$

解：传统的假设检验的步骤如下。

(1) 提出原假设和备择假设。

$$H_0: \mu_1-\mu_2=0；\quad H_1: \mu_1-\mu_2\neq 0$$

(2) 构造检验的统计量，并计算其值。

由于两个样本是独立的，且方差已知，所以检验的统计量为

$$Z=\frac{(\bar{x}_1-\bar{x}_2)-(\mu_1-\mu_2)_0}{\sqrt{\frac{1}{n_1}s_1^2+\frac{1}{n_2}s_2^2}}\sim N(0,1)$$

$$=\frac{(75-70)-0}{\sqrt{\frac{1}{44}\times 4+\frac{1}{32}\times 7}}=8.9852$$

(3) 根据显著性水平 0.05，拒绝原假设的区域为

$$(-\infty,-Z_{0.025})\cup(Z_{0.025},+\infty)$$

查标准正态分布表可知 $Z_{0.025}=1.96$，所以拒绝域为 $(-\infty,-1.96)\cup(1.96,+\infty)$。

(4) 统计决策。

因为有 $Z=8.9852>Z_{0.025}=1.96$，所以拒绝原假设，即认为两种组装方法每小时组装产品的平均数量存在显著差异。

3. 独立小样本的检验，且两个总体方差未知

当两个样本都为独立小样本时，需要假定两个总体都服从正态分布，检验时有两种情况。

1) 两个总体的方差未知但相等时

无论两个总体的方差是否已知，只要两个总体服从正态分布，其各自的样本均值均服从正态分布，即 $\bar{x}_1 \sim N(\mu_1, \frac{1}{n_1}\sigma^2)$；$\bar{x}_2 \sim N(\mu_2, \frac{1}{n_2}\sigma^2)$，则 $\bar{x}_1 - \bar{x}_2$ 也服从正态分布，有

$$\bar{x}_1 - \bar{x}_2 \sim N(\mu_1 - \mu_2, (\frac{1}{n_1} + \frac{1}{n_2})\sigma^2)$$

经标准化后，可检验的统计量为

$$Z = \frac{(\bar{x}_1 - \bar{x}_2) - (\mu_1 - \mu_2)_0}{\sqrt{(\frac{1}{n_1} + \frac{1}{n_2})\sigma^2}} \sim N(0,1)$$

由于统计量中含有未知数(σ^2)，两个样本是小样本，不可分别用样本方差替代。

由于两个总体是服从正态分布，所以有

$$\frac{(n_1-1)s_1^2}{\sigma^2} \sim \chi^2(n_1-1) \qquad \frac{(n_2-1)s_2^2}{\sigma^2} \sim \chi^2(n_2-1)$$

χ^2 具有可加性，即有

$$\chi^2 = \frac{(n_1-1)s_1^2 + (n_2-1)s_2^2}{\sigma^2} \sim \chi^2(n_1+n_2-2)$$

根据上两个统计量，可构造出以下统计量：

$$t = \frac{Z}{\sqrt{\chi^2/(n_1+n_2-2)}} \sim t(n_1+n_2-2)$$

经整理得

$$t = \frac{\dfrac{(\bar{x}_1 - \bar{x}_2) - (\mu_1 - \mu_2)_0}{\sqrt{\left(\dfrac{1}{n_1} + \dfrac{1}{n_2}\right)\sigma^2}}}{\sqrt{\dfrac{(n_1-1)s_1^2 + (n_2-1)s_2^2}{\sigma^2} / (n_1+n_2-2)}} \sim t(n_1+n_2-2)$$

设两个总体均值之差的假设值为 $(\mu_1-\mu_2)_0$，经标准化后，可得检验统计量为

$$t=\frac{(\bar{x}_1-\bar{x}_2)-(\mu_1-\mu_2)_0}{\sqrt{\left(\frac{1}{n_1}+\frac{1}{n_2}\right)\frac{(n_1-1)s_1^2+(n_2-1)s_2^2}{(n_1+n_2-2)}}} \sim t(n_1+n_2-2) \qquad (6.11)$$

2) 两个总体的方差未知但不相等时

两个样本均值之差经标准化后不再服从自由度为 n_1+n_2-2 的 t 分布，而是近似服从自由度为 v 的 t 分布，这时检验统计量为

$$t=\frac{(\bar{x}_1-\bar{x}_2)-(\mu_1-\mu_2)_0}{\sqrt{\frac{1}{n_1}s_1^2+\frac{1}{n_2}s_2^2}} \sim t(v) \qquad (6.12)$$

该统计量的自由度为 v，其计算公式为

$$v=\frac{\left(\frac{s_1^2}{n_1}+\frac{s_2^2}{n_2}\right)^2}{\frac{\left(\frac{s_1^2}{n_1}\right)^2}{n_1-1}+\frac{\left(\frac{s_2^2}{n_2}\right)^2}{n_2-1}} \qquad (6.13)$$

其中，自由度一般为整数，需要上式进行四舍五入取整数。

【例 6.12】 用甲、乙两种方法同时加工某种同类型的零件，已知两种方法加工的零件直径分别服从正态分布 $N(\mu_1,\sigma_1^2)$ 和 $N(\mu_2,\sigma_2^2)$。为比较两台机床的加工精度有无显著差异，分别独立抽取了甲种方法加工的 8 个零件和乙种方法加工的 7 个零件，通过测量得到直径数据（表 6-12），在 $\alpha=0.05$ 的显著性水平下，检验两种方法加工的零件是否一致：$\sigma_1^2=\sigma_2^2$；$\sigma_1^2\neq\sigma_2^2$。

表 6-12 两种方法加工零件的数据

单位：cm

方法	零件直径							
甲	10.5	9.8	9.7	10.4	10.1	10.0	9.0	9.9
乙	10.7	9.8	9.5	10.8	10.4	9.6	10.2	—

解：第一种情况：$\sigma_1^2=\sigma_2^2$。

(1) 提出原假设和备择假设。

$$H_0: \mu_1-\mu_2=0; \quad H_1: \mu_1-\mu_2\neq 0$$

(2) 构造检验的统计量，并计算其值。

$$t=\frac{(\bar{x}_1-\bar{x}_2)-(\mu_1-\mu_2)_0}{\sqrt{\left(\frac{1}{n_1}+\frac{1}{n_2}\right)\frac{(n_1-1)s_1^2+(n_2-1)s_2^2}{(n_1+n_2-2)}}} \sim t(n_1+n_2-2)$$

其中，根据样本可计算出 $\bar{x}_1=9.925$，$\bar{x}_2=10.143$；$s_1^2=0.2164$，$s_2^2=0.2729$。

代入检验的统计量中，有

$$t = \frac{9.925 - 10.143}{\sqrt{(1/8 + 1/7) \times 0.242\,5}} = -0.855$$

(3) $\alpha = 0.05$，所以拒绝原假设的区域为

$$(-\infty, -t_{0.025}(13)) \bigcup (t_{0.025}(13), +\infty)$$

其中临界值查 t 分布表，可得 $t_{0.025}(13) = 2.160\,4$，所以拒绝域为 $(-\infty, -2.160\,4) \bigcup (2.160\,4, +\infty)$。

(4) 统计决策。

$|t| = 0.855 < t_{0.025}(13) = 2.160\,4$，所以不拒绝原假设。

第二种情况：$\sigma_1^2 \neq \sigma_2^2$。

(1) 提出原假设和备择假设。

$$H_0: \mu_1 - \mu_2 = 0; \quad H_1: \mu_1 - \mu_2 \neq 0$$

(2) 构造检验的统计量，并计算其值。

$$t = \frac{(\overline{x}_1 - \overline{x}_2) - (\mu_1 - \mu_2)_0}{\sqrt{\dfrac{1}{n_1}s_1^2 + \dfrac{1}{n_2}s_2^2}} \sim t(v)$$

其中

$$v = \frac{\left(\dfrac{s_1^2}{n_1} + \dfrac{s_2^2}{n_2}\right)^2}{\dfrac{\left(\dfrac{s_1^2}{n_1}\right)^2}{n_1 - 1} + \dfrac{\left(\dfrac{s_2^2}{n_2}\right)^2}{n_2 - 1}}$$

$$t = \frac{9.925 - 10.143}{\sqrt{\dfrac{1}{8} \times 0.216\,4 + \dfrac{1}{7} \times 0.272\,9}} = \frac{-0.218}{\sqrt{0.066\,035\,714}} = -0.848\,3$$

其中 $v = \dfrac{\left(\dfrac{s_1^2}{n_1} + \dfrac{s_2^2}{n_2}\right)^2}{\dfrac{\left(\dfrac{s_1^2}{n_1}\right)^2}{n_1 - 1} + \dfrac{\left(\dfrac{s_2^2}{n_2}\right)^2}{n_2 - 1}} = \dfrac{\left(\dfrac{0.216\,4}{8} + \dfrac{0.272\,9}{7}\right)^2}{\dfrac{\left(\dfrac{0.216\,4}{8}\right)^2}{8 - 1} + \dfrac{\left(\dfrac{0.272\,9}{7}\right)^2}{7 - 1}} = 12.186\,1$，所以自由度为 12。

(3) $\alpha = 0.05$，所以拒绝原假设的区域为

$$(-\infty, -t_{0.025}(12)) \bigcup (t_{0.025}(12), +\infty)$$

其中临界值查 t 分布表，可得 $t_{0.025}(12) = 2.178\,8$，所以拒绝域为 $(-\infty, -2.178\,8) \bigcup (2.178\,8, +\infty)$。

(4) 统计决策。

$|t|=0.8483 < t_{0.025}(12)=2.1788$，所以不拒绝原假设。

4. 配对样本的检验

配对样本的检验需要假定两个总体配对差值构成的总体服从正态分布，而且配对差值是从差值总体中随机抽取的。

(1) 对于大样本情形，配对差值经标准化后服从标准正态分布，因此设两个总体均值之差$(\mu_1-\mu_2)$的假设值为$(\mu_1-\mu_2)_0$，其检验的统计量为

$$Z=\frac{\bar{d}-(\mu_1-\mu_2)_0}{S_d/\sqrt{n}} \sim N(0,1) \tag{6.14}$$

式中，$\bar{d}$为配对差值的平均数；S_d为配对差值的标准差。

(2) 对于小样本情形，配对差值经标准化后服从自由度为$n-1$的t分布。因此设两个总体均值之差$(\mu_1-\mu_2)$的假设值为$(\mu_1-\mu_2)_0$，其检验的统计量为

$$t=\frac{\bar{d}-(\mu_1-\mu_2)_0}{S_d/\sqrt{n}} \sim t(n-1) \tag{6.15}$$

式中，$\bar{d}$为配对差值的平均数；S_d为配对差值的标准差。

【例6.13】 随机抽取一个由8名教师组成的样本，要求每名教师对两种看法进行评分(0～10分)。评分的数据如表6-13所示。取显著性水平$\alpha=0.05$，检验8名教师对两种看法的评分是否存在显著差异。

表6-13 两种看法评分等级的样本数据

单位：分

教师编号		1	2	3	4	5	6	7	8
评分等级	看法1	5	4	7	3	5	8	5	6
	看法2	6	6	7	4	3	9	7	6

解：设μ_1=教师对看法1的平均评分，μ_2=教师对看法2的平均评分。

(1) 依题意建立的原假设和备择假设为

$$H_0:\mu_1-\mu_2=0 \quad ; \quad H_1:\mu_1-\mu_2 \neq 0$$

(2) 由于样本是小样本，因此检验的统计量为

$$t=\frac{\bar{d}-(\mu_1-\mu_2)_0}{S_d/\sqrt{n}} \sim t(n-1)$$

样本配对差值如表6-14所示。

表 6-14　样本配对差值

序号	看法 1	看法 2	差值
1	5	6	−1
2	4	6	−2
3	7	7	0
4	3	4	−1
5	5	3	2
6	8	9	−1
7	5	7	−2
8	6	6	0

根据样本可计算出 $\bar{d}=-0.625$；$S_d=1.30247$，代入检验统计量中，得

$$t=\frac{-0.625-0}{1.30247/\sqrt{8}}=\frac{-0.625}{0.460493}=-1.35724$$

(3) $\alpha=0.05$，则拒绝原假设的区域为

$$(-\infty,-t_{0.025}(7))\cup(t_{0.025}(7),+\infty)。$$

其中临界值查 t 分布表，可得 $t_{0.025}(7)=2.3646$，所以拒绝域为 $(-\infty,-2.3646)\cup(2.3646,+\infty)$。

(4) 统计决策。
$|t|=1.35724<t_{0.025}(7)=2.3646$，所以不拒绝原假设。

6.3.2　两个总体比例之差的假设检验

两个总体比例之差 $(\pi_1-\pi_2)$ 的检验思路与一个总体比例的检验类似，要求两个样本都是大样本。根据两个样本比例之差的抽样分布 $p_1\sim N\left(\pi_1,\frac{\pi_1(1-\pi_1)}{n_1}\right)$ 和 $p_2\sim N\left(\pi_2,\frac{\pi_2(1-\pi_2)}{n_2}\right)$，可以得到两个总体比例之差的检验统计量为

$$Z=\frac{(p_1-p_2)-(\pi_1-\pi_2)_0}{\sqrt{\frac{\pi_1(1-\pi_1)}{n_1}+\frac{\pi_2(1-\pi_2)}{n_2}}}\sim N(0,1)$$

式中，$\sqrt{\frac{\pi_1(1-\pi_1)}{n_1}+\frac{\pi_2(1-\pi_2)}{n_2}}$ 是两个样本比例之差的标准误差，且含有未知数 π_1 和 π_2。需要利用两个样本比例 p_1 和 p_2 来估计。具体可分为两种情况。

1. 检验两个总体比例之差是否相等

检验两个总体比例之差是否相等，即原假设和备择假设的内容有 3 种。
(1) H_0：$\pi_1-\pi_2=0$；H_1：$\pi_1-\pi_2\neq 0$。
(2) H_0：$\pi_1-\pi_2\leqslant 0$；H_1：$\pi_1-\pi_2>0$。
(3) H_0：$\pi_1-\pi_2\geqslant 0$；H_1：$\pi_1-\pi_2<0$。

这时，$\sqrt{\dfrac{\pi_1(1-\pi_1)}{n_1}+\dfrac{\pi_2(1-\pi_2)}{n_2}}$ 最佳的估计量是将两个样本合并后得到的合并比例 p 替代 π_1 和 π_2。其中合并后的 p 计算过程如下。

设 x_1 表示样本 1 中具有某种属性的个体数，x_2 表示样本 2 中具有某种属性的个体数，则合并后的比例为

$$p=\dfrac{x_1+x_2}{n_1+n_2} \tag{6.16}$$

此时设两个总体比例之差的假设值为 $(\pi_1-\pi_2)_0$，检验统计量为

$$Z=\dfrac{(p_1-p_2)-(\pi_1-\pi_2)_0}{\sqrt{\left(\dfrac{1}{n_1}+\dfrac{1}{n_2}\right)p(1-p)}} \sim N(0,1) \tag{6.17}$$

2. 检验两个总体比例之差等于某个常数

检验两个总体比例之差等于某个常数，即原假设和备择假设的内容有 3 种。

(1) H_0：$\pi_1-\pi_2=c$；H_1：$\pi_1-\pi_2\neq c$。
(2) H_0：$\pi_1-\pi_2\leqslant c$；H_1：$\pi_1-\pi_2>c$。
(3) H_0：$\pi_1-\pi_2\geqslant c$；H_1：$\pi_1-\pi_2<c$。

这时 $\sqrt{\dfrac{\pi_1(1-\pi_1)}{n_1}+\dfrac{\pi_2(1-\pi_2)}{n_2}}$ 中的 π_1 和 π_2，分别用各自的样本比例 p_1 和 p_2 来替代。此时设两个总体比例之差的假设值 $(\pi_1-\pi_2)_0$，检验统计量为

$$Z=\dfrac{(p_1-p_2)-(\pi_1-\pi_2)_0}{\sqrt{\dfrac{p_1(1-p_1)}{n_1}+\dfrac{p_2(1-p_2)}{n_2}}} \sim N(0,1) \tag{6.18}$$

【例 6.14】 为了研究企业经理是否认为他们获得了成功，随机抽取相关数据。在随机抽取的 200 个企业的女经理中，认为自己成功的人数 48 人；而在对 95 个男经理中，认为自己成功的人数为 39 人。在 $\alpha=0.05$ 的显著性水平下，检验女、男经理认为自己成功的人数比例是否有显著差异。

解：设 π_1＝女经理认为自己成功的人数比例；π_2＝男经理认为自己成功的人数比例。

(1) 提出原假设和备择假设。

$$H_0：\pi_1-\pi_2=0；\ H_1：\pi_1-\pi_2\neq 0$$

(2) 构造检验的统计量，并计算其值。

根据题义，检验统计量为

$$Z=\dfrac{(p_1-p_2)-(\pi_1-\pi_2)_0}{\sqrt{p(1-p)\left(\dfrac{1}{n_1}+\dfrac{1}{n_2}\right)}}$$

其中，根据样本的数据，有 $p_1 = 48/200 = 0.24$；$p_2 = 39/95 = 0.41$；$p = \dfrac{48+39}{200+95} = 0.295$，所以有

$$Z = \dfrac{0.24 - 0.41}{\sqrt{0.295 \times (1-0.295)\left(\dfrac{1}{200} + \dfrac{1}{95}\right)}} = \dfrac{-0.17}{\sqrt{0.003\,229}} = \dfrac{-0.17}{0.056\,824} = -2.991\,694$$

(3) $\alpha = 0.05$，确定拒绝原假设的区域为

$$(-\infty, -Z_{\alpha/2}) \cup (Z_{\alpha/2}, +\infty)$$

其中查标准正态分布表得 $Z_{0.025} = 1.96$，所以拒绝域为 $(-\infty, -1.96) \cup (1.96, +\infty)$。

(4) 统计决策。

$|Z| = 2.991\,694 > Z_{0.025} = 1.96$，所以拒绝原假设，即男、女经理认为自己成功的人数比例有显著差异。

【例 6.15】 承上例，在 $\alpha = 0.05$ 的显著性水平下，检验男经理比女经理认为自己成功的人数比例是否高于 15%。

解：设 $\pi_1 =$ 女经理认为自己成功的人数比例；$\pi_2 =$ 男经理认为自己成功的人数比例。

(1) 提出原假设和备择假设。

$$H_0: \pi_2 - \pi_1 \leqslant 0.15;\quad H_1: \pi_2 - \pi_1 > 0.15$$

(2) 构造检验的统计量，并计算其值。

根据题义，检验统计量为

$$Z = \dfrac{(p_2 - p_1) - (\pi_2 - \pi_1)_0}{\sqrt{\dfrac{p_1(1-p_1)}{n_1} + \dfrac{p_2(1-p_2)}{n_2}}}$$

其中，根据样本的数据有 $p_1 = 48/200 = 0.24$；$p_2 = 39/95 = 0.41$，所以有

$$Z = \dfrac{(0.41-0.24) - 0.15}{\sqrt{\dfrac{0.24 \times (1-0.24)}{200} + \dfrac{0.41 \times (1-0.41)}{95}}} = \dfrac{0.02}{\sqrt{0.003\,458}} = \dfrac{0.02}{0.058\,805} = 0.340\,107$$

(3) $\alpha = 0.05$，确定拒绝原假设的区域为

$$(Z_\alpha, +\infty)$$

其中临界值查标准正态分布表得 $Z_{0.05} = 1.645$，所以拒绝域为 $(1.645, +\infty)$。

(4) 统计决策。

$Z = 0.340\,107 < Z_{0.05} = 1.645$，所以不拒绝原假设，即男经理比女经理认为自己成功的人数比例高于 15%。

6.3.3 两个总体方差之比的假设检验

在对两个总体的方差进行比较时，通常将原假设与备择假设的基本形式表示成两个总体方差之比与数值 1 之间的比较关系。

构造两个总体方差之比 σ_1^2/σ_2^2 的检验统计量，其检验统计量要以其样本方差之比 s_1^2/s_2^2 为基础。其构造的过程如下：

两个总体服从正态分布，其样本方差服从 χ^2 分布，即有

$$\frac{(n_1-1)s_1^2}{\sigma_1^2} \sim \chi^2(n_1-1) \qquad \frac{(n_2-1)s_2^2}{\sigma_2^2} \sim \chi^2(n_2-1)$$

既然有两个 χ^2 分布，那么可以构造出一个 F 分布，有

$$F = \frac{\dfrac{(n_2-1)s_2^2}{\sigma_2^2}/(n_2-1)}{\dfrac{(n_1-1)s_1^2}{\sigma_1^2}/(n_1-1)} \sim F(n_2-1, n_1-1)$$

整理得

$$F = \frac{s_2^2}{s_1^2}\frac{\sigma_1^2}{\sigma_2^2} \sim F(n_2-1, n_1-1)$$

设两个总体方差之比的假设值为 $\left(\dfrac{\sigma_1^2}{\sigma_2^2}\right)_0$，其检验统计量为

$$F = \frac{s_2^2}{s_1^2}\left(\frac{\sigma_1^2}{\sigma_2^2}\right)_0 \sim F(n_2-1, n_1-1) \tag{6.19}$$

【例 6.16】 生产工序中的方差是工序质量的一个重要测度，通常较大的方差就意味着产品质量的波动程度大，需要通过寻找较小的工序方差来改进工序。现有一旧机器和一新机器两台机器，两台机器生产的袋装食品质量数据如表 6-15 所示。

表 6-15 两台机器生产的袋装食品质量数据

旧机器	2.95	3.45	3.50	3.75	3.48	3.26	3.33	3.20
	3.16	3.20	3.23	3.37	3.90	3.36	3.25	3.27
	3.20	3.22	2.98	3.45	3.70	3.34	3.18	3.35
	3.12	—	—	—	—	—	—	—
新机器	3.22	3.30	3.34	3.28	3.29	3.25	3.30	3.27
	3.38	3.34	3.35	3.19	3.35	3.05	3.36	3.28
	3.30	3.28	3.30	3.20	3.16	3.33	—	—

在显著性水平 $\alpha = 0.05$ 的条件下，检验新机器生产的袋装食品的质量与旧机器生产的袋装食品的质量是否有显著的差异。

解：传统的假设检验步骤如下。

(1) 提出原假设和备择假设。

$$H_0: \frac{\sigma_1^2}{\sigma_2^2} = 1; \quad H_1: \frac{\sigma_1^2}{\sigma_2^2} \neq 1$$

(2) 构造检验的统计量，并计算其值。

$$F = \frac{s_2^2}{s_1^2}\left(\frac{\sigma_1^2}{\sigma_2^2}\right)_0 \sim F(n_2-1, n_1-1)$$

其中 $\left(\frac{\sigma_1^2}{\sigma_2^2}\right)_0 = 1$，根据样本的数据可得 $s_1^2 = 0.048\,808$；$s_2^2 = 0.005\,901$，则有

$$F = \frac{0.005\,901}{0.048\,808} = 0.120\,9$$

(3) $\alpha = 0.05$，确定拒绝原假设的区域为

$$(0, F_{1-\alpha/2}(21,24)) \cup (F_{\alpha/2}(21,24), +\infty)$$

其中临界值查 F 分布表可得 $F_{0.975}(21,24) = 0.422\,382$，$F_{0.025}(21,24) = 2.310\,919$，所以拒绝域为 $(0, 0.422\,382) \cup (2.310\,919, +\infty)$。

(4) 统计决策。

由于 $F = 0.120\,9 < F_{0.975}(21,24) = 0.422\,382$，所以拒绝原假设，即新旧机器生产的袋装食品质量方差存在显著性差异。

6.4 案例分析：啤酒市场的调查与分析及 Excel 上机应用——啤酒综合印象与性别的相关性分析

在第 4 章的案例中，分析了性别对啤酒综合印象的影响，即对男女两组的啤酒综合印象分数数据进行描述分析，得出的结论是男性对啤酒的平均印象分数远高于女性，但当时还不能说性别对啤酒综合印象分数有影响。通过本章的学习，可以利用假设检验，分析性别是否对啤酒综合印象分数有显著性的影响。

在分析性别是否对啤酒综合印象分数有显著性的影响前，需要安装数据分析工具库。安装的操作过程如下。

第一步：进入 Excel 界面，右键单击"Office 按钮"，在弹出的快捷菜单选择"自定义快速访问工具栏"选项，如图 6.7 所示，弹出"Excel 选项"对话框。

第二步：在"Excel 选项"对话框中，选择左侧的"加载项"选项，单击右下角"转到"按钮，如图 6.8 所示，弹出"加载宏"对话框。

第三步：在"加载宏"对话框中，选择"分析工具库"选项，单击"确定"按钮，等待安装数据分析工具库，如图 6.9 所示。

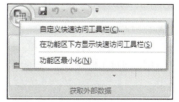

图 6.7 选择"自定义快速访问工具栏"选项

安装数据分析工具库后，分析性别是否对啤酒综合印象分数有显著性的影响，即分析两个总体均值是否相等，也就是分析两个总体均值之差是否等于 0。

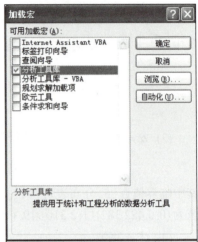

性别对于啤酒认知分数是否有影响

图 6.8 "Excel 选项"对话框　　　　图 6.9 "加载宏"对话框

第一步：提出原假设和备择假设。

$$H_0: \mu_1 - \mu_2 = 0; \quad H_1: \mu_1 - \mu_2 \neq 0$$

其中 μ_1 为女性总体的啤酒综合印象平均分数，μ_2 为男性总体的啤酒综合印象平均分数。

第二步：构造检验的统计量，并计算其值。

前面已经介绍过，检验两个总体均值之差是否等于 0，要根据具体的情况，用不同的检验统计量。具体分为两种情况：一是两个样本相互独立；二是配对样本。经分析，该案例中的两个样本是相互独立的。

在两个样本相互独立的条件下，又分为两种情况：一是两个总体方差已知；二是两个总体方差未知。那么该案例是属于两个总体方差未知情况，且样本是小样本，因为女性样本中有 11 人，男性样本中有 19 人。

在理论中，两个总体方差未知，且样本是小样本时，分为两种情况：一是两个总体方差相等；二是两个总体方差不等。所以在进行 t 检验前，要检验两个总体方差是否相等。

(1) 提出原假设和备择假设。

$$H_0: \sigma_1^2 = \sigma_2^2; \quad H_1: \sigma_1^2 \neq \sigma_2^2$$

(2) 构造检验的统计量，并计算其值。

根据前面的介绍，检验两个总体方差是否相等，使用 F 检验，计算其值的操作过程如下。

第一步：打开"性别对啤酒印象分数的影响分析"工作表，单击"数据"→"分析"→"数据分析"按钮，弹出"数据分析"对话框，并在"分析工具"列表中选择"F-检验 双样本方差"选项，如图 6.10 所示。

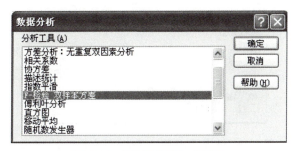

图 6.10 "数据分析"对话框

第二步:单击"确定"按钮,弹出"F-检验 双样本方差"对话框,在"变量 1 的区域"文本框中输入"$A$38:$A$50",在"变量 2 的区域"文本框中输入"$B$38:$B$56",选中"标志"复选框,选中"输出区域"单选按钮,并在其文本框中输入"$E$51",如图 6.11 所示。

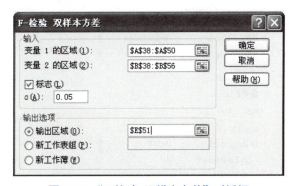

图 6.11 "F-检验 双样本方差"对话框

第三步:单击"确定"按钮,得到如图 6.12 所示的统计结果。

F-检验 双样本方差分析		
	女	男
平均	3.166666667	9.166666667
方差	9.424242424	6.264705882
观测值	12	18
df	11	17
F	1.504339166	
P(F<=f) 单尾	0.217551324	
F 单尾临界	2.412561442	

图 6.12 统计结果

根据图 6.12,可知检验的统计量值为 $F=1.504\,339\,166$。

(3) 根据图 6.12,可知检验的统计量值 F 所对应的单尾 P 值为 0.217 551 324,而这里是双侧检验,应在单尾 P 值基础上乘以 2。

(4) 统计决策。

$P>0.05$,所以不拒绝原假设,即两个总体方差是相等的。所以进行两个总体均值之差检验时,要使用"t-检验:双样本等方差假设"。

构造两个总体均值之差的检验统计量使用"t-检验:双样本等方差假设",即在"数据分析"对话框的"分析工具"列表中选择"t-检验:双样本等方差假设"选项后,单击"确定"按钮,如图 6.13 所示。

图 6.13 选择"t-检验：双样本等方差假设"选项

在"t-检验：双样本等方差假设"对话框的"变量 1 的区域"文本框中输入"$A$39:$A$50"，在"变量 2 的区域"文本框中输入"$B$39:$B$56"，选中"标志"复选框，选中"输出区域"单选按钮，并在其文本框中输入一个空白单元格，如输入"$E$63"，如图 6.14 所示。

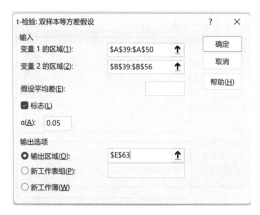

图 6.14 "t-检验：双样本等方差假设"对话框

单击"确定"按钮，得到如图 6.15 所示的统计结果。

t-检验：双样本等方差假设		
	女	男
平均	3.166666667	9.166666667
方差	9.424242424	6.264705882
观测值	12	18
合并方差	7.505952381	
假设平均差	0	
df	28	
t Stat	-5.876443923	
P(T<=t) 单尾	1.27655E-06	
t 单尾临界	1.701130908	
P(T<=t) 双尾	2.5531E-06	
t 双尾临界	2.048407115	

图 6.15 统计结果

根据图 6.15，分析可得检验两个总体均值之差的检验统计量值为 $t = -5.876\,443\,923$。

第四步：根据计算出的检验统计量值，计算 P 值。

备择假设为两个总体均值之差不等于 0，所以此检验为双侧检验。根据图 6.15，可知双侧检验统计值所对应的 P 值为 2.5531×10^{-6}。

第 6 章 假设检验

第五步：统计决策。

$P = 2.5531 \times 10^{-6} < 0.05$，拒绝原假设，即两个总体均值之差不等于 0，也就是说两个总体均值不相等，说明性别对啤酒综合印象分数有显著性的影响。

习 题

一、单项选择题

1. 某厂生产的零件直径服从正态分布，零件的直径标准要求为 10cm。某天质检人员从一批生产的零件中随机抽取 25 个，测得其直径的均值为 10.3cm，检验该批零件是否合格，则下列正确的假设形式是（　　）。
   A. H_0: $\mu = 10$；H_1: $\mu \neq 10$
   B. H_0: $\mu \geq 10$；H_1: $\mu < 10$
   C. H_0: $\mu \leq 10$；H_1: $\mu > 10$
   D. H_0: $\mu > 10$；H_1: $\mu \leq 10$

2. 据有关部门估计，该城市拥有汽车比例为 20%，然而有人认为这个比例实际上比 20%还要高，要检验该说法是否正确，则假设形式为（　　）。
   A. H_0: $\pi = 0.2$；H_1: $\pi \neq 0.2$
   B. H_0: $\pi \leq 0.2$；H_1: $\pi > 0.2$
   C. H_0: $\pi \geq 0.2$；H_1: $\pi < 0.2$
   D. H_0: $\pi < 0.2$；H_1: $\pi \geq 0.2$

3. 对总体参数的具体数值所做的陈述称为（　　）。
   A. 假设　　　　　B. 参数估计　　　　C. 假设检验　　　　D. 双侧检验

4. 利用样本的信息来检验总体参数的假设过程称为（　　）。
   A. 假设　　　　　B. 参数估计　　　　C. 假设检验　　　　D. 双侧检验

5. 备择假设通常是指研究人员（　　）。
   A. 想收集证据要支持的观点
   B. 想收集证据要反对的观点
   C. 想要支持的一个正确的观点
   D. 想要反对的一个正确的观点

6. 原假设通常是指研究人员（　　）。
   A. 想收集证据要支持的观点
   B. 想收集证据要反对的观点
   C. 想要支持的一个正确的观点
   D. 想要反对的一个正确的观点

7. 下列说法错误的是（　　）。
   A. 在假设检验中，"="总出现在原假设中
   B. 在假设检验中，原假设和备择假设是完备事件组，且相互对立
   C. 在假设检验中，原假设和备择假设只有一个成立
   D. 在假设检验中，"="既可以出现在原假设中，也可以出现在备择假设中

8. 在假设检验中，如果备择假设中出现">"，则称为（　　）。
   A. 单侧检验　　　B. 右侧检验　　　　C. 左侧检验　　　　D. 双侧检验

9. 在假设检验中，如果备择假设中出现"<"，则称为（　　）。
   A. 单侧检验　　　B. 右侧检验　　　　C. 左侧检验　　　　D. 双侧检验

10. 在假设检验中，如果备择假设中出现"≠"，则称为（　　）。
    A. 单侧检验　　　B. 右侧检验　　　　C. 左侧检验　　　　D. 双侧检验

11. 下列检验，属于双侧检验的是（　　）。
    A. H_0: $\pi = 0.2$；H_1: $\pi \neq 0.2$
    B. H_0: $\pi \leq 0.2$；H_1: $\pi > 0.2$
    C. H_0: $\pi \geq 0.2$；H_1: $\pi < 0.2$
    D. H_0: $\pi < 0.2$；H_1: $\pi \geq 0.2$

12. 下列检验，属于左侧检验的是( )。
    A. $H_0: \pi = 0.2$；$H_1: \pi \neq 0.2$
    B. $H_0: \pi \leq 0.2$；$H_1: \pi > 0.2$
    C. $H_0: \pi \geq 0.2$；$H_1: \pi < 0.2$
    D. $H_0: \pi < 0.2$；$H_1: \pi \geq 0.2$

13. 下列检验，属于右侧检验的是( )。
    A. $H_0: \pi = 0.2$；$H_1: \pi \neq 0.2$
    B. $H_0: \pi \leq 0.2$；$H_1: \pi > 0.2$
    C. $H_0: \pi \geq 0.2$；$H_1: \pi < 0.2$
    D. $H_0: \pi < 0.2$；$H_1: \pi \geq 0.2$

14. 在假设检验中，第Ⅰ类错误是指( )。
    A. 实际上原假设是正确的，而拒绝了原假设
    B. 实际上原假设是正确的，不拒绝原假设
    C. 实际上原假设是错误的，拒绝原假设
    D. 实际上原假设是错误的，而不拒绝原假设

15. 在假设检验中，第Ⅱ类错误是指( )。
    A. 实际上原假设是正确的，而拒绝了原假设
    B. 实际上原假设是正确的，不拒绝原假设
    C. 实际上原假设是错误的，拒绝原假设
    D. 实际上原假设是错误的，而不拒绝原假设

16. 在假设检验中，样本容量不变的条件下，第Ⅰ类错误和第Ⅱ类错误的发生概率( )。
    A. 可以同时减小   B. 不能同时减小
    C. 可以同时增大   D. 只能同时增大

17. 拒绝原假设的检验统计量的所有可能取值的集合，称为( )。
    A. 拒绝域   B. 双侧检验   C. 不拒绝域   D. 显著性水平

18. 在假设检验中，对于犯第Ⅰ类错误的概率，我们称为( )。
    A. 显著性水平   B. 拒绝域   C. 置信水平   D. 不拒绝域

19. 下列关于 P 值说法正确的是( )。
    A. P 值越大，不拒绝原假设的可能性越大
    B. P 值越小，拒绝原假设的可能性就越大
    C. P 值越小，不拒绝原假设的可能性就越小
    D. P 值越大，不拒绝原假设的可能性越小

20. 在总体服从正态分布，方差已知的情况下，检验总体均值的统计量是( )。
    A. $Z = \dfrac{\bar{x} - \mu_0}{\sigma/\sqrt{n}}$ B. $Z = \dfrac{\bar{x} - \mu_0}{s/\sqrt{n}}$ C. $t = \dfrac{\bar{x} - \mu_0}{s/\sqrt{n}}$ D. $t = \dfrac{\bar{x} - \mu_0}{s^2/\sqrt{n}}$

21. 在总体方差未知，大样本的情况下，检验总体均值的统计量是( )。
    A. $Z = \dfrac{\bar{x} - \mu_0}{\sigma/\sqrt{n}}$ B. $Z = \dfrac{\bar{x} - \mu_0}{s/\sqrt{n}}$ C. $t = \dfrac{\bar{x} - \mu_0}{s/\sqrt{n}}$ D. $t = \dfrac{\bar{x} - \mu_0}{s^2/\sqrt{n}}$

22. 在总体服从正态分布，方差未知，小样本的情况下，检验总体均值的统计量是( )。
    A. $Z = \dfrac{\bar{x} - \mu_0}{\sigma/\sqrt{n}}$ B. $Z = \dfrac{\bar{x} - \mu_0}{s/\sqrt{n}}$ C. $t = \dfrac{\bar{x} - \mu_0}{s/\sqrt{n}}$ D. $t = \dfrac{\bar{x} - \mu_0}{s^2/\sqrt{n}}$

23. 大样本的情况下，检验总体比例的统计量是( )分布。
    A. 标准正态   B. t C. F D. χ^2

24. 检验一个正态总体方差使用的统计量是( )分布。
    A. 标准正态   B. t C. F D. χ^2

25. 利用 P 值进行统计决策时，拒绝原假设的规则是(　　)。
    A．$P < \alpha$　　　　B．$P > \alpha$　　　　C．$P = \alpha$　　　　D．$P = \alpha = 0$
26. 利用 P 值进行统计决策时，不拒绝原假设的规则是(　　)。
    A．$P < \alpha$　　　　B．$P > \alpha$　　　　C．$P = \alpha$　　　　D．$P = \alpha = 0$

二、简答题

1．简述传统假设检验的步骤。

2．在假设检验中，当样本容量一定的情况下，是否可以同时减小第Ⅰ类错误和第Ⅱ类错误的发生概率，为什么？

3．总结出不同情况的总体均值的假设检验统计量。

4．以大样本，H_1：$\pi \neq 40\%$ 为例，试写出其假设检验的过程。（$\alpha = 0.05$）

三、判断分析题

1．一个制造商想要检验新方法生产的零件直径方差是否比旧方法生产的零件直径方差(0.00156mm^2)降低了，从新生产方法中随机抽取 100 个零件作为样本，测得零件直径方差为 0.00211mm^2。其检验的过程如下。（$\alpha = 0.05$）

(1) 提出原假设和备择假设。

$$H_0: \sigma^2 \leq 0.00156 ; H_1: \sigma^2 > 0.00156$$

(2) 构造检验的统计量，并计算其值。

$$\chi^2 = \frac{(n-1)S^2}{\sigma_0^2} = \frac{99 \times 0.00211}{0.00156} = 133.9$$

(3) $\alpha = 0.05$，确定拒绝原假设的区域。

从备择假设中可以看出此处是右侧检验，所以拒绝域为 ($\chi_\alpha^2(n-1), +\infty$)，其中 $\chi_{0.05}^2(99)$ 查表得 $\chi_{0.05}^2(99) = 123.2252$，所以拒绝域为 $(123.2252, +\infty)$。

(4) 统计决策。

$\chi^2 = 133.9 > \chi_{0.05}^2(99) = 123.2252$，所以拒绝原假设。

试判断这个制造商的检验过程是否正确。如果不正确，请写出正确的过程。

2．某研究人员为了检验总体均值是否大于一个假设值 10，从总体方差未知中抽取一个样本容量为 25 的样本，测得其样本均值为 11，标准差为 5。其检验的过程如下。（$\alpha = 0.05$）

(1) 提出原假设和备择假设。

$$H_0: \mu \leq 10 ; H_1: \mu > 10$$

(2) 构造检验的统计量，并计算其值。

$$Z = \frac{\bar{x} - \mu}{s/\sqrt{n}} = \frac{11 - 10}{5/\sqrt{25}} = 1$$

(3) $\alpha = 0.05$，确定拒绝原假设的区域。

备择假设中可以看出此处是右侧检验，所以拒绝域为 ($Z_\alpha, +\infty$)，其中 Z_α 查表得 $Z_{0.05} = 1.645$，所以拒绝域为 $(1.645, +\infty)$。

(4) 统计决策。

$Z = 1 < Z_{0.05} = 1.645$，所以不拒绝原假设。

试判断这个研究人员的检验过程是否正确。如果不正确，请出正确的过程。

四、计算题

1．一家汽车生产企业在广告中宣称"该公司的汽车可以保证在 2 年或 24 000km 内无事故"，但汽车的一个经销商认为保证"2 年"这一项是不必要的，因为该企业生产的汽车在 2 年内行驶的平均里程超过 24 000km。为了验证这一说法，该经销商随机抽取了 36 位顾客，测得这 36 位顾客在 2 年内行驶的里程均值为 24 500km，标准差为 600km，取显著性水平 $\alpha = 0.05$，对该问题进行假设检验。

2．一项研究发现，2013 年新购买小汽车的人中有 50%是女性，在 2014 年所做的一项调查中，随机抽取了 120 个新车主，其中有 71 人为女性，在 $\alpha = 0.01$ 的显著性水平下，检验 2014 年新车主中女性的比例有无显著性增加。

3．一项调查表明，2 年前每个大学生的每天平均上网时间为 6.7 h，而最近对 200 个大学生上网时间的调查结果是，每个大学生每天上网的平均时间为 7.25 h，标准差为 2.5 h，在显著性水平 $\alpha = 0.01$ 的条件下，检验现如今大学生每天平均上网时间有无显著性的增加。

4．一项新型减肥方法宣称参加者在一个月内平均能至少减去 8kg。为了验证该说法，某研究人员随机抽取了 25 个使用该方法减肥的人组成样本，测其平均减重为 7kg，标准差为 3.2 kg。在 $\alpha = 0.01$ 的显著性水平下，检验这项减肥方法宣称的是否属实。

五、Excel 操作题

某企业为比较两种方法对员工进行培训的效果，采用方法 1 对 15 名员工进行培训，采用方法 2 对 12 名员工进行培训。培训后的测试分数如表 6-16 所示。

表 6-16　培训后的测试分数

单位：分

方法 1	方法 2
56	59
51	57
42	53
47	52
50	57
43	68
41	54
56	59
52	53
50	54
46	62
48	57
47	—
45	—
46	—

在 $\alpha = 0.01$ 的显著性水平下，检验两种方法的培训效果是否存在显著性的差异。(提示：首先要检验两个总体方差是否相等，之后再检验两种方法的培训效果是否存在显著性的差异。)

[第6章] 习题参考答案

第 7 章 方差分析

教学目标

1. 掌握方差分析的基本问题。
2. 掌握单因素方差分析。
3. 掌握方差分析中的多重比较。

引入案例

性别与某门课程成绩高低有关系吗？

某高校经济学专业的 3 名学生，决定研究性别与某门课程成绩高低是否有关系。如果有关系的话，这种影响程度又如何呢？

调查的对象是该校学过某门课程的几个专业的学生，样本的抽取方式是分层抽样与简单随机抽样结合，先根据年级划分层次，然后对各个班级作简单随机抽样，共抽取 150 名学生组成一个样本，对每个学生采用问卷调查。调查得到的男、女学生成绩情况的汇总表如表 7-1 所示。

表 7-1　男、女学生成绩情况的汇总表

单位：分

男	42	87	51	79	…	82
女	91	56	…	89		

其中，男生的样本量为 90 人，女生的样本量为 60 人。

这里涉及两个变量：一个是分类变量即性别；另一个是数值变量即成绩。根据表 7-1 的数据，你认为性别与成绩高低是否有关系呢？如何检验两个变量之间是否有关系呢？学完本章内容就很容易解决这样的问题。

这里以一个例题引出方差分析的定义。

【例 7.1】 设有 4 个总体，每个总体的均值分别为 μ_1、μ_2、μ_3、μ_4，试检验 4 个总体的均值是否相等。（显著性水平 $\alpha = 0.05$）

解：刚学完第 6 章的内容，所以用第 6 章的假设检验，但一般的假设检验一次只能检验两个总体均值是否相等，即需要检验 6 次，分别为：$\mu_1 = \mu_2$；$\mu_1 = \mu_3$；$\mu_1 = \mu_4$；$\mu_2 = \mu_3$；$\mu_2 = \mu_4$；$\mu_3 = \mu_4$。

很显然，这样的检验十分烦琐，同时还存在一个很大的问题，即 $\alpha = 0.05$。也就是说，每次检验允许犯第Ⅰ类错误的概率只是 0.05，如果检验 6 次，最后得出结论是我们犯第Ⅰ类错误的概率将达到 $1-(1-\alpha)^6 = 0.265$，就严重超过了题目中允许犯的第Ⅰ类错误的概率，这是不允许的。这时就要使用方差分析。

7.1 方差分析的基本理论

7.1.1 方差分析的定义

根据例 7.1，可得方差分析定义。

定义 7.1 检验多个总体均值是否相等的统计方法，称为方差分析。

方差分析的定义

研究方差分析的目的是什么呢？为了回答这个问题，来看下面的例子。

【**例 7.2**】 某大学生毕业后，决定自主创业，开一家快餐店。在设计快餐店的方案时，他想知道店的地理位置会不会影响他的营业收入，若影响，影响的程度有多大，因地理位置产生的收入会不会大于成本。如果没有影响，在设计方案时就不用考虑地理位置了。为了得到结论，他进行了市场调查，分别从不同地理位置随机抽取样本，所得数据如表 7-2 所示。

表 7-2 不同地理位置的快餐店营业收入

单位：元

商业区	写字楼区	居民区
41 000	18 000	26 500
30 500	29 000	31 000
45 000	33 000	22 000
38 000	22 000	29 000
31 000	17 000	35 000
39 000	25 600	30 000
59 000	29 000	44 500
48 000	28 300	48 000
51 000	26 000	—
47 000	24 600	—
41 500	—	—
39 000	—	—

试问，地理位置是否对营业收入有影响？

解：这名大学生把地理位置分为 3 类，分别为商业区、写字楼区和居民区，地理位置是分类数据，营业收入是数值数据，想知道分类数据是否对数值数据产生影响，即分类数据是自变量，数值数据是因变量。

如果商业区的快餐店平均营业收入 μ_1、写字楼区的快餐店平均营业收入 μ_2 和居民区的快餐店平均营业收入 μ_3 相等，那说明地理位置对营业收入没有影响；如果总体均值不全相等，则意味着地理位置对营业收入是有影响的。

方差分析的适用范围

通过上面的分析，要想研究地理位置对营业收入是否有影响，只需看 3 个总体均值是否相等。而上面的数据是样本的数据，所以要用 3 组样本数据来推导 3 个总体均值是否相等。检验多个总体均值是否相等的统计方法，称为方差分析。也就是说，方差分析研究了分类型自变量对数值型因变量的影响，即方差分析采用的方法就是通过检验各总体均值是否相等来判断分类型自变量对数值型因变量是否有显著影响。

7.1.2 方差分析中的几个基本概念

定义 7.2 在方差分析中，所要检验的对象称为因素或因子。

定义 7.3 因素的不同表现称为水平或处理。

定义 7.4 通过测量或测定所得到的样本值称为观测值。

例如，在例 7.2 中要分析地理位置对营业收入是否有显著影响。这里的"地理位置"是要检验的对象，称为"因素"或"因子"；商业区、写字楼和居民区是"地理位置"这一因素的具体表现，称为"水平"或"处理"；在每个"地理位置"得到的样本数据(营业收入)，称为观测值。由于例 7.2 只涉及"地理位置"一个因素，因此将其称为单因素三水平的试验。

在只有一个因素的方差分析中，涉及两个变量：①分类型自变量；②数值型因变量。

定义 7.5 当方差分析中只涉及一个分类型自变量时，称为单因素方差分析。

除了单因素方差分析，还有双因素方差分析。

定义 7.6 当方差分析中涉及两个分类型自变量时，称为双因素方差分析。

例如，在例 7.2 中，除了地理位置会对营业收入产生影响，营业收入还可能受其他分类数据的影响，如竞争对手的数量，如果把竞争对手的数量分为 0 个、1 个、2 个和 3 个及以上 4 个水平。就涉及两个分类型自变量，称为双因素方差分析。

本书重点介绍单因素方差分析，双因素方差分析的原理与单因素方差分析相似，这里不做介绍。

7.1.3 方差分析的基本思路

为了分析分类型自变量对数值型因变量的影响，需要从分析数据误差的来源入手。

先计算出 3 个总体下的样本均值，即有 $\bar{x}_1 = 42\,500$，$\bar{x}_2 = 25\,250$，$\bar{x}_3 = 33\,250$，从 3 个样本均值来看，商业区的样本均值高于居民区，居民区的样本均值又高于写字楼区。但仅仅从样本均值上观察，还不能提供充分的证据证明不同地理位置对营业收入存在显著影响，因为这种差异可能是由抽样的随机性造成的。因此，需要有更准确的方法来检验这种差异是否显著，也就是要进行方差分析。

下面介绍方差分析的思路。

首先，注意到，例 7.2 中的所有观测值不同，存在差异，这种差异称为总误差。

其次，注意到在同一地理位置(同一个总体)下，样本的各观测值是不同的。例如，在商业区中，所抽取的快餐店的营业收入是不同的，这些数据之间存在差异，这种差异是组内误差。组内误差产生的原因：由于快餐店是随机抽取的，因此它们之间的差异可以看成随机因素的影响，或者说是由抽样的随机性所造成的，称为随机误差。

最后，在不同地理位置(不同总体)之间，各观测值也是不同的，即数据存在差异，称这种差异为组间误差。组间误差产生的原因：这种差异也可能是由抽样的随机性造成的，除此之外，还可能是由地理位置本身造成的，后者所形成的误差是由系统性因素造成的，称为系统误差。

从上面的分析可以看出，组间误差和组内误差共同构成了总误差，如图 7.1 所示。

如果不同地理位置对营业收入没有影响，那么组间误差只包含随机误差，而没有系统误差。如果不同地理位置对营业收入有影响，那么组间误差中就包含系统误差。即研究分类型自变量(地理位置)对数值型因变量(营业收入)是否有影响，可以转变为研究系统误差是否存在，即系统误差大小是否为 0。

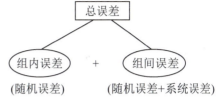

图 7.1 总误差、组间误差和组内误差的关系

想得到系统误差的值，只需计算出组内误差的大小和组间误差的大小，如果它们的比值接近 1，有随机误差 ≈ 随机误差+系统误差，即系统误差的大小为 0，不存在系统误差；反之，如果组间误差的大小大于组内误差的大小，它们之间的比值就会大于 1。当这个比值达到某种程度时，即存在系统误差，也就是说因素的不同水平之间存在显著差异，即自变量对因变量有影响。

定义 7.7 反映不同水平之间的数据误差大小的指标，称为组间平方和，记为 SSA。它反映了不同水平之间的离散状况。

定义 7.8 反映全部数据误差大小的指标，称为总平方和，记为 SST。它反映了全部数据的总离散状况。

定义 7.9 反映组内误差大小的平方和的指标，称为组内平方和，记为 SSE。它反映了每个样本内各观测值的总离散状况。

7.1.4 方差分析的条件

方差分析中有 3 个基本的假定。

1. **每个总体都应服从正态分布**

也就是说，对于因素的每一个水平，其观测值是来自正态分布总体的简单随机样本。例如，在例 7.2 中，每个地理位置的营业收入必须服从正态分布。

2. **方差齐性**

方差齐性是指每个总体的方差相同，也就是说，对于各组观察数据，它们是从具有相同方差的正态总体中抽取的。

例如，在例 7.2 中，每个地理位置的营业收入总体方差都相同。

3. **观测值是独立的**

例如，在例 7.2 中，每个被抽中的快餐店的营业收入与其他的快餐店的营业收入相互独立，没有任何关系。

设例 7.2 中的商业区的所有快餐店为总体 X_1，则 $X_1 \sim N(\mu_1, \sigma^2)$；写字楼区的所有快餐

店为总体 X_2，则 $X_2 \sim N(\mu_2, \sigma^2)$；居民区的所有快餐店为总体 X_3，则有 $X_3 \sim N(\mu_3, \sigma^2)$，且 3 组样本的观测值是相互独立的。

7.2 单因素方差分析

7.2.1 数据结构

在进行单因素方差分析时，需要得到下面的数据结构，为叙述方便，在单因素方差分析中，用 A 表示因素，因素的 k 个水平(总体)分别用 $A_1, A_2, \cdots, A_k$ 表示，每个观测值用 $x_{ij} (i=1,2,\cdots,k; j=1,2,\cdots,n)$ 表示，即 x_{ij} 表示第 i 个水平(总体)的第 j 个观测值。例如，x_{21} 表示第 2 个水平的第 1 个观测值。其中，从不同水平中抽取的样本容量可以相等，也可以不相等。每个水平(总体)下的样本容量为 n_i。

在例 7.2 中，地理位置是因素，因素有 3 个不同水平，即 $k=3$，商业区为 A_1，写字楼区为 A_2，居民区为 A_3，其中商业区的样本容量为 $n_1=12$，写字楼区的样本容量为 $n_2=10$，居民区的样本容量为 $n_3=8$。数据结构如表 7-3 所示。

表 7-3 单因素方差分析数据结构

商业区 A_1	写字楼区 A_2	居民区 A_3
41 000(x_{11})	18 000(x_{21})	26 500(x_{31})
30 500(x_{12})	29 000(x_{22})	31 000(x_{32})
45 000(x_{13})	33 000(x_{23})	22 000(x_{33})
38 000(x_{14})	22 000(x_{24})	29 000(x_{34})
31 000(x_{15})	17 000(x_{25})	35 000(x_{35})
39 000(x_{16})	25 600(x_{26})	30 000(x_{36})
59 000(x_{17})	29 000(x_{27})	44 500(x_{37})
48 000(x_{18})	28 300(x_{28})	48 000(x_{38})
51 000(x_{19})	26 000(x_{29})	—
47 000(x_{110})	24 600(x_{210})	—
41 500(x_{111})	—	—
39 000(x_{112})	—	—

7.2.2 单因素方差分析的基本步骤

方差分析是检验自变量对因变量是否有显著影响，既然是检验就要满足假设检验的 4 个步骤。

(1) 提出原假设 H_0 和备择假设 H_1。
(2) 构造检验统计量，并计算其值。
(3) 根据给出的显著性水平 α，确定拒绝原假设的区域。
(4) 统计决策。

第 7 章 方差分析

1. 提出原假设 H_0 和备择假设 H_1

确定方差分析的原假设 H_0 和备择假设 H_1 时,同样要从备择假设入手,备择假设是指研究人员予以支持的观点。

在前面已介绍,方差分析是检验多个水平(总体)均值是否相等的统计方法,研究人员认为分类型自变量对数值型因变量是有影响的,所以方差分析的原假设和备择假设内容如下。$H_0: \mu_1 = \mu_2 = \cdots = \mu_K$;$H_1: \mu_1, \mu_2, \ldots, \mu_K$ 不全相等。原假设表明分类型自变量对数值型因变量没有显著影响;备择假设表明分类型自变量对数值型因变量有显著影响。其中,μ_i 为第 i 个水平(总体)的均值。

如果拒绝原假设,则意味着自变量对因变量有显著影响,也就是自变量与因变量之间有显著关系;如果不拒绝原假设,则没有证据显示自变量对因变量有显著影响,也就是不能认为自变量与因变量之间有显著关系。

注意:在备择假设中,要理解好"不全",而不是"全不"。"不全"是指至少有两个总体的均值不相等,而"全不"是指所有总体的均值全都不相等。

2. 构造检验统计量,并计算其值

首先,检验统计量要服从标准正态分布、χ^2 分布、t 分布和 F 分布 4 个分布之一。其次,检验的统计量中不可以含有未知数,如果含有未知数,就无法计算出检验统计量的值。最后,要利用方差分析的思路来构造检验统计量。

方差分析的思路:把研究分类型自变量对数值型因变量是否有影响,转为研究系统误差的大小是否为 0,而要想计算出系统误差的大小,必须计算组间误差大小(组间平方和)和组内误差大小(组内平方和),再计算两者的比值。

1) 计算误差大小

(1) 组内平方和。

组内平方和是衡量同一水平(总体)下数据差异大小的总误差,即求出方差分析中每个水平(总体)的误差大小之和,要想计算出每个水平(总体)的数据差异,首先要计算出每个水平(总体)的样本均值。

① 计算均值。

设 $\bar{x}_i$ 为每个水平(总体)的样本均值,则有

$$\bar{x}_i = \frac{\sum_{j=1}^{n_i} x_{ij}}{n_i} \quad (i=1,2,\cdots,k) \tag{7.1}$$

式中,n_i 为第 i 个水平(总体)的样本容量;x_{ij} 为第 i 个水平(总体)的第 j 个观测值。

② 计算组内误差大小。

设每个水平(总体)下的组内误差大小为 SSE_i ($i=1,2,\cdots,k$)。

$$\text{SSE}_i = \sum_{j=1}^{n_i} (x_{ij} - \bar{x}_i)^2 \tag{7.2}$$

方差分析的检验统计量构造

③ 计算组内平方和。

$$\text{SSE} = \sum_{i=1}^{k} \text{SSE}_i = \sum_{i=1}^{k} \sum_{j=1}^{n_i} (x_{ij} - \overline{x}_i)^2 \tag{7.3}$$

(2) 组间平方和。

组间平方和是衡量不同水平之间数据差异大小的指标。

① 计算全部观测值的总平均值。

全部观测值的总平均值是全部观测值的总和除以观测值的总个数。总平均值表示为 $\overline{x}$。

$$\overline{x} = \frac{\sum_{i=1}^{k} \sum_{j=1}^{n_i} x_{ij}}{n} = \frac{\sum_{i=1}^{k} n_i \overline{x}_i}{n} \tag{7.4}$$

式中，$n = n_1 + n_2 + \cdots + n_k$。

② 计算组间平方和。

$$\text{SSA} = \sum_{i=1}^{k} n_i (\overline{x}_i - \overline{x})^2 \tag{7.5}$$

(3) 总平方和。

总平方和是衡量所有观测数据差异大小的指标。所以总平方和的公式为

$$\text{SST} = \sum_{i=1}^{k} \sum_{j=1}^{n_i} (x_{ij} - \overline{x})^2 \tag{7.6}$$

上述 3 个平方和之间的关系为

$$\text{SST} = \text{SSE} + \text{SSA} \tag{7.7}$$

$$\sum_{i=1}^{k} \sum_{j=1}^{n_i} (x_{ij} - \overline{x})^2 = \sum_{i=1}^{k} \sum_{j=1}^{n_i} (x_{ij} - \overline{x}_i)^2 + \sum_{i=1}^{k} n_i (\overline{x}_i - \overline{x})^2$$

2) 构造检验统计量

由方差分析的思路可知，检验的统计量要从组间平方和与组内平方和两者的比值入手。

方差分析前提条件有三个：一是正态性，每个总体都要服从正态分布；二是方差齐性，每个总体的方差相同；三是观测值相互独立。

根据正态性、方差齐性，可以推出每个总体下的样本均值均服从正态分布，又因为有

$$\text{SSE} = \sum_{i=1}^{k} \sum_{j=1}^{n_i} (x_{ij} - \overline{x}_i)^2$$

$$\text{SSA} = \sum_{i=1}^{k} n_i (\overline{x}_i - \overline{x})^2$$

$$\text{SST} = \sum_{i=1}^{k} \sum_{j=1}^{n_i} (x_{ij} - \overline{x})^2$$

可推出 3 个平方和都是服从 χ^2 分布的,即有

$$\text{SSE} = \sum_{i=1}^{k}\sum_{j=1}^{n_i}(x_{ij}-\overline{x}_i)^2 \sim \chi^2(n-k)$$

$$\text{SSA} = \sum_{i=1}^{k} n_i(\overline{x}_i-\overline{x})^2 \sim \chi^2(k-1) \tag{7.8}$$

$$\text{SST} = \sum_{i=1}^{k}\sum_{j=1}^{n_i}(x_{ij}-\overline{x})^2 \sim \chi^2(n-1)$$

式中,k 为因素的不同水平的数目;n 为全部观测值的个数。

检验的统计量要从组间平方和与组内平方和的比值入手,而它们都是服从 χ^2 分布的,所以得到的检验统计量为

$$F = \frac{\text{SSA}/(k-1)}{\text{SSE}/(n-k)} \sim F(k-1, n-k) \tag{7.9}$$

定义 7.10 平方和除以相应的自由度,称为均方,用 **MS** 表示。

式(7.9)中的 $\dfrac{\text{SSA}}{k-1}$ 称为组间均方,$\dfrac{\text{SSE}}{n-k}$ 称为组内均方,即有

$$F = \frac{\text{SSA}/(k-1)}{\text{SSE}/(n-k)} = \frac{\text{MSA}}{\text{MSE}} \sim F(k-1, n-k) \tag{7.10}$$

3. 根据给出的显著性水平 α,确定拒绝原假设的区域

因为是右侧的单侧检验,所以拒绝原假设的区域为

$$(F_\alpha(k-1, n-k), +\infty)$$

4. 统计决策

当 $F > F_\alpha(k-1, n-k)$ 时,检验的统计量落在拒绝原假设的区域中,则拒绝原假设,即接受备择假设,意味着分类型自变量对数值型因变量是有影响的;当 $F \leqslant F_\alpha(k-1, n-k)$ 时,没有落在拒绝原假设的区域中,则不拒绝原假设,没有充足的证据证明分类型自变量对数值型因变量有影响。

【例 7.3】 沿用例 7.2 的数据,检验地理位置对快餐店的营业收入是否有影响。(显著性水平 $\alpha = 0.05$)

解:

(1) 提出原假设 H_0 和备择假设 H_1。

$$H_0: \mu_1 = \mu_2 = \mu_3$$
$$H_1: \mu_1, \mu_2, \mu_3 \text{ 不全相等}$$

(2) 构造检验的统计量,并计算其值。

① 计算组内平方和。

$$\overline{x}_i = \frac{\sum_{j=1}^{n_i} x_{ij}}{n_i} \quad i = 1, 2, \cdots, k$$

$\overline{x}_1 = 42\,500$;$\overline{x}_2 = 25\,250$;$\overline{x}_3 = 33\,250$

$$SSE = \sum_{i=1}^{k} SSE_i = \sum_{i=1}^{k}\sum_{j=1}^{n_i}(x_{ij} - \bar{x}_i)^2$$

SSE=725 500 000+229 785 000+553 000 000=1 508 285 000

② 计算组间平方和。

$$\bar{x} = \frac{\sum_{i=1}^{k}\sum_{j=1}^{n_i} x_{ij}}{n} = \frac{\sum_{i=1}^{k} n_i \bar{x}_i}{n} = 34\ 283$$

其中，$n = n_1 + n_2 + n_2 = 30$。

$$SSA = \sum_{i=1}^{k} n_i(\bar{x}_i - \bar{x})^2$$
$$= 12 \times (42\ 500 - 34\ 283)^2 + 10 \times (25\ 250 - 34\ 283)^2 + 8 \times (33\ 250 - 34\ 283)^2$$
$$= 1\ 634\ 716\ 670$$

③ 总平方和。

$$SST = \sum_{i=1}^{k}\sum_{j=1}^{n_i}(x_{ij} - \bar{x})^2$$

或
$$SST = SSE + SSA = 3\ 143\ 001\ 670$$

④ 检验的统计量为

$$F = \frac{SSA/(k-1)}{SSE/(n-k)} \sim F(k-1, n-k)$$
$$= \frac{1\ 634\ 716\ 670/2}{1\ 508\ 285\ 000/27} = 14.631\ 6$$

(3) 根据给出的显著性水平 α，确定拒绝原假设的区域。
$$(F_\alpha(k-1, n-k), +\infty)$$

查 F 统计分布表得 $F_{0.05}(2,27) = 3.354\ 131$，所以拒绝域为 $(3.354\ 131, +\infty)$。

(4) 统计决策。

因为 $F = 14.631\ 6 > F_{0.05}(2,27) = 3.354\ 131$，落在拒绝原假设的区域中，所以拒绝原假设，即分类型自变量对数值型因变量有影响，也就是说，地理位置对快餐店的营业收入有影响。

在单因素方差分析中，也可以使用 P 值进行决策，这时只需改变方差分析中的第三步，根据得出的检验统计量值计算 P 值，把 P 值与显著性水平 α 相比，进行决策即可。

7.2.3 方差分析表

为了使方差分析的整个计算过程更加清晰，通常将上述过程列在一张表内，即方差分析表，其一般形式如表 7-4 所示。

表 7-4 方差分析表

误差来源	平方和 SS	自由度 df	均方 MS	F 值	P 值	F 临界值
组间	SSA	$k-1$	MSA	MSA / MSE	P 值	$F_\alpha(k-1, n-k)$
组内	SSE	$n-k$	MSE	—	—	—
总计	SST	$n-1$	—	—	—	—

则例 7.3 的计算结果可列成如表 7-5 所示的方差分析表。

表 7-5 不同地理位置的快餐店营业收入方差分析表

误差来源	平方和 SS	自由度 df	均方 MS	F 值	P 值	F 临界值
组间	1 634 716 670	2	817 358 335	14.631 6	$4.958\,78 \times 10^{-5}$	3.354 131
组内	1 508 285 000	27	55 862 407	—	—	—
总计	3 143 001 670	29	—	—	—	—

从上面的方差分析可以得出以下两种决策的方法。

(1) $F = 14.631\,6 > F_{0.05}(2, 27) = 3.354\,131$，所以拒绝原假设。

(2) $P = 4.958\,78 \times 10^{-5} < \alpha = 0.05$，同样拒绝原假设。

7.2.4 关系强度的测量

例 7.3 的方差分析结果显示，不同地理位置的快餐店营业收入的均值有显著的差异，这意味着地理位置对快餐店营业收入是有影响的。除了地理位置对快餐店营业收入有影响，还有其他因素影响营业收入。所以要测量两个变量之间的关系强度，可以用 SSA 占 SST 的比例大小来反映，即

$$R^2 = \frac{\text{SSA}}{\text{SST}} \tag{7.11}$$

其平方根 R 就可以用来测量两个变量之间的关系强度。R 越大，代表关系强度越大；R 越小，代表关系强度越小。

根据 $R^2 = \dfrac{\text{SSA}}{\text{SST}}$ 可知，R^2 的范围为 $[0,1]$。

【例 7.4】 沿用例 7.3 中的数据，计算地理位置对快餐店营业收入的影响程度有多大。

解：根据 $R^2 = \dfrac{\text{SSA}}{\text{SST}} = \dfrac{1\,634\,716\,670}{3\,143\,001\,670} = 0.52$

也就是说，地理位置对快餐店营业收入的影响在所有影响因素中的比例为 52%。

7.2.5 多重分析比较

通过上述的分析得出的结论是，不同地理位置的快餐店营业收入的均值是不相同的。但究竟哪些均值之间不相等呢？这种差异到底出现在哪些地理位置之间呢？也就是说，μ_1 与 μ_2，μ_1 与 μ_3，μ_2 与 μ_3 之间究竟是哪两个均值不同呢？这就需要做进一步的分析，此时所

用的方法就是多重分析比较方法。它是通过对总体均值之间的配对比较来进一步检验到底哪些均值之间存在差异的。

多重分析比较方法有许多种，本书主要介绍由菲舍尔提出的最小显著差异方法，简记为 LSD。此方法主要检验哪两个均值不同，既然是检验，就要满足假设检验的 4 个步骤。

第一步：提出原假设和备择假设。

从备择假设入手，所以提出的原假设和备择假设内容如下：

$$H_0: \mu_i = \mu_j; \quad H_1: \mu_i \neq \mu_j \quad (i \neq j; i, j = 1, 2, 3)$$

第二步：构造检验统计量，并计算其值。

检验的统计量从检验内容的样本入手，所以其检验的统计量如下：

$$\bar{x}_i - \bar{x}_j$$

第三步：根据给出的显著性水平 α 的数值，确定拒绝原假设的区域。

由第一步可得出，该检验为双侧检验，则菲舍尔的拒绝原假设的区域为

$$(-\infty, -\text{LSD}) \cup (\text{LSD}, +\infty)$$

其中 LSD 的计算公式为

$$\text{LSD} = t_{\alpha/2}(n-k)\sqrt{\text{MSE}\left(\frac{1}{n_i} + \frac{1}{n_j}\right)} \tag{7.12}$$

式中，$t_{\alpha/2}(n-k)$ 为 t 分布的临界值，可以通过查 t 分布表得到，其自由度为 $n-k$，其中 k 为因素中水平的个数；MSE 为组内均方；n_i、n_j 是第 i 个样本和第 j 个样本的样本容量。

第四步：统计决策。

如果第二步的检验统计量落在第三步中的拒绝域内，则拒绝原假设；否则，不拒绝原假设。

【例 7.5】沿用例 7.3 中的数据，试找出哪些地理位置的快餐店营业收入均值不相同(显著性水平 $\alpha = 0.05$)。

解：

(1) 提出原假设和备择假设。

检验 1：$H_0: \mu_1 = \mu_2; \quad H_1: \mu_1 \neq \mu_2$。

检验 2：$H_0: \mu_1 = \mu_3; \quad H_1: \mu_1 \neq \mu_3$。

检验 3：$H_0: \mu_2 = \mu_3; \quad H_1: \mu_2 \neq \mu_3$。

(2) 构造检验的统计量，并计算其值。

检验 1：$\bar{x}_1 - \bar{x}_2 = 42\,500 - 25\,250 = 17\,250$。

检验 2：$\bar{x}_1 - \bar{x}_3 = 42\,500 - 33\,250 = 9\,250$。

检验 3：$\bar{x}_2 - \bar{x}_3 = 25\,250 - 33\,250 = -8\,000$。

(3) 根据给出的显著性水平 α 的数值，确定拒绝原假设的区域。

$$(-\infty, -\text{LSD}) \cup (\text{LSD}, +\infty)$$

检验 1： $\text{LSD} = t_{\alpha/2}(n-k)\sqrt{\text{MSE}\left(\dfrac{1}{n_1}+\dfrac{1}{n_2}\right)}$

$= t_{0.025}(27)\sqrt{55\,862\,407\left(\dfrac{1}{12}+\dfrac{1}{10}\right)}$

$= 2.373\,417\,186 \times \sqrt{55\,862\,407 \times \left(\dfrac{1}{12}+\dfrac{1}{10}\right)}$

$= 7\,595.47$

所以拒绝域为 $(-\infty, -7\,595.47) \cup (7\,595.47, +\infty)$。

检验 2： $\text{LSD} = t_{\alpha/2}(n-k)\sqrt{\text{MSE}\left(\dfrac{1}{n_1}+\dfrac{1}{n_3}\right)}$

$= 2.373\,417\,186 \times \sqrt{55\,862\,407 \times \left(\dfrac{1}{12}+\dfrac{1}{8}\right)}$

$= 8\,096.80$

所以拒绝域为 $(-\infty, -8\,096.80) \cup (8\,096.80, +\infty)$。

检验 3： $\text{LSD} = t_{\alpha/2}(n-k)\sqrt{\text{MSE}\left(\dfrac{1}{n_2}+\dfrac{1}{n_3}\right)}$

$= 2.373\,417\,186 \times \sqrt{55\,862\,407 \times \left(\dfrac{1}{10}+\dfrac{1}{8}\right)}$

$= 8414.44$

所以拒绝域为 $(-\infty, -8\,414.44) \cup (8\,414.44, +\infty)$。

(4) 统计决策。

检验 1： $\bar{x}_1 - \bar{x}_2 = 17\,250 > 7\,595.47$，所以拒绝原假设，即 $\mu_1 \neq \mu_2$。

检验 2： $\bar{x}_1 - \bar{x}_3 = 9\,250 > 8\,096.80$，所以拒绝原假设，即 $\mu_1 \neq \mu_3$。

检验 3： $\bar{x}_2 - \bar{x}_3 = -8\,000 > -8\,414.44$，所以不拒绝原假设，即 $\mu_2 = \mu_3$。

根据以上的分析，最后该大学生选择的地理位置如果是商业区的话，他的营业收入会达到最大。

7.3 案例分析：啤酒市场的调查与分析及 Excel 上机应用——啤酒综合印象与学历的相关性分析

在第 4 章的案例中，分析了学历对啤酒综合印象的影响，即对高中及以下、大专、本科和研究生及以上 4 组的啤酒综合印象分数数据进行描述分析，得出的结论是，高中及以下学历的平均啤酒综合印象分数最高，其次是研究生及以上，再次是大专，最低的是本科，但 4 组样本平均啤酒综合分数还不能说明学历对啤酒综合印象分数有影响。通过学习本章，现在可以利用方差分析进行分析，分析学历是否对啤酒综合印象分数有显著性的影响。分析的过程如下。

第一步：提出原假设和备择假设。

$$H_0: \mu_1 = \mu_2 = \mu_3 = \mu_4$$
$$H_1: \mu_1, \mu_2, \mu_3, \mu_4 \text{ 不全相等}$$

式中，μ_1为高中及以下学历的平均啤酒综合印象分数；μ_2为大专学历的平均啤酒综合印象分数；μ_3为本科学历的平均啤酒综合印象分数；μ_4为研究生及以上学历的平均啤酒综合印象分数。

第二步：构造检验的统计量，并计算其值。

根据前面的介绍，已知检验为F检验，计算F值的软件操作过程如下。

(1) 打开"学历对啤酒综合印象分数的影响分析"工作表，单击"数据"→"分析"→"数据分析"按钮，弹出"数据分析"对话框，如图7.2所示。

(2) 在"数据分析"对话框中的"分析工具"列表中选择"方差分析：单因素方差分析"选项，单击"确定"按钮，弹出"方差分析：单因素方差分析"对话框，在"输入区域"文本框中输入"$A$40:$D$56"，选择"标志位于第一行"复选框，选中"输出区域"单选按钮，并在其文本框中输入"$F$65"，如图7.3所示。

图7.2　"数据分析"对话框

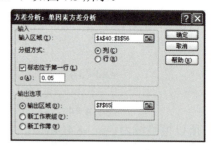

图7.3　"方差分析：单因素方差分析"对话框

(3) 单击"确定"按钮，输出如图7.4所示的统计结果。

根据图7.4的统计结果，可得到检验的统计量F的值为1.387 22。

第三步：确定拒绝原假设的区域，或计算P值。

根据图7.4的结果可知，拒绝原假设的区域为$(2.975\,154, +\infty)$，或$P = 0.268\,845\,31$。

方差分析：单因素方差分析						
SUMMARY						
组	观测数	求和	平均	方差		
高中及以下	2	21	10.5	4.5		
大专	6	44	7.3333333	19.466667		
本科	16	89	5.5625	15.4625		
研究生及以上	6	49	8.1666667	14.166667		
方差分析						
差异源	SS	df	MS	F	P-value	F crit
组间	64.7625	3	21.5875	1.38722	0.26884531	2.975154
组内	404.60417	26	15.561699			
总计	469.36667	29				

图7.4　统计结果

第四步：统计决策。

根据传统的假设检验方法决策，有 $F=1.38722<2.975154$，所以不拒绝原假设，即学历对啤酒综合印象分数没有显著性的影响。

如果使用 P 值进行决策，$P=0.268845>0.1$，则不拒绝原假设，得到相同的结论。

习　　题

一、单项选择题

1. 与假设检验方法相比，方差分析方法可以使犯第Ⅰ类错误的概率(　　)。
   A. 提高　　　　　　B. 降低　　　　　　C. 等于0　　　　　　D. 等于1

2. 方差分析是检验(　　)。
   A. 多个总体方差是否相等的统计方法
   B. 多个总体均值是否相等的统计方法
   C. 多个样本方差是否相等的统计方法
   D. 多个样本均值是否相等的统计方法

3. 在方差分析中，所提出的原假设是 $H_0: \mu_1=\mu_2=\cdots=\mu_k$，备择假设是(　　)。
   A. $H_1: \mu_1,\mu_2,\cdots,\mu_k$ 全不相等
   B. $H_1: \mu_1>\mu_2>\cdots>\mu_k$
   C. $H_1: \mu_1<\mu_2<\cdots<\mu_k$
   D. $H_1: \mu_1,\mu_2,\cdots,\mu_k$ 不全相等

4. 在方差分析中，进行多重比较的前提是(　　)。
   A. 拒绝原假设
   B. 不拒绝原假设
   C. 可以拒绝原假设也可以不拒绝原假设
   D. 各样本均值相等

5. 在方差分析中，当结论为拒绝原假设时，则意味着(　　)。
   A. 分类型自变量对数值型因变量有显著性的影响
   B. 分类型自变量对数值型因变量没有显著性的影响
   C. 多个总体均值中至多有一对均值不等
   D. 多个总体均值之间全不相等

6. 方差分析中的检验统计量是(　　)分布。
   A. 标准正态　　　　B. t　　　　　　C. F　　　　　　D. χ^2

7. 在方差分析中，检验统计量是(　　)。
   A. $F=\dfrac{\text{SSA}/(k-1)}{\text{SSE}/(n-k)}$　　　　　　B. $F=\dfrac{\text{SSA}/k}{\text{SSE}/(n-k)}$
   C. $F=\dfrac{\text{SSA}/(k-1)}{\text{SST}/(n-1)}$　　　　　　D. $F=\dfrac{\text{SSA}/(k-1)}{\text{SST}/(n-k)}$

8. 在方差分析中，拒绝原假设的区域为(　　)。
   A. $[F_\alpha(k-1,n-k),+\infty]$　　　　　　B. $[F_{1-\alpha}(k-1,n-k),+\infty]$
   C. $[0,F_{1-\alpha}(k-1,n-k)]$　　　　　　D. $[-\infty,F_{1-\alpha}(k-1,n-k)]$

9. 在方差分析中，组间平方和、组内平方和、总平方和的自由度分别为（　　）。

   A. $k-1, n-k, n-1$　　　　　　　　B. $k-1, n-1, n-k$

   C. $n-1, k-1, n-k$　　　　　　　　D. $n-1, n-k, k-1$

10. 在方差分析中，涉及一个分类型自变量，称为（　　）。

    A. 单因素方差分析　　　　　　　　B. 双因素方差分析

    C. 可重复双因素方差分析　　　　　D. 不可重复的双因素方差分析

11. 最小显著差异方法是寻找哪些总体均值不等的方法，其原假设和备择假设为（　　）。

    A. $H_0: \mu_i = \mu_j$；$H_1: \mu_i \neq \mu_j (i \neq j)$　　　　B. $H_0: \mu_i \leq \mu_j$；$H_1: \mu_i > \mu_j (i \neq j)$

    C. $H_0: \mu_i \geq \mu_j$；$H_1: \mu_i < \mu_j (i \neq j)$　　　　D. $H_0: \mu_i > \mu_j$；$H_1: \mu_i \leq \mu_j (i \neq j)$

12. 最小显著差异方法的检验统计量是（　　）分布。

    A. 标准正态　　　　B. t　　　　C. F　　　　D. χ^2

13. LSD 的计算公式是（　　）。

    A. $LSD = t_{\alpha/2}(n-1) \sqrt{MSE \left(\dfrac{1}{n_i} + \dfrac{1}{n_j} \right)}$

    B. $LSD = t_{\alpha/2}(n-k) \sqrt{MSE \left(\dfrac{1}{n_i} + \dfrac{1}{n_j} \right)}$

    C. $LSD = t_{\alpha/2}(n-k) \sqrt{MSA \left(\dfrac{1}{n_i} + \dfrac{1}{n_j} \right)}$

    D. $LSD = t_{\alpha/2}(k-1) \sqrt{MSE \left(\dfrac{1}{n_i} + \dfrac{1}{n_j} \right)}$

14. 在方差分析中，SST、SSA、SSE 的关系为（　　）。

    A. SST=SSA+SSE　　　　　　　　B. SSA=SST+SSE

    C. SSE=SST+SSA　　　　　　　　D. SST=SSA-SSE

15. 在方差分析中，衡量分类型自变量对数值型因变量的影响程度指标是（　　）。

    A. R^2　　　　B. SST　　　　C. SSA　　　　D. SSE

二、简答题

1. 简述方差分析的思路。
2. 简述方差分析的几个基本的假定。
3. 简述方差分析的步骤。
4. 简述最小差异方法的步骤。

三、计算题

1. 某家企业采用自动生产线生产罐装饮料，要求每罐的容量为 255mL，现有 4 种自动生产线，为了检验每种生产线是否有显著的差异，随机从各生产线抽取一组样本，数据如表 7-6 所示。

方 差 分 析 第 7 章

表 7-6 生产线数据

单位：mL

生产线 1	生产线 2	生产线 3	生产线 4
256	261	254	249
260	263	253	248
245	258	251	251
241	249	252	256
251	261	257	257
253	251	248	258
—	249	249	249
—	248	—	248
—	256	—	—

取显著性水平 $\alpha = 0.01$，检验 4 个生产线的装填量是否有显著性差异。

2. 城市道路交通管理部门为了研究不同的路段对行车是否有影响，让一名交通警察分别在 3 个路段亲自驾车进行实验，通过实验共获得 15 个行车时间的数据，如表 7-7 所示。

表 7-7 行车时间数据

单位：min

路段 1	路段 2	路段 3
36.5	28.1	32.4
34.1	29.9	33.0
37.2	32.2	36.2
35.6	31.5	35.5
—	30.1	35.1
—	38.0	—

取显著性水平 $\alpha = 0.01$，检验 3 个路段对行车时间否有显著性影响。

3. 城市道路交通管理部门为了研究不同的时间段对行车是否有影响，让一名交通警察分别在 3 个时间段亲自驾车进行实验，通过实验共获得 30 个行车时间的数据，通过对每个时间段的行车时间进行方差分析得到如表 7-8 所示的方差分析表。

表 7-8 方差分析表

差异源	SS	df	MS	F	F-crit
组间	—	—	410	—	3.354 131
组内	1 836	—	—		
总计	—	—			

(1) 完成上面的方差分析表。
(2) 若显著性水平 $\alpha = 0.05$，检验 3 个时间段的行车时间是否有显著性的差异。

四、Excel 操作题

1. 利用 Excel，检验第三题的第 1 题的 4 个生产线的装填量是否有显著性差异，并进行方差分析。
2. 利用 Excel，检验第三题的第 2 题的 3 个路段对行车时间否有显著性影响，并进行方差分析。

[第 7 章] 习题参考答案

第 8 章 相关与回归分析

> **教学目标**

1. 掌握变量相关关系分析。
2. 掌握一元回归分析方法，包括参数估计的方法(最小二乘法)、线性关系检验、回归系数的检验。
3. 掌握一元回归预测方法。
4. 掌握多元回归分析方法。
5. 掌握回归分析的软件操作方法。

本章主要介绍相关与回归分析，相关与回归分析是处理变量之间关系的一种统计方法。从所处理的变量多少来看，如果研究的是两个变量之间的关系，称为简单相关与简单回归分析；如果研究的是两个以上变量之间的关系，称为多元相关与多元回归分析。从变量之间的关系形态上看，有线性相关与线性回归分析及非线性相关与非线性回归分析。其中多元回归分析在本章 8.4 节介绍，本章重点介绍一元线性回归分析，因为多元线性回归分析原理同一元线性回归分析相同。

本章主要目的是利用相关与回归分析进行经济预测和经济控制。要达到此目的，需分 3 步进行。

第一步：进行相关分析。目的是判断因变量和自变量之间是否具有线性关系。

注意：这里把关系定为线性关系，因为非线性的关系，可以转换为线性关系。

第二步：进行回归分析。如果第一步判断出变量之间存在线性关系，则要进行变量的回归分析。

第三步：进行经济预测和经济控制。这一步主要是利用第二步的回归分析，进行经济预测和经济控制。

其中第一步是 8.1 节的内容；第二步是 8.2 节的内容；第三步是 8.3 节的内容。

⌜相关分析与回归
⌞分析的思维导图⌟

8.1 相关分析的基本理论

8.1.1 变量之间的关系

在生产和经营活动中，经常要对变量之间的关系进行分析。例如，在企业生产中，要对影响生产成本的各种因素进行分析，以达到控制成本的目的；在商业活动中，需要分析广告费支出与销售量之间的关系，进而通过广告费支出来预测销售量等。统计分析的目的在于，根据统计数据确定变量之间的关系形态及其关联程度，探索其内在的数量规律性。

人们在实践中发现，变量之间的关系形态可分为两种类型，即函数关系和相关关系。其中函数关系是人们比较熟悉的。设有两个变量 x 和 y，变量 y 随变量 x 一起变化，并完全依赖于 x，当变量 x 取某个值时，y 依确定的关系取相应的值，则称 y 是 x 的函数，记为 $y=f(x)$。其中，x 称为自变量，y 称为因变量。函数关系是一一对应的关系，但在实际问题中，变量之间的关系往往不是那么简单。

例如，考察居民家庭储蓄额与居民家庭收入这两个变量，它们之间就不存在完全确定的关系。也就是说，收入水平相同的家庭，其家庭储蓄额往往不同；反之，家庭储蓄额相同的家庭，其家庭收入水平也可能不相同。可见，家庭储蓄额并不能完全由家庭收入确定，因为家庭收入尽管与家庭储蓄额有密切的关系，但它并不是影响家庭储蓄额的唯一因素，家庭储蓄额还会受到银行利率、消费水平等其他因素的影响。正是因为影响一个变量的因素非常多，所以变量之间的关系才充满不确定性。

定义 8.1 变量之间存在的不确定的数量关系，称为相关关系。

8.1.2 相关分析

相关分析就是对两个变量之间线性关系的描述与度量，通常状况下，两个变量的总体数据是不易得到的，这时通常使用推断统计，利用两个变量的样本推导总体的关系，即相关分析要解决的问题包括：①两个变量的样本之间是否存在线性关系；②两个变量的样本之间的关系强度如何；③样本所反映的变量之间的关系能否代表总体变量之间的关系。

为解决这些问题，在进行相关分析时，应对总体做一个基本假定，即两个变量都是随机变量。

下面对以上的相关分析要解决的问题一一展开讲解。

1. 散点图

通常使用散点图来判断变量的样本之间是否存在线性关系。

【相关分析的思路】

定义 8.2 对于两个变量 x 和 y，通过观察或试验可以得到若干组数据，记为 (x_i, y_i)，$i=1,2,\cdots,n$。如果用坐标的水平轴表示自变量 x，用纵轴表示因变量 y，那么每组数据 (x_i, y_i) 在坐标系中就可用一个点表示，n 组数据在坐标系中形成的 n 个点称为散点，由坐标及其散点形成的二维数据图称为散点图。

不同形态的散点图如图 8.1 所示。

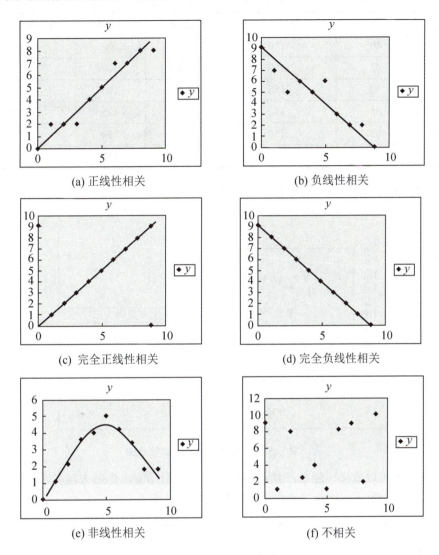

图 8.1 不同形态的散点图

从图 8.1 中可以看出，图 8.1(a)和图 8.1(c)呈现出两个变量是正相关，图 8.1(b)和图 8.1(d)呈现出两个变量是负相关，图 8.1(e)呈现出两个变量是非线性相关，(f)呈现出两个变量不相关。

如果两个变量的样本数据表现为图 8.1(a)～图 8.1(d)中任意一种，则两个变量的样本之间存在线性关系。

【例 8.1】为了研究所得产量与生产费用支出之间的关系，某汽车商管理部门随机抽取了 12 家汽车生产企业，得到它们的产量与生产费用支出的数据，如表 8-1 所示。绘制产量与生产费用的散点图，判断二者之间的关系。

表 8-1　12 家汽车生产企业的产量与生产费用支出的数据

企业编号	产量/台	生产费用支出/万元	企业编号	产量/台	生产费用支出/万元
1	40	130	7	84	165
2	42	150	8	100	170
3	50	155	9	116	167
4	55	140	10	125	180
5	65	150	11	130	175
6	78	154	12	140	185

解：产量与生产费用支出的散点图如图 8.2 所示。

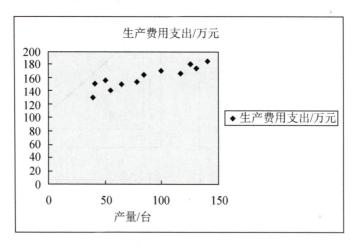

图 8.2　产量与生产费用支出的散点图

从图 8.2 中可以看出，随着产量不断增加，生产费用支出也越来越多，二者的数据点分布在一条直线的附近，因此二者之间具有线性相关关系。

注意：这里的二者具有线性相关关系是指二者的样本，并不是指总体。

2. 相关系数

通过散点图可以判断两个变量之间有无相关关系，但只能对变量间的关系形态做出大致的描述，要想知道两个变量的关系强度，需要计算相关系数。

"概率与数理统计"课程介绍过，如果是计算总体的相关系数，记为 ρ；如果是计算样本的相关系数，记为 γ。总体的数据是不易得到的，通常只能得到样本的数据，所以这里所说的相关系数是指样本的。样本的相关系数又称皮尔逊相关系数，其计算公式为

$$\gamma = \frac{\sum_{i=1}^{n}(x_i-\bar{x})(y_i-\bar{y})}{\sqrt{\sum_{i=1}^{n}(x_i-\bar{x})^2(y_i-\bar{y})^2}}$$

根据原始数据计算 γ，可以推导出简化的计算公式为

$$\gamma = \frac{\sum x_i y_i - n\bar{x}\bar{y}}{\sqrt{\sum x_i^2 - n\bar{x}^2}\sqrt{\sum y_i^2 - n\bar{y}^2}}$$

样本相关系数 γ 具有以下特点。

(1) γ 的取值范围为 $-1 \leqslant \gamma \leqslant 1$，如果 $0 < \gamma \leqslant 1$，则表明两个变量存在正线性相关关系；如果 $-1 \leqslant \gamma < 0$，则表明两个变量存在负线性相关关系；如果 $\gamma = 0$，说明两个变量之间不存在线性相关关系。

(2) γ 具有对称性。γ 具有对称性是指 x 与 y 之间的样本相关系数 γ_{xy} 和 y 与 x 之间的样本相关系数 γ_{yx} 相等，即 $\gamma_{xy} = \gamma_{yx}$。

(3) γ 的大小与 x 和 y 的原点及尺度无关。例如，研究儿童身高与年龄的关系时，无论身高采用 m 还是 cm 作为单位，都不会改变身高和年龄的样本相关系数数值。

(4) γ 仅仅是对 x 与 y 之间线性相关关系的一个度量，它不能用于描述非线性相关关系。样本相关系数的这一特点决定了，在进行相关分析时，首先要判断变量是否存在线性相关关系，只有存在线性相关关系，才能计算相关系数。

(5) γ 虽然是对两个变量之间线性相关关系的一个度量，却不一定意味着 x 与 y 一定存在因果关系。

【例 8.2】 沿用例 8.1 中的数据，计算产量与生产费用支出的线性相关关系强度。

解：样本相关系数的公式为

$$\gamma = \frac{\sum x_i y_i - n\bar{x}\bar{y}}{\sqrt{\sum x_i^2 - n\bar{x}^2}\sqrt{\sum y_i^2 - n\bar{y}^2}}$$

$$= \frac{170094 - 164088.40}{\sqrt{101835 - 87578.42} \times \sqrt{310505 - 307507.28}}$$

$$= \frac{6005.6}{\sqrt{14255.58} \times \sqrt{2997.72}}$$

$$= \frac{6005.6}{119.40 \times 54.75} = 0.92$$

由上面的计算结果可得到产量与生产费用的关系强度为 0.92，具有较强的正线性相关关系。

可以利用 Excel 中的相关系数函数计算相关系数，操作过程如下。

进入 Excel 界面，单击"插入函数"按钮，弹出"插入函数"对话框。单击"或选择类别"的下拉按钮，在弹出的下拉列表中选择"统计"选项，并在"选择函数"列表中选择"CORREL"选项，然后单击"确定"按钮，弹出"函数参数"对话框。在对话框中输入两组要计算的数据区域，单击"确定"按钮，返回结果相关系数为"0.920232426"，如图 8.3 所示。

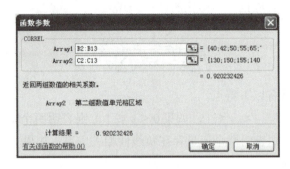

图 8.3 "函数参数"对话框

3. 相关关系的显著性检验

从上面的散点图和相关系数的计算，得到变量的样本具有较强的正线性相关关系，如果想知道变量的总体是否具有较强的正线性相关关系，我们可采用推断统计，来检验样本所反映的变量之间的关系能否代表总体变量之间的关系。如何去检验？这里使用的方法是相关关系的显著性检验。既然是检验，那么应满足假设检验的 4 个步骤。

(1) 提出原假设 H_0 和备择假设 H_1。

研究人员希望是两个变量存在较强的线性相关关系，而且前面已介绍过，总体相关系数用 ρ 表示，即研究人员希望 $\rho \neq 0$。

$$H_0: \rho = 0, \quad H_1: \rho \neq 0$$

(2) 构造检验的统计量，并计算其值。

构造检验的统计量要从其样本入手，即从 γ 来构造。通常采用菲舍尔提出的 t 分布检验，该检验可以用于小样本，也可以用于大样本。

$$t = |\gamma|\sqrt{\frac{n-2}{1-\gamma^2}} \sim t(n-2) \tag{8.1}$$

(3) 根据给出的显著性水平 α，确定拒绝原假设的区域。

$$(-\infty, -t_{\alpha/2}(n-2)) \bigcup (t_{\alpha/2}(n-2), +\infty)$$

通过查 t 分布表，可查出 $t_{\alpha/2}(n-2)$ 的临界值。

(4) 若 $|t| > t_{\alpha/2}(n-2)$，则拒绝原假设，表明总体的两个变量之间存在显著的线性关系。若 $|t| < t_{\alpha/2}(n-2)$，则不拒绝原假设，表明总体的两个变量之间不存在显著的线性关系。

【例 8.3】沿用例 8.1 中的数据，检验产量与生产费用(总体)之间的相关关系是否显著。(显著性水平 $\alpha = 0.05$)

解:

(1) 提出原假设和备择假设。

$$H_0: \rho = 0, \quad H_1: \rho \neq 0$$

(2) 构造检验的统计量，并计算其值。

$$t = |r|\sqrt{\frac{n-2}{1-r^2}} \sim t(n-2)$$

$$= 0.92 \times \sqrt{\frac{12-2}{1-0.92^2}}$$

$$= 0.92 \times \sqrt{\frac{10}{0.1536}}$$

$$= 0.92 \times \sqrt{65.1042}$$

$$= 0.92 \times 8.0687$$

$$= 7.4232$$

(3) 根据给出的显著性水平 $\alpha = 0.05$，确定拒绝原假设的区域。

$$(-\infty, -t_{0.025}(10)) \bigcup (t_{0.025}(10), +\infty)$$

通过查 t 分布表，可查出 $t_{0.025}(10) = 2.2281$ 的临界值。

(4) 因为 $t = 7.4232 > t_{0.025}(10) = 2.2281$，所以拒绝原假设，表明样本所反映的变量之间的关系能代表总体变量之间的关系，即产量与生产费用两个变量之间存在线性关系。

8.2 一元线性回归分析

8.2.1 回归分析的含义

既然由相关分析得出两个变量之间存在线性关系，那么下面就要考察变量之间的数量伴随关系，并通过一定的数学表达式将这种关系描述出来，即回归分析。

这里要强调一下，要对两个变量的总体进行回归分析，而两个变量的总体数据是不易收集的，但可同样采用推断统计，利用样本数据推出总体的回归模型。具体来说，回归分析主要解决以下 3 个方面的问题。

(1) 从一组样本数据出发，确定变量之间的数学关系式(样本的回归模型)。

(2) 对样本的回归模型进行评价。

(3) 检验样本的回归模型是否能代表总体的回归模型，即对样本关系式进行各种统计检验。

8.2.2 一元线性回归模型

1. 总体回归模型

【回归分析的思路】

定义 8.3 在回归分析中，被预测或被解释的变量，称为因变量，用 y 表示。

定义 8.4 在回归分析中，用来预测或解释因变量的一个或多个变量，称为自变量，用 x 表示。

例如，例 8.1 中产量与生产费用之间的相关关系分析中，产量是自变量，用来解释生产费用，所以产量为 x，生产费用为 y。

定义 8.5 在回归分析中，用来测量非自变量之外因素对因变量的影响，称为误差项，用 ξ 表示。

定义 8.6 描述因变量 y 如何依赖于自变量 x 和误差项 ξ 的方程，称为回归模型。

只涉及一个自变量的一元线性回归模型可表示为

$$y = \beta_0 + \beta_1 x + \xi \tag{8.2}$$

在上述一元线性回归模型中，y 是 x 的线性函数加上误差项 ξ。其中 β_0、β_1 称为回归模型的参数。

对于一元线性回归模型，有以下 3 个基本的假定。

(1) 误差项 ξ 服从正态分布，即 $\xi \sim N(0,\sigma^2)$，数学期望值为 0，方差为 σ^2。其中，数学期望值为 0 是采用最小二乘法可以保证的；如果方差不为 σ^2，即不是定值时，在计量经济学中称为异方差，要采用相应的修正方法使之满足。

(2) 误差项 ξ 与解释变量 x 无关，即 $\mathrm{cov}(x,\xi) = 0$。上面介绍过，除产量影响生产费用之外，还有其他的因素，只是产量为主要因素，这时要求误差项 ξ 与解释变量 x 无关，否则会出现多重共线性。

(3) 在重复抽样中，解释变量 x 是固定的，即假定 x 是非随机的。

根据回归模型中的假定，ξ 的期望等于 0，因此 y 的期望值 $E(y) = \beta_0 + \beta_1 x$。也就是说，$y$ 的期望值是 x 的线性函数。

定义 8.7 描述因变量 y 的期望值如何依赖于自变量 x 的方程，称为回归方程。

一元线性回归方程的形式为

$$E(y) = \beta_0 + \beta_1 x \tag{8.3}$$

式中，β_0 为回归直线在 y 轴上的截距，是 $x = 0$ 时 y 的期望值；β_1 为直线的斜率，它表示当 x 每变动一个单位时，y 平均变动值。

如果回归方程中的参数 β_0、β_1 已知，那么对于一个给定的 x 值，利用 $E(y) = \beta_0 + \beta_1 x$ 就能计算出 y 的期望值。但由于总体回归参数 β_0、β_1 是未知的，因此必须利用样本数据去估计它们。

2. 样本回归方程

定义 8.8 根据样本数据求出的回归方程的估计，称为样本回归方程，又称估计的回归方程。

一元线性回归、样本回归方程可表示为

$$\hat{y}_i = \hat{\beta}_0 + \hat{\beta}_1 x_i \tag{8.4}$$

式中，$\hat{\beta}_0$ 为样本回归方程的截距；$\hat{\beta}_1$ 为样本回归方程的斜率。样本回归方程表示为给定解释变量 x_i 值，得到被解释变量的估计值。

8.2.3 参数的最小二乘估计

要根据给出的样本点来计算 $\hat{\beta}_0$、$\hat{\beta}_1$ 的数值，这里使用的是最小二乘法。

首先介绍一下什么是最小二乘法。

在初中几何作图中，我们学过如何根据若干个点来做一条直线。以例 8.1 的数据为例，如何做出这条直线的，即做线的原则是什么。

第一步：先根据样本点，在坐标轴上描点，得到散点图。

第二步：根据做线的原则，画出一条直线，如图 8.4 所示。

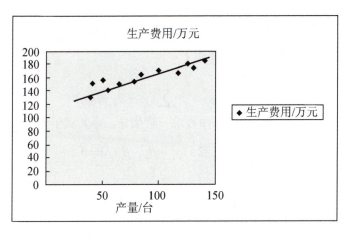

图 8.4　样本回归方程示意图

下面把这条直线求出来，即求样本回归方程 $\hat{y}_i = \hat{\beta}_0 + \hat{\beta}_1 x_i$。

这里所说的最小二乘法就是根据这个做线的原则得出的。

做线的原则：让尽可能多的点落在直线上；不能落在直线上的点，让其尽可能地在直线上下近距离波动。

让尽可能多的点落在直线上，落在直线上的点到直线的距离就是 0，是希望这样的点越多越好；不能落在直线上的点，让其在直线上下近距离波动，也是希望点到直线的距离越小越好，也就是说，它希望得到的这条直线是让所有点到直线的距离和最小。这时出现一个关键词"最小"。

问题又出现了，点到直线的距离和最小，那这里所说的距离是哪个距离？一个点到直线的距离有 3 种：竖直距离、垂直距离和水平距离，如图 8.5 所示。

【最小二乘法】

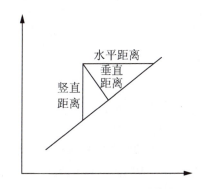

图 8.5　点到直线的 3 种距离示意图

由于在一元回归模型中假定 x 是非随机的，因此取的是竖直距离。

由上面的分析可知，要所有点到直线的竖直距离和最小。每个点到直线的竖直距离表示为 $y_i - \hat{y}_i$，如果点在直线上面，此竖直距离为正；如果点在直线下面，此竖直距离为负，要求的是距离和最小，而竖直距离有正有负，无法求出和最小，因此把每一个点的竖直距离进行平方再求和最小，即求每个点到直线的竖直距离平方和最小，这里最后出现了两个关键词"平方""最小"，合起来就是最小平方法，即最小二乘法。

定义 8.9 使残差(观测值与估计值之差)平方总和达到最小,寻找与数据的最佳模型函数匹配的数值优化方法,称为最小二乘法,也称最小平方法。

最小二乘法求解参数估计值的步骤如下。

(1) 根据最小二乘法的定义可得

$$L = \sum(y_i - \hat{y}_i)^2 = \sum(y_i - \hat{\beta}_0 - \hat{\beta}_1 x_i)^2$$

(2) 一般情况,分别对上式中的未知数求一阶偏导,令其式子为 0。

$$\frac{\partial L}{\partial \hat{\beta}_0} = \sum[-2 \times (y_i - \hat{\beta}_0 - \hat{\beta}_1 x_i)] = 0 \quad ①$$

$$\frac{\partial L}{\partial \hat{\beta}_1} = \sum[-2 \times (y_i - \hat{\beta}_0 - \hat{\beta}_1 x_i) x_i] = 0 \quad ②$$

(3) 式①整理:

$$\sum y_i - n\hat{\beta}_0 - \hat{\beta}_1 \sum x_i = 0$$

可以得到

$$\hat{\beta}_0 = \bar{y} - \hat{\beta}_1 \bar{x}$$

式②整理:

$$\sum x_i y_i - \hat{\beta}_0 \sum x_i - \hat{\beta}_1 \sum x_i^2 = 0$$

将 $\hat{\beta}_0 = \bar{y} - \hat{\beta}_1 \bar{x}$ 和 $\sum x_i = n\bar{x}$ 代入上式中,整理得

$$\sum x_i y_i - (\bar{y} - \hat{\beta}_1 \bar{x}) \times n\bar{x} - \hat{\beta}_1 \sum x_i^2 = 0$$

$$\hat{\beta}_1 = \frac{\sum x_i y_i - n\bar{x}\bar{y}}{\sum x_i^2 - n\bar{x}^2}$$

即有

$$\hat{\beta}_1 = \frac{\sum x_i y_i - n\bar{x}\bar{y}}{\sum x_i^2 - n\bar{x}^2} \text{ 或者 } \hat{\beta}_1 = \frac{\sum(x_i - \bar{x})(y_i - \bar{y})}{\sum(x_i - \bar{x})^2}$$

【例 8.4】 沿用例 8.1 中的数据,计算产量 x 与生产费用 y 的样本回归方程。

解:最小二乘法的公式为

$$\hat{\beta}_1 = \frac{\sum x_i y_i - n\bar{x}\bar{y}}{\sum x_i^2 - n\bar{x}^2}$$

$$= \frac{170\,094 - 12 \times 85.42 \times 160.08}{101\,835 - 12 \times 85.42^2}$$

$$= 0.42$$

$$\hat{\beta}_2 = \bar{y} - \hat{\beta}_1 \bar{x} = 160.08 - 0.42 \times 85.42 = 124.20$$

即样本回归方程为 $\hat{y}_i = 124.20 + 0.42 x_i$。

从最小二乘法的结果可以得出一个重要的性质,即 $(\bar{x}, \bar{y})$ 在样本回归方程上 $\hat{y}_i = \hat{\beta}_0 + \hat{\beta}_1 x_i$,因为有 $\hat{\beta}_0 = \bar{y} - \hat{\beta}_1 \bar{x}$,整理即为 $\bar{y} = \hat{\beta}_0 + \hat{\beta}_1 \bar{x}$。

也可以利用 Excel 进行回归方程的计算,将在本章 8.5 节案例中会详细介绍。

8.2.4 样本回归方程的评价

前面介绍了最小二乘法是使因变量的观察值 y_i 与估计值 $\hat{y}_i$ 之间的离差平方和达到最小来求得 $\hat{\beta}_0$ 和 $\hat{\beta}_1$ 的方法，最后得出样本回归方程 $\hat{y}_i = \hat{\beta}_0 + \hat{\beta}_1 x_i$，下面要对样本回归方程进行评价。这里所说的评价，就是对直线的拟合程度进行评价，可以想象，如果各观测数据的散点都落在直线上，那么这条直线就是对数据完全的拟合，同时代表各点，x 得到的估计值与真实值 y 是没有误差的，即各离散点越紧密围绕直线，这条直线回归得越好，拟合程度也就越好。

定义 8.10 回归直线与各观察点的接近程度，称为回归直线对数据的拟合优度。

评价的指标有很多，这里只介绍判定系数和估计标准误差两个指标。

1. 判定系数

判定系数是对样本回归方程拟合程度的一个度量，即围绕着每一个观察点，x 得到的估计值与真实值 y 的误差大小进行测量。

用最小二乘法估计出样本回归方程后，会有两组数据，分别为真实值 y 和 $\hat{y}$，即 $y_1, y_2, \cdots, y_n$ 和 $\hat{y}_1, \hat{y}_2, \cdots, \hat{y}_n$。

对于 $y_1, y_2, \cdots, y_n$ 这组数据，数据之间存在差异，差异大小用差异的平方和表示，称这种差异的大小为总平方和，记为 SST。总平方和的公式为

$$\mathrm{SST} = \sum (y_i - \overline{y})^2 \tag{8.5}$$

总平方和是反映真实值的离散程度。而总平方和恰好又可以分解，如图 8.6 所示。

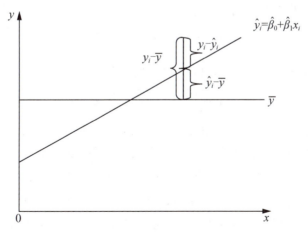

图 8.6 总平方和分解示意图

由图 8.6 可得
$$\mathrm{SST} = \sum (y_i - \overline{y})^2 = \sum (y_i - \hat{y}_i)^2 + \sum (\hat{y}_i - \overline{y})^2$$

其中 $\sum (\hat{y}_i - \overline{y})^2$ 是反映 $\hat{y}_1, \hat{y}_2, \cdots, \hat{y}_n$ 这组数据的离散程度。因为有 $\overline{\hat{y}} = \overline{y}$，而 $\hat{y}_1, \hat{y}_2, \cdots, \hat{y}_n$ 是根据样本回归方程得出的，所以称为回归平方和，记为 SSR；而 $\sum (y_i - \hat{y}_i)^2$ 是表示各实际

观测点与回归直线的残差 $y_i - \hat{y}_i$ 的平方和，称为残差平方和，记为 SSE。即有

$$\text{SST} = \text{SSR} + \text{SSE} \tag{8.6}$$

从图 8.6 可以直观地看出，样本回归方程拟合程度的好坏取决于 SSR 和 SST 的比例，如果全部点落在直线上，此时 SSE 为 0，而 SSR 与 SST 是相等的，也就是说样本点 100%都落在直线上了，表示直线拟合越好；如果全部点都没落在直线上，即样本点 0%落在直线上，表示直线拟合不好。

定义 8.11 回归平方和占总平方和的比例，称为判定系数，记为 R^2。

$$R^2 = \frac{\text{SSR}}{\text{SST}} = \frac{\text{SST} - \text{SSE}}{\text{SST}} = 1 - \frac{\text{SSE}}{\text{SST}} \tag{8.7}$$

由式(8.7)可知判定系数 R^2 的取值范围为 $[0,1]$，当 $R^2 = 1$ 时，代表所有样本点都落在回归直线上，这时这条回归直线是完全拟合；当 $R^2 = 0$ 时，代表没有样本点落在回归直线上，这时回归直线拟合是最差的。所以 R^2 越接近 1，回归直线的拟合越好。

【例 8.5】 沿用例 8.1 中的数据，用判定系数评价例 8.4 得到的产量 x 与生产费用 y 的样本回归方程。

解：根据数据可得 $\bar{y} = 160$，所以有

$$\begin{aligned}\text{SST} &= \sum(y_i - \bar{y})^2 \\ &= (130-160)^2 + \cdots + (185-160)^2 \\ &= 2\,985\end{aligned}$$

在例 8.4 中，已经得出样本回归方程为 $\hat{y}_i = 124.20 + 0.42x_i$，把样本点中产量 x_i 代入回归方程中，可得出 $\hat{y}_i$ 的数值。

$$\text{SSE} = \sum(y_i - \hat{y}_i)^2 = 457.21$$

其中有 $\text{SST} = \text{SSR} + \text{SSE}$，则 $\text{SSR} = 2527.79$，所以有

$$R^2 = 1 - \frac{\text{SSE}}{\text{SST}} = 1 - \frac{457.21}{2\,985} = 0.846\,8$$

即有 84.68% 个样本点落在直线上，说明直线拟合程度较好。

从判定系数的分析过程可以得知 $\text{SST} = \sum(y_i - \bar{y})^2$、$\text{SSE} = \sum(y_i - \hat{y}_i)^2$ 和 $\text{SSR} = \sum(\hat{y}_i - \bar{y})^2$，同时进行回归分析时，对回归分析做了几条基本的假定，其中有一条是误差项 ξ 服从正态分布，即 $\xi \sim N(0, \sigma^2)$，既然误差项 ξ 服从正态分布，可以推知因变量 y 服从正态分布，所以也有 $\bar{y}$ 服从正态分布，最后可以推出 $\text{SST} = \sum(y_i - \bar{y})^2$、$\text{SSE} = \sum(y_i - \hat{y}_i)^2$ 和 $\text{SSR} = \sum(\hat{y}_i - \bar{y})^2$ 三者都服从 χ^2 分布，且自由度分别为 $n-1$、$n-k-1$、k，其中 k 为解释变量的个数，一元线性回归解释变量个数为 1，即有

$$\begin{aligned}\text{SST} &\sim \chi^2(n-1) \\ \text{SSE} &\sim \chi^2(n-k-1) \\ \text{SSR} &\sim \chi^2(k)\end{aligned} \tag{8.8}$$

2. 估计标准误差

残差平方和 $SSE = \sum (y_i - \hat{y}_i)^2$，表示实际观测值 y_i 与样本回归方程的估计值 $\hat{y}_i$ 之间的差异程度，也可以用来度量各实际观测值在直线周围的散布状况，这个量就是估计标准误差。

定义 8.12 残差均方的平方根，称为估计量的标准差，或称为标准误差，用 s_e 表示。

实质上，估计标准误差是对误差项 ξ 的标准差 σ 的估计。

估计标准误差的计算公式为

$$s_e = \sqrt{MSE} = \sqrt{\frac{SSE}{n-2}} \tag{8.9}$$

估计标准误差是反映实际观测值 y_i 与样本回归方程的估计值 $\hat{y}_i$ 之间的差异的大小，当 $s_e = 0$ 时，代表各观测点全部都落在回归直线上，这条直线拟合越好，所以说 s_e 越接近 0 时，样本回归方程拟合越好。

【例 8.6】 沿用例 8.1 中的数据，用估计标准误差评价例 8.4 得到的产量 x 与生产费用 y 的样本回归方程。

解：根据题意有

$$s_e = \sqrt{MSE} = \sqrt{\frac{SSE}{n-2}}$$

其中 $SSE = \sum (y_i - \hat{y}_i)^2 = 457.21$，$n - 2 = 10$，所以有

$$s_e = \sqrt{MSE} = \sqrt{\frac{457.21}{10}} = 6.76$$

8.2.5 一元线性回归方程的统计检验

从前面的介绍中，得到了样本的回归方程，但我们的目的不是要样本的回归方程，而是要总体的回归方程，这时利用推断统计来检验样本的回归方程是否能够真实地反映解释变量 x 与被解释变量 y 的关系。

回归方程的统计检验主要包括两个方面的内容：一是线性关系的检验；二是回归系数的检验。

1. 线性关系的检验

线性关系的检验主要是检验解释变量 x 与被解释变量 y 之间的线性关系是否显著，即两者的线性模型 $y = \beta_0 + \beta_1 x + \xi$ 是否成立。

(1) 提出原假设 H_0 和备择假设 H_1。

H_0：$\beta_1 = 0$　线性关系不显著

H_1：$\beta_1 \neq 0$　线性关系显著

(2) 构造检验的统计量，并计算其值。

构造检验的统计量是采用方差分析的方法来构造的，即以回归平方和(SSR)和残差平方和(SSE)为基础。

由上面的分析可得

$$SST \sim \chi^2(n-1)$$
$$SSR \sim \chi^2(k)$$
$$SSE \sim \chi^2(n-k-1)$$

其中 k 为解释变量的个数，在一元线性回归方程中，解释变量只有 1 个，即 $k=1$。所以检验的统计量为

$$F = \frac{SSR/1}{SSE/(n-2)} \sim F(1, n-2) \tag{8.10}$$

(3) 根据给出的显著性水平 α，确定拒绝原假设的区域。

$$(F_\alpha(1, n-2), +\infty)$$

(4) 统计决策。

当 $F > F_\alpha(1, n-2)$ 时，检验的统计量落在拒绝原假设区域内，所以拒绝原假设，两变量的线性关系显著。

【例 8.7】 沿用例 8.1 中的数据，检验产量 x 与生产费用 y 的线性关系是否显著。（$\alpha = 0.05$）

解：

(1) 提出原假设 H_0 和备择假设 H_1。

H_0：$\beta_1 = 0$　　线性关系不显著

H_1：$\beta_1 \neq 0$　　线性关系显著

【线性关系的检验】

(2) 构造检验统计量，并计算其值。

$$F = \frac{SSR/1}{SSE/(n-2)} \sim F(1, n-2)$$

其中 SSR = 2 527.79，SSE = 457.21，所以有

$$F = \frac{2\,527.79/1}{457.21/10} = 55.287\,3$$

(3) $\alpha = 0.05$，确定拒绝原假设的区域。

$$(F_{0.05}(1,10), +\infty)$$

查 F 分布表得 $F_{0.05}(1,10) = 4.964\,603$。

(4) 统计决策。

$F = 55.287\,3 > F_{0.05}(1,10) = 4.964\,603$，检验统计量落在拒绝原假设区域内，所以拒绝原假设，两变量的线性关系显著。

2. 回归系数的检验

在线性模型 $y = \beta_0 + \beta_1 x + \xi$ 中，回归系数有 β_0 和 β_1，所以要分别对这两个回归系数进行检验。

1) 回归系数 β_1 的检验

(1) 提出原假设 H_0 和备择假设 H_1。

$$H_0: \beta_1 = 0 \ ; \quad H_1: \beta_1 \neq 0$$

(2) 构造检验的统计量,并计算其值。

回归系数 β_1 的检验统计量应从其样本入手,即 $\hat{\beta}_1$。根据最小二乘法,有

$$\hat{\beta}_1 = \frac{\sum (x_i - \overline{x})(y_i - \overline{y})}{\sum (x_i - \overline{x})^2}$$

$$= \frac{\sum [(x_i - \overline{x})y_i - (x_i - \overline{x})\overline{y}]}{\sum (x_i - \overline{x})^2}$$

$$= \frac{\sum (x_i - \overline{x})y_i - \sum (x_i - \overline{x})\overline{y}}{\sum (x_i - \overline{x})^2}$$

$$= \frac{\sum (x_i - \overline{x})y_i - \overline{y}\sum (x_i - \overline{x})}{\sum (x_i - \overline{x})^2}$$

其中 $\sum (x_i - \overline{x}) = 0$,所以有

$$\hat{\beta}_1 = \frac{\sum (x_i - \overline{x})y_i}{\sum (x_i - \overline{x})^2}$$

即 $\hat{\beta}_1$ 是 y_i 的线性组合,而 y_i 服从正态分布,有 $y_i \sim N(\alpha + \beta x_i, \sigma^2)$,所以 $\hat{\beta}_1$ 也服从正态分布。接着计算其数学期望值和方差,计算过程如下。

令 $C_i = \dfrac{(x_i - \overline{x})}{\sum (x_i - \overline{x})^2}$,有 $\hat{\beta}_1 = \sum C_i y_i$。$C_i$ 具有以下性质。

① $\sum C_i = 0$。

证明:$\sum C_i = \sum \dfrac{(x_i - \overline{x})}{\sum (x_i - \overline{x})^2} = 0$

② $\sum C_i(x_i - \overline{x}) = 1$。

证明:$\sum C_i(x_i - \overline{x}) = \sum \dfrac{(x_i - \overline{x})}{\sum (x_i - \overline{x})^2}(x_i - \overline{x})$

$$= \sum \dfrac{(x_i - \overline{x})^2}{\sum (x_i - \overline{x})^2}$$

$$= \dfrac{\sum (x_i - \overline{x})^2}{\sum (x_i - \overline{x})^2} = 1$$

③ $\sum C_i x_i = 1$。

证明:有 $\sum C_i(x_i - \overline{x}) = 1$

左边 $= \sum (C_i x_i - \overline{x} C_i) = \sum C_i x_i - \sum \overline{x} C_i = \sum C_i x_i - \overline{x} \sum C_i$

其中 $\sum C_i = 0$,所以有 $\sum C_i x_i = 1$。

④ $\sum C_i^2 = \dfrac{1}{\sum (x_i - \overline{x})^2}$。

证明：$\sum C_i^2 = \sum (\frac{x_i - \bar{x}}{\sum (x_i - \bar{x})^2})^2 = \sum \frac{(x_i - \bar{x})^2}{(\sum (x_i - \bar{x})^2)^2}$

$$= \frac{\sum (x_i - \bar{x})^2}{(\sum (x_i - \bar{x})^2)^2}$$

$$= \frac{1}{\sum (x_i - \bar{x})^2}$$

有了上面 C_i 的性质后，下面来计算 $\hat{\beta}_1$ 的数学期望值和方差。

$$E(\hat{\beta}_1) = E(\sum C_i y_i) = \sum C_i E(y_i) = \sum C_i (\alpha + \beta x_i) = \alpha \sum C_i + \beta \sum C_i x_i$$

其中 $\sum C_i = 0$，$\sum C_i x_i = 1$，则有

$$E(\hat{\beta}_1) = \beta_1$$

$D(\hat{\beta}_1) = D(\sum C_i y_i)$，因为 y_i 之间是相互独立的，所以有

$$D(\hat{\beta}_1) = \sum C_i^2 D(y_i)$$

其中 $D(y_i) = \sigma^2$，则有

$$D(\hat{\beta}_1) = \sigma^2 \sum C_i^2 = \frac{1}{\sum (x_i - \bar{x})^2} \sigma^2$$

即有

$$\hat{\beta}_1 \sim N(\beta_1, \frac{1}{\sum (x_i - \bar{x})^2} \sigma^2) \tag{8.11}$$

有了这个分布，下面开始构造检验的统计量。

$$\hat{\beta}_1 \sim N(\beta_1, \frac{1}{\sum (x_i - \bar{x})^2} \sigma^2)$$

$$Z = \frac{\hat{\beta}_1 - \beta_1}{\sqrt{\frac{1}{\sum (x_i - \bar{x})^2} \sigma^2}} \sim N(0, 1)$$

因为 σ^2 未知，而前面已介绍估计标准误差是其估计值，而估计标准误差是残差均方，所以有

$$t = \frac{\hat{\beta}_1 - \beta_1}{\sqrt{\frac{1}{\sum (x_i - \bar{x})^2} s_e^2}} \sim t(n-2) \tag{8.12}$$

把原假设 H_0：$\beta_1 = 0$ 代入此式，有

$$t = \frac{\hat{\beta}_1}{s_{\hat{\beta}_1}} \sim t(n-2) \tag{8.13}$$

式中，$s_{\hat{\beta}_1} = \sqrt{\frac{1}{\sum (x_i - \bar{x})^2} s_e^2}$，是 $\hat{\beta}_1$ 的标准误差。

(3) 根据给出的显著性水平 α，确定拒绝原假设的区域。

此检验为双侧检验，其拒绝原假设的区域为

$$(-\infty, -t_{\alpha/2}(n-2)) \cup (t_{\alpha/2}(n-2), +\infty)$$

(4) 统计决策。

当 $|t| > t_{\alpha/2}(n-2)$ 时，检验的统计量落在拒绝原假设区域内，所以拒绝原假设，回归系数 β_1 显著。

2) 回归系数 β_0 的检验

(1) 提出原假设 H_0 和备择假设 H_1。

$$H_0: \beta_0 = 0; \quad H_1: \beta_0 \neq 0$$

(2) 构造检验的统计量，并计算其值。

【回归系数的检验】

回归系数 β_0 检验的统计量应从其样本入手，即 $\hat{\beta}_0$。根据最小二乘法，有

$$\hat{\beta}_0 = \bar{y} - \hat{\beta}_1 \bar{x} = \frac{1}{n}(y_1 + y_2 + \cdots + y_n) - \hat{\beta}_1 \bar{x}$$

其中 $\hat{\beta}_1 = \sum C_i y_i$，所以有

$$\hat{\beta}_0 = \frac{1}{n}(y_1 + y_2 + \cdots + y_n) - \bar{x} \sum C_i y_i$$

$$= \sum (\frac{1}{n} - \bar{x} C_i) y_i$$

同样 $\hat{\beta}_0$ 是 y_i 的线性组合，而 y_i 服从正态分布，有 $y_i \sim N(\alpha + \beta x_i, \sigma^2)$，所以 $\hat{\beta}_0$ 也服从正态分布。接着计算其数学期望值和方差，计算过程如下。

$$E(\hat{\beta}_0) = \sum (\frac{1}{n} - \bar{x} C_i) E(y_i)$$

$$= \sum (\frac{1}{n} - \bar{x} C_i)(\alpha + \beta x_i)$$

$$= \alpha \sum (\frac{1}{n} - \bar{x} C_i) + \beta \sum (\frac{1}{n} - \bar{x} C_i) x_i$$

$$= \alpha (1 - \bar{x} \sum C_i) + \beta (\bar{x} - \bar{x} \sum C_i x_i)$$

其中 $\sum C_i = 0$，$\sum C_i x_i = 1$，有

$$E(\hat{\beta}_0) = \beta_0$$

$$D(\hat{\beta}_0) = D(\sum (\frac{1}{n} - \bar{x} C_i) y_i)$$

$$= \sum (\frac{1}{n} - \bar{x} C_i)^2 D(y_i)$$

$$= \sigma^2 \sum (\frac{1}{n} - \bar{x} C_i)^2$$

$$= \sigma^2 \sum (\frac{1}{n^2} - 2\bar{x} C_i + \bar{x}^2 C_i^2)$$

$$= \sigma^2 (\frac{1}{n} - 2\bar{x} \sum C_i + \bar{x}^2 \sum C_i^2)$$

其中 $\sum C_i = 0$，$\sum C_i^2 = \dfrac{1}{\sum(x_i-\bar{x})^2}$，有

$$D(\hat{\beta}_0) = \left(\dfrac{1}{n} + \dfrac{\bar{x}^2}{\sum(x_i-\bar{x})^2}\right)\sigma^2$$

即有

$$\hat{\beta}_0 \sim N\left(\beta_0, \left(\dfrac{1}{n} + \dfrac{\bar{x}^2}{\sum(x_i-\bar{x})^2}\right)\sigma^2\right)$$

$$Z = \dfrac{\hat{\beta}_0 - \beta_0}{\sqrt{\left(\dfrac{1}{n} + \dfrac{\bar{x}^2}{\sum(x_i-\bar{x})^2}\right)\sigma^2}} \sim N(0,1)$$

同样因为 σ^2 未知，用估计标准误差代替，所以有

$$t = \dfrac{\hat{\beta}_0 - \beta_0}{\sqrt{\left(\dfrac{1}{n} + \dfrac{\bar{x}^2}{\sum(x_i-\bar{x})^2}\right)s_e^2}} \sim t(n-2) \tag{8.14}$$

其中把原假设 H_0：$\beta_0 = 0$ 代入此式，有

$$t = \dfrac{\hat{\beta}_0}{s_{\hat{\beta}_0}} \sim t(n-2) \tag{8.15}$$

「线性关系和回归系数检验的软件操作」

其中 $s_{\hat{\beta}_0} = \sqrt{\left(\dfrac{1}{n} + \dfrac{\bar{x}^2}{\sum(x_i-\bar{x})^2}\right)s_e^2}$，是 $\hat{\beta}_0$ 的标准误差。

(3) 根据给出的显著性水平 α，确定拒绝原假设的区域。

此检验为双侧检验，其拒绝原假设的区域为

$$(-\infty, -t_{\alpha/2}(n-2)) \cup (t_{\alpha/2}(n-2), +\infty)$$

(4) 统计决策。

当 $|t| > t_{\alpha/2}(n-2)$ 时，检验统计量落在拒绝原假设区域内，所以拒绝原假设，回归系数 β_0 显著。

【例 8.8】 沿用例 8.1 中的数据，检验回归模型的回归系数是否显著。（$\alpha = 0.05$）

解：首先，检验回归系数 β_1。

(1) 提出原假设 H_0 和备择假设 H_1。

$$H_0: \beta_1 = 0 ; \quad H_1: \beta_1 \neq 0$$

(2) 构造检验的统计量，并计算其值。

$$t = \dfrac{\hat{\beta}_1 - \beta_1}{\sqrt{\dfrac{1}{\sum(x_i-\bar{x})^2}s_e^2}} \sim t(n-2)$$

把原假设 H_0：$\beta_1 = 0$ 代入此式，有

$$t = \frac{\hat{\beta}_1}{s_{\hat{\beta}_1}} = \frac{0.42}{\sqrt{\frac{457.21}{14\,282.92}}} = \frac{0.42}{\sqrt{0.003\,201}} = 7.423\,461$$

(3) $\alpha = 0.05$，确定拒绝原假设的区域。

$$(-\infty, -t_{0.025}(10)) \cup (t_{0.025}(10), +\infty)$$

查 t 分布表可得 $t_{0.025}(10) = 2.228\,1$。

(4) 统计决策。

因为 $t = 7.423\,461 > t_{0.025}(10) = 2.228\,1$，所以拒绝原假设，即回归系数 β_1 显著。

其次，检验回归系数 β_0。

(1) 提出原假设 H_0 和备择假设 H_1。

$$H_0:\ \beta_0 = 0\ ;\quad H_1:\ \beta_0 \neq 0$$

(2) 构造检验的统计量，并计算其值。

$$t = \frac{\hat{\beta}_0 - \beta_0}{\sqrt{\left(\frac{1}{n} + \frac{\bar{x}^2}{\sum(x_i - \bar{x})^2}\right) s_e^2}} \sim t(n-2)$$

把原假设 H_0：$\beta_0 = 0$ 代入此式，有

$$t = \frac{\hat{\beta}_0}{s_{\hat{\beta}_0}} = \frac{124.20}{\sqrt{\left(\frac{1}{12} + \frac{7\,296.007}{14\,282.92}\right) \times 45.721}} = \frac{124.20}{\sqrt{27.165\,30}} = \frac{124.20}{5.212\,034} = 23.829\,47$$

(3) $\alpha = 0.05$，确定拒绝原假设的区域。

$$(-\infty, -t_{0.025}(10)) \cup (t_{0.025}(10), +\infty)$$

查 t 分布表可得 $t_{0.025}(10) = 2.228\,1$。

(4) 统计决策。

因为 $|t| = 23.829\,46 > t_{0.025}(10) = 2.228\,1$，所以拒绝原假设，即回归系数 β_1 显著。

8.3　一元线性回归模型的预测

回归分析的主要目的是根据所建立的估计回归方程进行经济预测和经济控制。所谓预测，是指通过自变量 x 的取值来预测因变量 y 的取值。控制是指通过因变量 y 的值，求出自变量 x 的值。本节主要介绍根据估计方程进行估计和预测的方法，主要包括点估计和区间估计。

8.3.1　点估计

定义 8.13　利用估计的回归方程，对于 x 的一个特定值 x_0，求出 y 的一个估计值就是点估计。

点估计分两种：①平均值的点估计；②个别值的点估计。

定义 8.14 利用估计的回归方程，对于 x 的一个特定值 x_0，求出 y 的平均值的一个估计值 $E(y_0)$，称为平均值的点估计。

【例 8.9】 沿用例 8.1 中的数据，利用估计的回归方程，对于一个特定值 $x_0 = 90$，求出 y_0 平均值的点估计。

解：平均值的一个估计值为
$$E(y_0) = 124.20 + 0.42 \times 90 = 162$$

定义 8.15 利用估计的回归方程，对于 x 的一个特定值 x_0，求出 y 的一个个别值的估计值 $\hat{y}_0$，称为个别值的点估计。

【例 8.10】 沿用例 8.1 中的数据，利用估计的回归方程，对于一个特定值 $x_0 = 90$，求出 y_0 个别值的点估计。

解：y_0 个别值的点估计为
$$\hat{y}_0 = 124.20 + 0.42 \times 90 = 162$$

从上面的两个例题中可以看出，在点估计的条件下，对于同一个 x_0，平均值的点估计和个别值的点估计的结果是一样的。但是，两者在区间中则有所不同。

8.3.2 区间估计

定义 8.16 利用估计的回归方程，对于 x 的一个特定值 x_0，求出 y 的一个估计值的区间就是区间估计。

区间估计也分两种：置信区间估计和预测区间估计。

定义 8.17 对 x 的一个给定值 x_0，求出 y 的平均值的估计区间，这一区间称为置信区间。

定义 8.18 对 x 的一个给定值 x_0，求出 y 的一个个别值的估计区间，这一区间称为预测区间。

1. 置信区间估计

置信区间估计是对一个给定值 x_0，求出 y 的平均值的估计区间，即求出 $E(y_0)$ 的区间范围。因为 $y_0 = \hat{y}_0 + \xi_0$，其中 $E(\xi_0) = 0$，所以有 $E(y_0) = E(\hat{y}_0)$，即 $\hat{y}_0 = \hat{\beta}_0 + \hat{\beta}_1 x_0$ 为 $E(y_0)$ 的估计值。

已知 $\hat{\beta}_0$ 和 $\hat{\beta}_1$ 都服从正态分布，而 x_0 是给定的一个值，所以 $\hat{y}_0 = \hat{\beta}_0 + \hat{\beta}_1 x_0$ 也服从正态分布。既然服从正态分布，那么下面就来计算其方差。

$$\begin{aligned} D(\hat{y}_0) &= D(\hat{\beta}_0 + \hat{\beta}_1 x_0) \\ &= D(\hat{\beta}_0) + D(\hat{\beta}_1 x_0) + 2\mathrm{cov}(\hat{\beta}_0, \hat{\beta}_1 x_0) \\ &= \left(\frac{1}{n} + \frac{\bar{x}^2}{\sum(x_i - \bar{x})^2}\right)\sigma^2 + x_0^2 \frac{1}{\sum(x_i - \bar{x})^2}\sigma^2 + 2x_0 \mathrm{cov}(\hat{\beta}_0, \hat{\beta}_1) \end{aligned}$$

其中，$\text{cov}(\hat{\beta}_0, \hat{\beta}_1) = \text{cov}(\bar{y} - \hat{\beta}_1 \bar{x}, \hat{\beta}_1)$

$$= \text{cov}(\bar{y}, \hat{\beta}_1 \bar{x}) - \text{cov}(\hat{\beta}_1 \bar{x}, \hat{\beta}_1)$$

$$= 0 - \bar{x} \text{cov}(\hat{\beta}_1, \hat{\beta}_1)$$

$$= -\bar{x} D(\hat{\beta}_1)$$

$$= -\bar{x} \frac{1}{\sum(x_i - \bar{x})^2} \sigma^2$$

$$D(\hat{y}_0) = \left(\frac{1}{n} + \frac{\bar{x}^2 + x_0^2 - 2x_0 \bar{x}}{\sum(x_i - \bar{x})^2} \right) \sigma^2 = \left(\frac{1}{n} + \frac{(x_0 - \bar{x})^2}{\sum(x_i - \bar{x})^2} \right) \sigma^2$$

由于总体误差项 ξ、方差 σ^2 是未知的，用估计的标准误差来代替，但此时是服从 t 分布的，则有

$$s_{\hat{y}_0} = s_e \sqrt{\frac{1}{n} + \frac{(x_0 - \bar{x})^2}{\sum(x_i - \bar{x})^2}} \tag{8.16}$$

对于给定值 x_0，求出 y 的平均值的估计区间为

$$\hat{y}_0 \pm t_{\alpha/2}(n-2) s_e \sqrt{\frac{1}{n} + \frac{(x_0 - \bar{x})^2}{\sum(x_i - \bar{x})^2}} \tag{8.17}$$

【例 8.11】 沿用例 8.1 中的数据，求 12 家企业生产费用 95% 的置信区间。（$\alpha = 0.05$）

解：根据题意，置信区间为

$$\hat{y}_0 \pm t_{\alpha/2}(n-2) s_e \sqrt{\frac{1}{n} + \frac{(x_0 - \bar{x})^2}{\sum(x_i - \bar{x})^2}}$$

其中，$\hat{y}_0 = 162$，$t_{0.025}(10) = 2.2281$，$s_e = 6.76$，则有

$$162 \pm 2.2281 \times 6.76 \times \sqrt{\frac{1}{12} + \frac{(90 - 85.42)^2}{14282.92}}$$

$$= 162 \pm 2.2281 \times 6.76 \times 0.291208$$

$$= 162 \pm 4.3862$$

即置信区间为 (157.6138，166.3862)。

2. 预测区间估计

预测区间是指对 x 的一个给定值 x_0，求出 y 的一个个别值的估计区间，即求出 $\hat{y}_0 + \xi_0$ 的区间范围。

从上面的分析中可知 $\hat{y}_0 = \hat{\beta}_0 + \hat{\beta}_1 x_0$ 为 $E(y_0)$ 的估计值，而预测区间估计是求 $\hat{y}_0 + \xi_0$ 的范围，比置信区间多了一个误差项 ξ_0，即

$$D(\hat{y}_0 + \xi_0) = D(\hat{y}_0) + D(\xi_0) = \left(\frac{1}{n} + \frac{(x_0 - \bar{x})^2}{\sum(x_i - \bar{x})^2} \right) \sigma^2 + \sigma^2 = \left(1 + \frac{1}{n} + \frac{(x_0 - \bar{x})^2}{\sum(x_i - \bar{x})^2} \right) \sigma^2$$

同样用估计的标准误差来代替方差 σ^2，此时是服从 t 分布的，则有

$$s_{y_0} = s_e \sqrt{1 + \frac{1}{n} + \frac{(x_0 - \bar{x})^2}{\sum(x_i - \bar{x})^2}} \qquad (8.18)$$

对于给定值 x_0，求出 y 的平均值的估计区间为

$$\hat{y}_0 \pm t_{\alpha/2}(n-2) s_e \sqrt{1 + \frac{1}{n} + \frac{(x_0 - \bar{x})^2}{\sum(x_i - \bar{x})^2}} \qquad (8.19)$$

【例 8.12】 沿用例 8.1 中的数据，求 12 家企业生产费用 95% 的预测区间。($\alpha=0.05$)

解：根据题意，置信区间为

$$\hat{y}_0 \pm t_{\alpha/2}(n-2) s_e \sqrt{1 + \frac{1}{n} + \frac{(x_0 - \bar{x})^2}{\sum(x_i - \bar{x})^2}}$$

其中，$\hat{y}_0 = 162$，$t_{0.025}(10) = 2.2281$，$s_e = 6.76$，则有

$$162 \pm 2.2281 \times 6.76 \times \sqrt{1 + \frac{1}{12} + \frac{(90 - 85.42)^2}{14\,282.92}}$$
$$= 162 \pm 2.2281 \times 6.76 \times 1.041538$$
$$= 162 \pm 15.6876$$

即置信区间为 (146.3124，177.6876)。

8.4 多元线性回归分析

在实际问题中，影响因变量的因素往往有很多，这种一个因变量与多个自变量的回归问题就是多元回归。当因变量与各自变量之间为线性关系时，称为多元线性回归。多元线性回归分析的原理与一元线性回归分析的原理基本相同，只是在计算上要复杂得多，因而需要借助计算机来完成。本节只介绍多元与一元不同的内容。

8.4.1 多元线性回归模型的含义

多元线性回归相对于一元线性回归不同的是自变量的个数不是一个，而是多个，即有两个及两个以上。

定义 8.19 描述因变量 y 如何依赖于自变量 $x_1, x_2, \cdots, x_k$ 和误差项 ξ 的方程，称为多元线性回归模型。

多元线性回归模型的一般形式可表示为

$$y = \beta_0 + \beta_1 x_1 + \beta_2 x_2 + \cdots + \beta_k x_k + \xi \qquad (8.20)$$

式中，$\beta_0, \beta_1, \beta_2, \cdots, \beta_k$ 为模型参数；ξ 为误差项。与一元线性回归类似，我们对误差项 ξ 有同样的基本假定。

定义 8.20 描述 y 的期望值如何依赖于 $x_1, x_2, \cdots, x_k$ 的方程，称为多元线性回归方程，即

$$E(y) = \beta_0 + \beta_1 x_1 + \beta_2 x_2 + \cdots + \beta_k x_k \qquad (8.21)$$

由于回归方程中的参数 $\beta_0, \beta_1, \beta_2, \cdots, \beta_k$ 是未知的，因而需要利用样本数据去估计它们。

在用样本统计量 $\hat{\beta}_0, \hat{\beta}_1, \hat{\beta}_2, \cdots, \hat{\beta}_k$ 估计回归方程中的未知参数 $\beta_0, \beta_1, \beta_2, \cdots, \beta_k$ 时，就得到了估计的多元回归方程。

定义 8.21 根据样本数据得到的多元线性回归方程的估计，称为估计的多元线性回归方程。

$$\hat{y}_i = \hat{\beta}_0 + \hat{\beta}_1 x_1 + \hat{\beta}_2 x_2 + \cdots + \hat{\beta}_k x_k \tag{8.22}$$

8.4.2 最小二乘法

回归方程中的 $\hat{\beta}_0, \hat{\beta}_1, \hat{\beta}_2, \cdots, \hat{\beta}_k$ 仍然是根据最小二乘法求得，即

$$L = \sum (y_i - \hat{y}_i)^2 = \sum (y_i - \hat{\beta}_0 - \hat{\beta}_1 x_1 - \hat{\beta}_2 x_2 - \cdots - \hat{\beta}_k x_k)^2$$

$$\begin{cases} \dfrac{\partial L}{\partial \hat{\beta}_0} = 0 \\ \dfrac{\partial L}{\partial \hat{\beta}_i} = 0 \quad i = 1, 2, \cdots, k \end{cases} \tag{8.23}$$

要从上面方程组中解出参数的估计值，需要借助计算机来完成。

8.4.3 样本回归方程的评价

类似于一元线性回归，对于多元线性回归方程，需要用指标评价多元线性回归方程的拟合优度。这里采用的指标有两个：一是修正的多重判定系数；二是估计标准误差。其中估计标准误差同一元线性回归的计算公式相同，而多重判定系数是对一元线性回归的判定系数进行了修正。这里只介绍修正的多重判定系数。

在一元线性回归中曾介绍了因变量变差平方和的分解，这一点同样适用于多元回归中因变量变差平方和的分解，即

$$\text{SST} = \text{SSE} + \text{SSR}$$

式中，$\text{SST} = \sum (y_i - \bar{y})^2$ 为总平方和；$\text{SSR} = \sum (\hat{y}_i - \bar{y})^2$ 为回归平方和；$\text{SSE} = \sum (y_i - \hat{y}_i)^2$ 为残差平方和。

定义 8.22 在多元回归中，回归平方和占总平方和的比例，称为多重判定系数。其计算公式为

$$R^2 = \frac{\text{SSR}}{\text{SSE}} = 1 - \frac{\text{SSE}}{\text{SST}}$$

由于自变量增加时，预测误差会变得比较小，从而减少残差平方和 SSE；由于回归平方和 SSR=SST-SSE，因此当 SSE 变小时，SSR 就会变大，进而使 R^2 变大。因此，如果模型中增加了一个自变量，那么即使这个自变量在统计上并不显著，R^2 也会变大。为避免因增加自变量而高估 R^2，统计学家提出用样本量 n 和自变量个数 k 去修正 R^2，以便计算出修正的多重判定系数。

定义 8.23 用模型中自变量的个数和样本量进行调整的多重判定系数，称为修正的多重判定系数，记为 R'^2。其计算公式为

$$R'^2 = 1 - \frac{(1-R^2)(n-1)}{n-k-1} \tag{8.24}$$

8.4.4 显著性检验

在一元线性回归中，线性关系的检验(F 检验)与回归系数的检验(t 检验)是等价的。因为一元线性回归只有一个自变量。但在多元线性回归中，这两种检验不再等价。线性关系检验主要是检验因变量与多个自变量的线性关系是否显著，在 k 个自变量中，只要有一个自变量与因变量的线性关系显著，F 检验就能通过，但这不一定意味着每个自变量与因变量的关系都显著。回归系数检验则是对每个回归系数进行单独的检验，它主要用于检验每个自变量对因变量的影响是否显著。如果某个自变量没有通过检验，就意味着这个自变量对因变量的影响不显著，也就没有必要将这个自变量放进回归模型了。这部分内容主要通过案例来介绍。

8.5 案例分析：啤酒市场的调查与分析及 Excel 上机应用——啤酒销售量预测

回归分析常用的方法是向后消去法，向后消去法是指先纳入所有的变量，再逐一消除没有预测效果的项目。这里以性别、年龄、是否喝过啤酒、最常喝的品牌、啤酒印象分数为解释变量，是否购买为被解释变量，建立一个多元回归分析，以向后消去法最后得出一个有效的回归预测模型。

1. 建立一个五元线性回归预测模型

建立一个新的工作表，命名为“回归分析”，并且把资料库中的“性别”“年龄”“是否喝过啤酒”“最常喝的品牌”“啤酒印象分数”和“再次购买”数据复制到回归分析工作表中，如图 8.7 所示。

	A	B	C	D	E	F
1	性别	年龄	是否喝过啤酒	最常喝的品牌	啤酒印象分数	再次购买
2	2	1	1	1	2	1
3	1	2	1	2	9	1
4	1	2	1	2	7	1
5	2	1	1	2	2	1
6	2	1	1	4	7	1
7	1	2	1	1	11	1
8	2	1	1	2	-1	2
9	2	1	1	2	7	1
10	1	2	1	2	11	1
11	1	3	1	1	6	1
12	2	2	1	2	2	1
13	1	3	1	2	9	1
14	1	3	1	2	11	1
15	2	1	1	1	-1	2
16	2	1	1	1	7	1
17	1	3	1	2	11	1
18	1	2	1	2	12	1
19	1	4	1	3	2	1
20	2	2	1	2	1	1
21	1	2	1	3	11	1
22	1	1	1	2	11	1

图 8.7 “回归分析”工作表

为了研究变量"是否喝过啤酒"是否影响"再次购买",将 C15 单元格和 D15 单元格的数值改为 0,如图 8.8 所示。

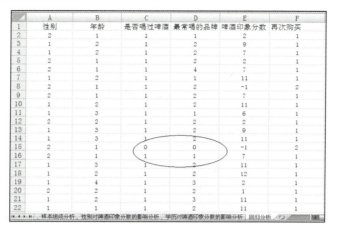

图 8.8　将 C15 单元格和 D15 单元格的数值改为 0

建立五元线性回归预测模型步骤如下。

第一步:在回归分析工作表的界面,单击"数据"→"分析"→"数据分析"按钮,弹出"数据分析"对话框,在"分析工具"列表中选择"回归"选项,如图 8.9 所示。

图 8.9　"数据分析"对话框

第二步:单击"确定"按钮,弹出"回归"对话框,在"Y 值输入区域"文本框中输入"$F$1:$F$31",在"X 值输入区域"文本框中输入"$A$1:$E$31",选择"标志"和"置信度"复选框,其中的置信度默认为"95%",选中"输出区域"单选按钮,并在其文本框中输入输出结果"$H$9",如图 8.10 所示。

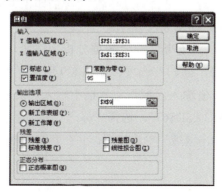

图 8.10　"回归"对话框 1

第三步：单击"确定"按钮，出现如图 8.11 所示的分析结果。

```
SUMMARY OUTPUT

          回归统计
Multiple R      0.778548235
R Square        0.606137354
Adjusted R Sq   0.524082636
标准误差         0.175025031
观测值            30

方差分析
              df         SS           MS            F         Significance F
回归分析        5      1.131456394  0.226291279  7.386989665    0.000256788
残差          24      0.735210273  0.030633761
总计          29      1.866666667

              Coefficients   标准误差      t Stat       P-value     Lower 95%    Upper 95%    下限 95.0%   上限 95.0%
Intercept     2.356865098   0.325585243  7.238857263  1.76673E-07  1.684890189  3.028840007  1.684890189  3.02884001
性别          -0.156909927   0.125228882 -1.252985137  0.222281961 -0.415369634  0.101549779 -0.41536963   0.10154978
年龄          -0.075416303   0.051876464 -1.453767221  0.158963656 -0.182484062  0.031651456 -0.18248406   0.03165146
是否喝过啤酒   -0.720147878   0.216155111 -3.331625489  0.002787937 -1.166270097 -0.27402566  -1.1662701   -0.2740257
最常喝的品牌  -0.007531198   0.041996814 -0.179327834  0.859185671 -0.094208362  0.079145966 -0.09420836   0.07914597
啤酒印象分数  -0.03237106    0.014017536 -2.309325915  0.029844544 -0.061301832 -0.00344029  -0.06130183  -0.0034403
```

图 8.11 分析结果 1

从图 8.11 的报表中，可以得出以下结论。

(1) 由修正的多重判定系数值为 0.524 082 636 可知，此 5 项因素与未来是否会购买啤酒之间存在回归关系，而回归模型的解释能力为中等，因为值越接近 1，代表解释能力越强。

(2) 由方差分析检验结果来看，F 检验的统计量为 $F=7.386 989 665$，对应的 P 值为 0.000 256 788，这个值非常小，所以结论为拒绝原假设，接受备择假设，即表示 5 项因素与未来购买啤酒之间存在显著性的相关性。

(3) 各项系数的检验。各项系数的原假设和备择假设分别为 $H_0：\beta_i = 0$；$H_1：\beta_i \neq 0$，检验的统计量为 t 检验，那么性别、年龄、是否喝过啤酒、最常喝的品牌、啤酒印象分数 5 项因素所对应的 P 值分别为 0.222 281 961、0.158 963 656、0.002 787 937、0.859 185 671、0.029 844 544。其中只有是否喝过啤酒和啤酒印象分数的 P 值小于 0.05，说明是否喝过啤酒和啤酒印象分数与未来是否购买啤酒存在相关性。这时选择消除 P 值最大的对应的变量，建立一个四元线性回归模型。

2. 建立一个四元线性回归预测模型

第一步：把"性别""年龄""是否喝过啤酒""啤酒印象分类"和"再次购买"数据复制到"回归分析"工作表中，如图 8.12 所示。

第二步：单击"数据"→"分析"→"数据分析"按钮，弹出"数据分析"对话框，在"分析工具"列表中选择"回归"选项，如图 8.9 所示，然后单击"确定"按钮，弹出"回归"对话框，在"Y 值输入区域"文本框中输入"$E$37:$E$67"，在"X 值输入区域"文本框中输入"$A$37:$D$67"，选择"标志"和"置信度"复选框，其中的置信度默认为"95%"，选中"输出区域"单选按钮，并在其文本框中输入"$F$43"，如图 8.13 所示。

图 8.12　"回归分析"工作表

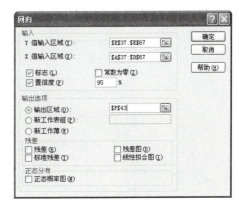

图 8.13　"回归"对话框 2

第三步：单击"确定"按钮，出现如图 8.14 所示的分析结果。

图 8.14　分析结果 2

从图 8.14 的报表中，可以得出以下结论。

(1) 由修正的多重判定系数值为 0.542 507 139，可知此 4 项因素与未来是否会购买啤酒之间存在回归关系，而回归模型的解释能力为中等。

(2) 由方差分析检验结果来看，F 检验的统计量为 9.597 241 831，对应的 P 值为 7.62195×10^{-5}，这个值非常小，所以结论为拒绝原假设，接受备择假设，即表示 4 项因素与未来是否购买啤酒之间存在显著性的相关性。

(3) 各项系数的检验。检验的统计量为 t 检验，那么性别、年龄、是否喝过啤酒、啤酒印象分数 4 项因素所对应的 P 值分别为 0.217 600 707、0.150 312 017、0.000 793 195、0.026 723 205。同样只有是否喝过啤酒和啤酒印象分数的 P 值小于 0.05，说明是否喝过啤酒和啤酒印象分数与未来是否购买啤酒存在相关性。这时选择消除 P 值最大的对应的变量，建立一个三元线性回归模型。

3. 建立一个三元线性回归预测模型

第一步：把“年龄”“是否喝过啤酒”“啤酒印象分数”和“再次购买”数据复制到“回归分析”工作表中，如图 8.15 所示。

	A	B	C	D	E
76	年龄	是否喝过啤酒	啤酒印象分数	再次购买	
77	1	1	2	1	
78	2	1	9	1	
79	2	1	7	1	
80	1	1	2	1	
81	1	1	7	1	
82	2	1	11	1	
83	1	1	-1	2	
84	1	1	7	1	
85	2	1	11	1	
86	3	1	6	1	
87	2	1	2	1	
88	3	1	9	1	
89	3	1	11	1	
90	1	0	-1	2	
91	1	1	7	1	
92	3	1	11	1	
93	2	1	12	1	
94	4	1	2	1	
95	2	1	1	1	
96	2	1	11	1	
97	1	1	11	1	

样本组成分析 / 性别对啤酒印象分数的影响分析 / 学历对啤酒印象分数的影响分析 / 回归分

图 8.15 “回归分析”工作表

第二步：单击“数据”→“分析”→“数据分析”按钮，弹出“数据分析”对话框，在“分析工具”列表中选择“回归”选项，如图 8.9 所示，然后单击“确定”按钮，弹出“回归”对话框，在“Y 值输入区域”文本框中输入“$D$76:$D$106”，在“X 值输入区域”文本框中输入“$A$76:$C$106”，选择“标志”和“置信度”复选框，其中的置信度默认为“95%”，选中“输出区域”单选按钮，并在其文本框中输入“$F$86”，如图 8.16 所示。

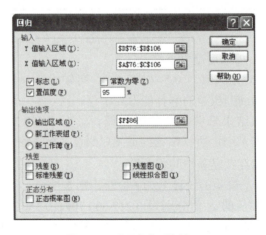

图 8.16 “回归”对话框 3

第三步：单击“确定”按钮，出现如图 8.17 所示的分析结果。

第 8 章 相关与回归分析

```
SUMMARY OUTPUT

        回归统计
Multiple R      0.761821746
R Square        0.580372373
Adjusted R Squ  0.5319538
标准误差         0.173571633
观测值           30

方差分析
            df        SS           MS           F           Significance F
回归分析      3    1.083361763   0.361120588  11.98656516   4.0884E-05
残差         26    0.783304904   0.030127112
总计         29    1.866666667

              Coefficients  标准误差    t Stat       P-value      Lower 95%   Upper 95%    下限 95.0%   上限 95.0%
Intercept     2.017200812   0.178728797  11.28637827  1.61091E-11  1.649818511 2.384583112  1.649818511 2.384583112
年龄          -0.03587624   0.040541629  -0.88492358  0.384308777 -0.11921075  0.047458267 -0.119210753 0.047458267
是否喝过啤酒  -0.7833049    0.191456285  -4.09129898  0.000368322 -1.17684893 -0.38976088 -1.17684893 -0.389760878
啤酒印象分数  -0.01867543   0.008688064  -2.14955029  0.041070926 -0.036534   -0.00081686 -0.036534003 -0.000816859
```

图 8.17　分析结果 3

从图 8.17 的报表中，可以得出以下结论。

(1) 由修正的多重判定系数值为 0.531 953 8，可知此 3 项因素与未来是否会购买啤酒之间存在回归关系，而回归模型的解释能力为中等。

(2) 由方差分析检验结果来看，F 检验的统计量为 11.986 565 16，对应的 P 值为 $4.088\ 4\times 10^{-5}$，这个值非常小，所以结论为拒绝原假设，接受备择假设，即表示 3 项因素与未来是否购买啤酒之间存在显著性的相关性。

(3) 各项系数的检验。各项系数的原假设和备择假设分别为 $H_0:\beta_i=0$；$H_1:\beta_i\neq 0$，检验的统计量为 t 检验，那么年龄、是否喝过啤酒、啤酒印象分数 3 项因素所对应的 P 值分别为 0.384 308 777，0.000 368 322、0.041 070 926。同样只有是否喝过啤酒和啤酒印象分数的 P 值小 0.05，说明是否喝过啤酒和啤酒印象分数与未来是否购买啤酒存在相关性。这时选择消除 P 值最大的对应的变量，建立一个二元线性回归模型。

4. 建立一个二元线性回归预测模型

第一步：把"是否喝过啤酒""啤酒印象分数"和"再次购买"数据复制到"回归分析"工作表中，如图 8.18 所示。

	A	B	C	D	E
110	是否喝过啤酒	啤酒印象分数	再次购买		
111	1	2	1		
112	1	9	1		
113	1	7	1		
114	1	2	1		
115	1	7	1		
116	1	11	1		
117	1	-1	2		
118	1	7	1		
119	1	11	1		
120	1	6	1		
121	1	2	1		
122	1	9	1		
123	1	11	1		
124	0	-1	2		
125	1	7	1		
126	1	11	1		
127	1	12	1		
128	1	2	1		
129	1	1	1		
130	1	11	1		
131	1	11	1		

图 8.18　"回归分析"工作表

第二步：单击"数据"→"分析"→"数据分析"按钮，弹出"数据分析"对话框，在"分析工具"列表中选择"回归"选项，如图 8.9 所示，然后单击"确定"按钮，弹出"回归"对话框，在"Y 值输入区域"文本框中输入"$C$110:$C$140"，在"X 值输入区域"文本框中输入"$A$110:$B$140"，选中"标志"和"置信度"复选框，其中的置信度默认为"95%"，选中"输出区域"单选按钮，并在其文本框中输入"$D$118"，如图 8.19 所示。

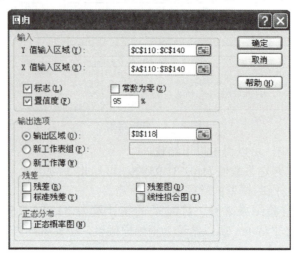

图 8.19 "回归"对话框 4

第三步：单击"确定"按钮，出现如图 8.20 所示的分析结果。

SUMMARY OUTPUT								
回归统计								
Multiple R	0.75348104							
R Square	0.567733677							
Adjusted R S	0.535713949							
标准误差	0.172873014							
观测值	30							
方差分析								
	df	SS	MS	F	Significance F			
回归分析	2	1.059769531	0.529884765	17.73074661	1.20961E-05			
残差	27	0.806897136	0.029885079					
总计	29	1.866666667						
	Coefficients	标准误差	t Stat	P-value	Lower 95%	Upper 95%	下限 95.0%	上限 95.0%
Intercept	1.980257583	0.173085277	11.44093605	7.33428E-12	1.625115935	2.335399232	1.625115935	2.335399232
是否喝过啤酒	-0.80689714	0.188827894	-4.27318824	0.000214096	-1.19433997	-0.41945431	-1.19433997	-0.41945431
啤酒印象分数	-0.01974242	0.00856936	-2.30383787	0.029161027	-0.03732529	-0.00215954	-0.03732529	-0.00215954

图 8.20 分析结果 4

从图 8.20 的报表中，可以得出以下结论。

（1）由修正的多重判定系数值为 0.535 713 949，可知此两项因素与未来是否会购买啤酒之间存在回归关系，而回归模型的解释能力为中等。

（2）由方差分析检验结果来看，F 检验的统计量为 17.730 746 61，对应的 P 值为 $1.209\,61 \times 10^{-5}$，这个值非常小，所以结论为拒绝原假设，接受备择假设，即表示两项因素与未来购买啤酒之间存在显著性的相关性。

（3）各项系数的检验。各项系数的原假设和备择假设分别为 H_0：$\beta_i = 0$；H_1：$\beta_i \neq 0$，检验的统计量为 t 检验，那么是否喝过啤酒、啤酒印象分数这两项因素所对应的 P 值分别为 0.000 214 096，0.029 161 027，均小于 0.05，表示这两项因素与未来是否购买啤酒之间有非常显著性的关系。因此，该二元线性回归预测模型为最简单也是最具有解释能力的预测模型。

习　题

一、单项选择题

1. 变量之间存在的不确定的数量关系，称为(　　)。
   A．相关关系　　　　B．函数关系　　　　C．线性关系　　　　D．非线性关系
2. 两变量的样本之间的关系强度采用(　　)。
   A．相关系数　　　　B．判定系数　　　　C．R^2　　　　D．回归系数
3. 根据散点图 8.21，可以判断两个变量之间存在(　　)。

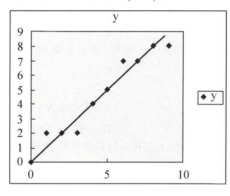

图 8.21　散点图

   A．正线性相关关系　　　　　　　　B．负线性相关关系
   C．非线性关系　　　　　　　　　　D．函数关系
4. 根据相关系数的特点，下面的相关系数取值错误的是(　　)。
   A．0.89　　　　B．1.03　　　　C．−0.5　　　　D．0
5. 下面关于相关系数叙述错误的是(　　)。
   A．γ 的取值范围为 $-1 \leqslant \gamma \leqslant 1$
   B．γ 具有对称性
   C．γ 的大小与 x 和 y 的原点及尺度无关
   D．γ 的取值范围为 $0 \leqslant \gamma \leqslant 1$
6. 计算儿童身高和年龄的相关系数时，其中身高采用"厘米"比"米"的相关系数(　　)。
   A．增加　　　　B．减少　　　　C．不变　　　　D．不确定
7. Excel 中的相关系数函数为(　　)。
   A．CORREL　　　　B．MODE　　　　C．STEDV　　　　D．AVERAGE
8. 在相关关系的显著性检验中，原假设和备择假设为(　　)。
   A．$H_0: \rho = 0; H_1: \rho \neq 0$　　　　　　B．$H_0: r = 0; H_1: r \neq 0$
   C．$H_0: \rho \geqslant 0; H_1: \rho < 0$　　　　　　D．$H_0: \rho \leqslant 0; H_1: \rho > 0$

9. 在相关系数的显著性检验中，检验的统计量是(   )。
   A. 标准正态   B. t C. F D. χ^2
10. 在样本的回归方程 $\hat{y}_i = \hat{\beta}_0 + \hat{\beta}_1 x_i$ 中，参数估计值的估计方法是(   )。
    A. 最小二乘法   B. 极大似然估计法
    C. 点估计   D. 矩估计
11. 最小二乘法是指所有点到直线距离平方和最小，其中距离指的是(   )。
    A. 竖直距离   B. 水平距离   C. 垂直距离   D. 以上都不对
12. 在样本的回归方程 $\hat{y}_i = \hat{\beta}_0 + \hat{\beta}_1 x_i$ 中，$\hat{\beta}_0$ 和 $\hat{\beta}_1$ 的关系(   )。
    A. 相关   B. 不相关   C. 不确定   D. $\text{cov}(\hat{\beta}_0, \hat{\beta}_1) = 0$
13. 判定系数 R^2 的取值范围为(   )。
    A. [0,1]   B. [-1,1]   C. [-1,0]   D. [0,+∞]
14. 在一元线性回归分析中，总平方和服从 χ^2 分布，其自由度为(   )。
    A. $n-1$ B. 1   C. 2   D. $n-2$
15. 在线性回归分析中，回归平方和服从 χ^2 分布，其自由度为(   )。
    A. $n-1$ B. 1   C. 2   D. $n-2$
16. 在线性回归分析中，残差平方和服从 χ^2 分布，其自由度为(   )。
    A. $n-1$ B. 1   C. 2   D. $n-2$
17. 残差均方的平方根，称为(   )。
    A. 估计标准误差   B. 回归均方
    C. 回归平方和   D. 残差平方和
18. 估计标准误差是反映实际观测值 y_i 与样本回归方程的估计值 $\hat{y}_i$ 之间的差异的大小，其中 s_e 为(   )时，代表样本回归方程拟合得最好。
    A. 0   B. 1   C. +∞   D. -∞
19. 在线性关系检验中检验的统计量是(   )分布。
    A. 标准正态   B. t C. F D. χ^2
20. 在一元线性回归分析中，回归系数检验的统计量是(   )分布。
    A. 标准正态   B. t C. F D. χ^2

二、多项选择题

1. 对样本回归方程进行评价的指标有(   )。
   A. R^2 B. 估计标准误差   C. SSR   D. SST
2. 在一元线性回归模型 $y = \beta_0 + \beta_1 x + \xi$ 中，其中误差项 ξ 的满足条件有(   )。
   A. $\xi \sim N(0, \sigma^2)$ B. $\text{cov}(x, \xi) = 0$ C. x 是非随机的   D. $\text{cov}(x, \xi) \neq 0$
3. 判定系数 R^2 的计算公式为(   )。
   A. $R^2 = \dfrac{\text{SSR}}{\text{SST}}$ B. $R^2 = 1 - \dfrac{\text{SSE}}{\text{SST}}$ C. $R^2 = \dfrac{\text{SSE}}{\text{SST}}$ D. $R^2 = \dfrac{\text{SSR}}{\text{SSE}}$
4. 回归方程的统计检验主要有(   )。
   A. 线性关系的检验   B. 回归系数的检验
   C. 判定系数的检验   D. 相关系数的检验

5. 估计方程进行估计和预测的方法，主要包括( )。
   A．点估计　　　　　　　　　　B．区间估计
   C．平均值的点估计　　　　　　D．个别值的点估计

三、简答题

1. 简述经济预测和经济控制的步骤。
2. 简述相关分析的步骤。
3. 以一元线性回归为例，简述最小二乘法的思路。
4. 以一元线性回归为例，简述线性关系检验和回归系数检验的步骤。

四、计算题

1. 一家超市集团拥有多家子超市，公司的管理者想通过广告费用支出来估计销售额，为此他随机抽取了 7 家子超市，得到广告费用支出和销售额如表 8-2 所示。

表 8-2　广告费用支出和销售额

单位：万元

广告费用支出	销售额
1	19
2	32
4	44
6	40
10	52
14	53
20	54

问题：
(1) 试画出广告费用支出与销售额的散点图；
(2) 计算广告费用支出与销售额的关系强度；
(3) 对广告费用支出与销售额进行相关系数检验；
(4) 利用最小二乘法，计算广告费用支出与销售额的样本回归方程；
(5) 评价样本回归方程；
(6) 写出广告费用支出与销售额进行线性关系和回归系数检验过程。

2. 根据某 8 个地区的人均可支配收入(y)与人均消费水平(x)的数据，得到表 8-3 和表 8-4 所示的结果。($\alpha = 0.05$)

表 8-3　方差分析表

变差来源	自由度	平方和	均方	F	P	F-crit
回归					$8.481\,19 \times 10^{-6}$	5.987 4
残差		53 845.02		—	—	—
总计		1 798 550.42	—	—	—	—

表 8-4　参数估计表

	Cofficients	标准误差	t-Stat	P
Intercept	5 050.5	867.783 5		0.000
X Variable	0.658		19.98	2.17×10^{-9}

问题：

(1) 完成方差分析表和参数估计表；

(2) 根据参数估计表，写出回归方程；

(3) 根据方差分析表，评价样本回归方程；

(4) 写出线性关系检验的步骤；

(5) 写出自变量回归系数的检验步骤；

(6) 其中某个地区的人均可支配收入为 27 873 元，预测该地区的人均消费水平的置信区间估计和预测区间估计。

[第 8 章] 习题参考答案

附录 用 Excel 生成概率分布表

附录 1 标准正态分布表

利用 Excel 提供的统计函数"NORMSDIST"可以生成标准正态分布的累积概率分布表，即 $P(Z \leq x)$。生成标准正态分布的累积概率分布表可按以下步骤操作。

第一步：将 x 的值(可由读者需要自行设定)输入到工作表的 A 列，将 x 取值的尾数输入到第 1 行，形成标准正态分布的表头，如附图 1.1 所示。

	A	B	C	D	E	F	G	H	I	J	K
1	x	0.00	0.01	0.02	0.03	0.04	0.05	0.06	0.07	0.08	0.09
2	0.0										
3	0.1										
4	0.2										
5	0.3										
6	0.4										
7	0.5										
8	0.6										
9	0.7										
10	0.8										

附图 1.1 标准正态分布的表头

第二步：在 B2 单元格输入公式"=NORMSDIST($A2+B$1)"，其他结果可通过向下、向右复制而得到。可根据需要生成不同 x 的标准正态分布概率表，按照上述步骤操作得到该表部分结果，如附表 1-1 所示。

附表 1-1 标准正态分布表

x	0.00	0.01	0.02	0.03	0.04	0.05	0.06	0.07	0.08	0.09
0.0	0.500 0	0.504 0	0.508 0	0.512 0	0.516 0	0.519 9	0.523 9	0.527 9	0.531 9	0.535 9
0.1	0.539 8	0.543 8	0.547 8	0.551 7	0.555 7	0.559 6	0.563 6	0.567 5	0.571 4	0.575 3
0.2	0.579 3	0.583 2	0.587 1	0.591 0	0.594 8	0.598 7	0.602 6	0.606 4	0.610 3	0.614 1
0.3	0.617 9	0.621 7	0.625 5	0.629 3	0.633 1	0.636 8	0.640 6	0.644 3	0.648 0	0.651 7
0.4	0.655 4	0.659 1	0.662 8	0.666 4	0.670 0	0.673 6	0.677 2	0.680 8	0.684 4	0.687 9
0.5	0.691 5	0.695 0	0.698 5	0.701 9	0.705 4	0.708 8	0.712 3	0.715 7	0.719 0	0.722 4
0.6	0.725 7	0.729 1	0.732 4	0.735 7	0.738 9	0.742 2	0.745 4	0.748 6	0.751 7	0.754 9
0.7	0.758 0	0.761 1	0.764 2	0.767 3	0.770 4	0.773 4	0.776 4	0.779 4	0.782 3	0.785 2

续表

x	0.00	0.01	0.02	0.03	0.04	0.05	0.06	0.07	0.08	0.09
0.8	0.788 1	0.791 0	0.793 9	0.796 7	0.799 5	0.802 3	0.805 1	0.807 8	0.810 6	0.813 3
0.9	0.815 9	0.818 6	0.821 2	0.823 8	0.826 4	0.828 9	0.831 5	0.834 0	0.836 5	0.838 9
1.0	0.841 3	0.843 8	0.846 1	0.848 5	0.850 8	0.853 1	0.855 4	0.857 7	0.859 9	0.862 1
1.1	0.864 3	0.866 5	0.868 6	0.870 8	0.872 9	0.874 9	0.877 0	0.879 0	0.881 0	0.883 0
1.2	0.884 9	0.886 9	0.888 8	0.890 7	0.892 5	0.894 4	0.896 2	0.898 0	0.899 7	0.901 5
1.3	0.903 2	0.904 9	0.906 6	0.908 2	0.909 9	0.911 5	0.913 1	0.914 7	0.916 2	0.917 7
1.4	0.919 2	0.920 7	0.922 2	0.923 6	0.925 1	0.926 5	0.927 9	0.929 2	0.930 6	0.931 9
1.5	0.933 2	0.934 5	0.935 7	0.937 0	0.938 2	0.939 4	0.940 6	0.941 8	0.942 9	0.944 1
1.6	0.945 2	0.946 3	0.947 4	0.948 4	0.949 5	0.950 5	0.951 5	0.952 5	0.953 5	0.954 5
1.7	0.955 4	0.956 4	0.957 3	0.958 2	0.959 1	0.959 9	0.960 8	0.961 6	0.962 5	0.963 3
1.8	0.964 1	0.964 9	0.965 6	0.966 4	0.967 1	0.967 8	0.968 6	0.969 3	0.969 9	0.970 6
1.9	0.971 3	0.971 9	0.972 6	0.973 2	0.973 8	0.974 4	0.975 0	0.975 6	0.976 1	0.976 7
2.0	0.977 2	0.977 8	0.978 3	0.978 8	0.979 3	0.979 8	0.980 3	0.980 8	0.981 2	0.981 7
2.1	0.982 1	0.982 6	0.983 0	0.983 4	0.983 8	0.984 2	0.984 6	0.985 0	0.985 4	0.985 7
2.2	0.986 1	0.986 4	0.986 8	0.987 1	0.987 5	0.987 8	0.988 1	0.988 4	0.988 7	0.989 0
2.3	0.989 3	0.989 6	0.989 8	0.990 1	0.990 4	0.990 6	0.990 9	0.991 1	0.991 3	0.991 6
2.4	0.991 8	0.992 0	0.992 2	0.992 5	0.992 7	0.992 9	0.993 1	0.993 2	0.993 4	0.993 6
2.5	0.993 8	0.994 0	0.994 1	0.994 3	0.994 5	0.994 6	0.994 8	0.994 9	0.995 1	0.995 2
2.6	0.995 3	0.995 5	0.995 6	0.995 7	0.995 9	0.996 0	0.996 1	0.996 2	0.996 3	0.996 4
2.7	0.996 5	0.996 6	0.996 7	0.996 8	0.996 9	0.997 0	0.997 1	0.997 2	0.997 3	0.997 4
2.8	0.997 4	0.997 5	0.997 6	0.997 7	0.997 7	0.997 8	0.997 9	0.997 9	0.998 0	0.998 1
2.9	0.998 1	0.998 2	0.998 2	0.998 3	0.998 4	0.998 4	0.998 5	0.998 5	0.998 6	0.998 6
3.0	0.998 7	0.998 7	0.998 7	0.998 8	0.998 8	0.998 9	0.998 9	0.998 9	0.999 0	0.999 0
3.1	0.999 0	0.999 1	0.999 1	0.999 1	0.999 2	0.999 2	0.999 2	0.999 2	0.999 3	0.999 3
3.2	0.999 3	0.999 3	0.999 4	0.999 4	0.999 4	0.999 4	0.999 4	0.999 5	0.999 5	0.999 5
3.3	0.999 5	0.999 5	0.999 5	0.999 6	0.999 6	0.999 6	0.999 6	0.999 6	0.999 6	0.999 7
3.4	0.999 7	0.999 7	0.999 7	0.999 7	0.999 7	0.999 7	0.999 7	0.999 7	0.999 7	0.999 8
3.5	0.999 8	0.999 8	0.999 8	0.999 8	0.999 8	0.999 8	0.999 8	0.999 8	0.999 8	0.999 8
3.6	0.999 8	0.999 8	0.999 9	0.999 9	0.999 9	0.999 9	0.999 9	0.999 9	0.999 9	0.999 9
3.7	0.999 9	0.999 9	0.999 9	0.999 9	0.999 9	0.999 9	0.999 9	0.999 9	0.999 9	0.999 9
3.8	0.999 9	0.999 9	0.999 9	0.999 9	0.999 9	0.999 9	0.999 9	0.999 9	0.999 9	0.999 9
3.9	1.000 0	1.000 0	1.000 0	1.000 0	1.000 0	1.000 0	1.000 0	1.000 0	1.000 0	1.000 0

附录 2　标准正态分布临界值表

利用 Excel 提供的统计函数"NORMSINV"可以生成标准正态分布的临界值表，临界值是根据标准正态分布随机变量分布的累积概率的值计算的。如果有 $P(Z \leqslant x) = p$，则对于任意给定的 $p(0 \leqslant p \leqslant 1)$ 可以求出相应的 x。生成标准正态分布临界值表可按以下步骤操作。

第一步：将标准正态变量累积概率的值输入到工作表的 A 列，其尾数输入到第一行，形成标准正态分布临界值表的表头，如附图 2.1 所示。

	A	B	C	D	E	F	G	H	I	J	K
1	x	0.000	0.001	0.002	0.003	0.004	0.005	0.006	0.007	0.008	0.009
2	0.50										
3	0.51										
4	0.52										
5	0.53										
6	0.54										
7	0.55										
8	0.56										
9	0.57										
10	0.58										
11	0.59										
12	0.60										
13	0.61										
14	0.62										
15	0.63										
16	0.64										
17	0.65										

附图 2.1　标准正态分布临界值表的表头

第二步：在 B2 单元格输入公式"=NORMSINV(\$A2+B\$1)"，其他结果通过向下、向右复制而得到。可根据需要生成不同 p 值的标准正态分布临界值表，按照上述步骤操作得到该表部分结果，如附表 2-1 所示。

附表 2-1　标准正态分布临界值表

x	0.000	0.001	0.002	0.003	0.004	0.005	0.006	0.007	0.008	0.009
0.50	0.000	0.003	0.005	0.008	0.010	0.013	0.015	0.018	0.020	0.023
0.51	0.025	0.028	0.030	0.033	0.035	0.038	0.040	0.043	0.045	0.048
0.52	0.050	0.053	0.055	0.058	0.060	0.063	0.065	0.068	0.070	0.073
0.53	0.075	0.078	0.080	0.083	0.085	0.088	0.090	0.093	0.095	0.098
0.54	0.100	0.103	0.105	0.108	0.111	0.113	0.116	0.118	0.121	0.123
0.55	0.126	0.128	0.131	0.133	0.136	0.138	0.141	0.143	0.146	0.148

续表

x	0.000	0.001	0.002	0.003	0.004	0.005	0.006	0.007	0.008	0.009
0.56	0.151	0.154	0.156	0.159	0.161	0.164	0.166	0.169	0.171	0.174
0.57	0.176	0.179	0.181	0.184	0.187	0.189	0.192	0.194	0.197	0.199
0.58	0.202	0.204	0.207	0.210	0.212	0.215	0.217	0.220	0.222	0.225
0.59	0.228	0.230	0.233	0.235	0.238	0.240	0.243	0.246	0.248	0.251
0.60	0.253	0.256	0.259	0.261	0.264	0.266	0.269	0.272	0.274	0.277
0.61	0.279	0.282	0.285	0.287	0.290	0.292	0.295	0.298	0.300	0.303
0.62	0.305	0.308	0.311	0.313	0.316	0.319	0.321	0.324	0.327	0.329
0.63	0.332	0.335	0.337	0.340	0.342	0.345	0.348	0.350	0.353	0.356
0.64	0.358	0.361	0.364	0.366	0.369	0.372	0.375	0.377	0.380	0.383
0.65	0.385	0.388	0.391	0.393	0.396	0.399	0.402	0.404	0.407	0.410
0.66	0.412	0.415	0.418	0.421	0.423	0.426	0.429	0.432	0.434	0.437
0.67	0.440	0.443	0.445	0.448	0.451	0.454	0.457	0.459	0.462	0.465
0.68	0.468	0.470	0.473	0.476	0.479	0.482	0.485	0.487	0.490	0.493
0.69	0.496	0.499	0.502	0.504	0.507	0.510	0.513	0.516	0.519	0.522
0.70	0.524	0.527	0.530	0.533	0.536	0.539	0.542	0.545	0.548	0.550
0.71	0.553	0.556	0.559	0.562	0.565	0.568	0.571	0.574	0.577	0.580
0.72	0.583	0.586	0.589	0.592	0.595	0.598	0.601	0.604	0.607	0.610
0.73	0.613	0.616	0.619	0.622	0.625	0.628	0.631	0.634	0.637	0.640
0.74	0.643	0.646	0.650	0.653	0.656	0.659	0.662	0.665	0.668	0.671
0.75	0.674	0.678	0.681	0.684	0.687	0.690	0.693	0.697	0.700	0.703
0.76	0.706	0.710	0.713	0.716	0.719	0.722	0.726	0.729	0.732	0.736
0.77	0.739	0.742	0.745	0.749	0.752	0.755	0.759	0.762	0.765	0.769
0.78	0.772	0.776	0.779	0.782	0.786	0.789	0.793	0.796	0.800	0.803
0.79	0.806	0.810	0.813	0.817	0.820	0.824	0.827	0.831	0.834	0.838
0.80	0.842	0.845	0.849	0.852	0.856	0.860	0.863	0.867	0.871	0.874
0.81	0.878	0.882	0.885	0.889	0.893	0.896	0.900	0.904	0.908	0.912
0.82	0.915	0.919	0.923	0.927	0.931	0.935	0.938	0.942	0.946	0.950
0.83	0.954	0.958	0.962	0.966	0.970	0.974	0.978	0.982	0.986	0.990
0.84	0.994	0.999	1.003	1.007	1.011	1.015	1.019	1.024	1.028	1.032
0.85	1.036	1.041	1.045	1.049	1.054	1.058	1.063	1.067	1.071	1.076
0.86	1.080	1.085	1.089	1.094	1.098	1.103	1.108	1.112	1.117	1.122
0.87	1.126	1.131	1.136	1.141	1.146	1.150	1.155	1.160	1.165	1.170
0.88	1.175	1.180	1.185	1.190	1.195	1.200	1.206	1.211	1.216	1.221
0.89	1.227	1.232	1.237	1.243	1.248	1.254	1.259	1.265	1.270	1.276
0.90	1.282	1.287	1.293	1.299	1.305	1.311	1.317	1.323	1.329	1.335

续表

x	0.000	0.001	0.002	0.003	0.004	0.005	0.006	0.007	0.008	0.009
0.91	1.341	1.347	1.353	1.359	1.366	1.372	1.379	1.385	1.392	1.398
0.92	1.405	1.412	1.419	1.426	1.433	1.440	1.447	1.454	1.461	1.468
0.93	1.476	1.483	1.491	1.499	1.506	1.514	1.522	1.530	1.538	1.546
0.94	1.555	1.563	1.572	1.580	1.589	1.598	1.607	1.616	1.626	1.635
0.95	1.645	1.655	1.665	1.675	1.685	1.695	1.706	1.717	1.728	1.739
0.96	1.751	1.762	1.774	1.787	1.799	1.812	1.825	1.838	1.852	1.866
0.97	1.881	1.896	1.911	1.927	1.943	1.960	1.977	1.995	2.014	2.034
0.98	2.054	2.075	2.097	2.120	2.144	2.170	2.197	2.226	2.257	2.290
0.99	2.326	2.366	2.409	2.457	2.512	2.576	2.652	2.748	2.878	3.090

附录 3 t 分布临界值表

利用 Excel 提供的统计函数 "TINV" 可以生成 t 分布的临界值表，该表是根据 t 分布的右尾概率 α 计算的相应的临界值。如果 $P(t \geqslant x) = \alpha$，则对于任意给定的概率 $p(0 \leqslant \alpha \leqslant 1)$ 可以求出相应的 x。生成 t 分布临界值表可按以下步骤操作。

第一步：在工作表 A 列中输入 t 分布自由度 df 的值，在第 1 行中输入右尾概率 α 的取值，构建出 t 分布临界值表的表头，如附图 3.1 所示。

	A	B	C	D	E	F	G	H	I	J	K
1	df/α	0.250	0.200	0.150	0.100	0.050	0.025	0.010	0.005	0.001	0.0005
2	1										
3	2										
4	3										
5	4										
6	5										
7	6										
8	7										
9	8										
10	9										
11	10										
12	11										
13	12										
14	13										
15	14										
16	15										

附图 3.1 t 分布临界值表的表头

第二步：在 B2 单元格输入公式 "=TINV(B$1*2,$A2)"，其他结果通过向下、向右复制而得到。可根据需要生成不同 α 和不同自由度的 t 分布临界值表，按照上述步骤操作得到该表部分结果，如附表 3-1 所示。

附表 3-1 t 分布临界值表

df/α	0.250	0.200	0.150	0.100	0.050	0.025	0.010	0.005	0.001	0.000 5
1	1.000 0	1.376 4	1.962 6	3.077 7	6.313 8	12.706 2	31.820 5	63.656 7	318.308 8	636.619 2
2	0.816 5	1.060 7	1.386 2	1.885 6	2.920 0	4.302 7	6.964 6	9.924 8	22.327 1	31.599 1
3	0.764 9	0.978 5	1.249 8	1.637 7	2.353 4	3.182 4	4.540 7	5.840 9	10.214 5	12.924 0

续表

df/a	0.250	0.200	0.150	0.100	0.050	0.025	0.010	0.005	0.001	0.000 5
4	0.740 7	0.941 0	1.189 6	1.533 2	2.131 8	2.776 4	3.746 9	4.604 1	7.173 2	8.610 3
5	0.726 7	0.919 5	1.155 8	1.475 9	2.015 0	2.570 6	3.364 9	4.032 1	5.893 4	6.868 8
6	0.717 6	0.905 7	1.134 2	1.439 8	1.943 2	2.446 9	3.142 7	3.707 4	5.207 6	5.958 8
7	0.711 1	0.896 0	1.119 2	1.414 9	1.894 6	2.364 6	2.998 0	3.499 5	4.785 3	5.407 9
8	0.706 4	0.888 9	1.108 1	1.396 8	1.859 5	2.306 0	2.896 5	3.355 4	4.500 8	5.041 3
9	0.702 7	0.883 4	1.099 7	1.383 0	1.833 1	2.262 2	2.821 4	3.249 8	4.296 8	4.780 9
10	0.699 8	0.879 1	1.093 1	1.372 2	1.812 5	2.228 1	2.763 8	3.169 3	4.143 7	4.586 9
11	0.697 4	0.875 5	1.087 7	1.363 4	1.795 9	2.201 0	2.718 1	3.105 8	4.024 7	4.437 0
12	0.695 5	0.872 6	1.083 2	1.356 2	1.782 3	2.178 8	2.681 0	3.054 5	3.929 6	4.317 8
13	0.693 8	0.870 2	1.079 5	1.350 2	1.770 9	2.160 4	2.650 3	3.012 3	3.852 0	4.220 8
14	0.692 4	0.868 1	1.076 3	1.345 0	1.761 3	2.144 8	2.624 5	2.976 8	3.787 4	4.140 5
15	0.691 2	0.866 2	1.073 5	1.340 6	1.753 1	2.131 4	2.602 5	2.946 7	3.732 8	4.072 8
16	0.690 1	0.864 7	1.071 1	1.336 8	1.745 9	2.119 9	2.583 5	2.920 8	3.686 2	4.015 0
17	0.689 2	0.863 3	1.069 0	1.333 4	1.739 6	2.109 8	2.566 9	2.898 2	3.645 8	3.965 1
18	0.688 4	0.862 0	1.067 2	1.330 4	1.734 1	2.100 9	2.552 4	2.878 4	3.610 5	3.921 6
19	0.687 6	0.861 0	1.065 5	1.327 7	1.729 1	2.093 0	2.539 5	2.860 9	3.579 4	3.883 4
20	0.687 0	0.860 0	1.064 0	1.325 3	1.724 7	2.086 0	2.528 0	2.845 3	3.551 8	3.849 5
21	0.686 4	0.859 1	1.062 7	1.323 2	1.720 7	2.079 6	2.517 6	2.831 4	3.527 2	3.819 3
22	0.685 8	0.858 3	1.061 4	1.321 2	1.717 1	2.073 9	2.508 3	2.818 8	3.505 0	3.792 1
23	0.685 3	0.857 5	1.060 3	1.319 5	1.713 9	2.068 7	2.499 9	2.807 3	3.485 0	3.767 6
24	0.684 8	0.856 9	1.059 3	1.317 8	1.710 9	2.063 9	2.492 2	2.796 9	3.466 8	3.745 4
25	0.684 4	0.856 2	1.058 4	1.316 3	1.708 1	2.059 5	2.485 1	2.787 4	3.450 2	3.725 1
26	0.684 0	0.855 7	1.057 5	1.315 0	1.705 6	2.055 5	2.478 6	2.778 7	3.435 0	3.706 6
27	0.683 7	0.855 1	1.056 7	1.313 7	1.703 3	2.051 8	2.472 7	2.770 7	3.421 0	3.689 6
28	0.683 4	0.854 6	1.056 0	1.312 5	1.701 1	2.048 4	2.467 1	2.763 3	3.408 2	3.673 9
29	0.683 0	0.854 2	1.055 3	1.311 4	1.699 1	2.045 2	2.462 0	2.756 4	3.396 2	3.659 4
30	0.682 8	0.853 8	1.054 7	1.310 4	1.697 3	2.042 3	2.457 3	2.750 0	3.385 2	3.646 0
31	0.682 5	0.853 4	1.054 1	1.309 5	1.695 5	2.039 5	2.452 8	2.744 0	3.374 9	3.633 5
32	0.682 2	0.853 0	1.053 5	1.308 6	1.693 9	2.036 9	2.448 7	2.738 5	3.365 3	3.621 8
33	0.682 0	0.852 6	1.053 0	1.307 7	1.692 4	2.034 5	2.444 8	2.733 3	3.356 3	3.610 9
34	0.681 8	0.852 3	1.052 5	1.307 0	1.690 9	2.032 2	2.441 1	2.728 4	3.347 9	3.600 7
35	0.681 6	0.852 0	1.052 0	1.306 2	1.689 6	2.030 1	2.437 7	2.723 8	3.340 0	3.591 1
36	0.681 4	0.851 7	1.051 6	1.305 5	1.688 3	2.028 1	2.434 5	2.719 5	3.332 6	3.582 1
37	0.681 2	0.851 4	1.051 2	1.304 9	1.687 1	2.026 2	2.431 4	2.715 4	3.325 6	3.573 7
38	0.681 0	0.851 2	1.050 8	1.304 2	1.686 0	2.024 4	2.428 6	2.711 6	3.319 0	3.565 7

附录4　χ^2分布临界值表

利用 Excel 提供的统计函数"CHIINV"可以生成 χ^2 分布的临界值表，该表是根据 χ^2 分布的右尾概率 α 计算的相应临界值，即如果 $P(\chi^2 \geq x) = \alpha$，则对于任意给定的概率 $p(0 \leq \alpha \leq 1)$，可以求出相应的 x。生成 χ^2 分布临界值表可按以下步骤操作。

第一步：在工作表 A 列中输入 t 分布自由度 df 的值，在第 1 行中输入右尾概率 α 的取值，构建出 χ^2 分布临界值表的表头，如附图 4.1 所示。

	A	B	C	D	E	F	G	H	I	J	K
1	df/a	0.995	0.99	0.975	0.95	0.9	0.1	0.05	0.025	0.01	0.005
2	1										
3	2										
4	3										
5	4										
6	5										
7	6										
8	7										
9	8										
10	9										
11	10										
12	11										
13											
14											

附图 4.1　χ^2 分布临界值表的表头

第二步：在 B2 单元格输入公式"=CHIINV(B$1,$A2)"，其他结果通过向下、向右复制而得到。可根据需要生成不同 α 和不同自由度的 χ^2 分布的临界值表，按照上述步骤操作得到该表部分结果，如附表 4-1 所示。

附表 4-1　χ^2 分布的临界值表

df/α	0.995	0.99	0.975	0.95	0.90	0.1	0.05	0.025	0.01	0.005
1	0.000	0.000	0.001	0.004	0.016	2.706	3.841	5.024	6.635	7.879
2	0.010	0.020	0.051	0.103	0.211	4.605	5.991	7.378	9.210	10.597
3	0.072	0.115	0.216	0.352	0.584	6.251	7.815	9.348	11.345	12.838
4	0.207	0.297	0.484	0.711	1.064	7.779	9.488	11.143	13.277	14.860
5	0.412	0.554	0.831	1.145	1.610	9.236	11.070	12.832	15.086	16.750
6	0.676	0.872	1.237	1.635	2.204	10.645	12.592	14.449	16.812	18.548
7	0.989	1.239	1.690	2.167	2.833	12.017	14.067	16.013	18.475	20.278
8	1.344	1.647	2.180	2.733	3.490	13.362	15.507	17.535	20.090	21.955

续表

df/α	0.995	0.99	0.975	0.95	0.90	0.1	0.05	0.025	0.01	0.005
9	1.735	2.088	2.700	3.325	4.168	14.684	16.919	19.023	21.666	23.589
10	2.156	2.558	3.247	3.940	4.865	15.987	18.307	20.483	23.209	25.188
11	2.603	3.053	3.816	4.575	5.578	17.275	19.675	21.920	24.725	26.757
12	3.074	3.571	4.404	5.226	6.304	18.549	21.026	23.337	26.217	28.300
13	3.565	4.107	5.009	5.892	7.041	19.812	22.362	24.736	27.688	29.819
14	4.075	4.660	5.629	6.571	7.790	21.064	23.685	26.119	29.141	31.319
15	4.601	5.229	6.262	7.261	8.547	22.307	24.996	27.488	30.578	32.801
16	5.142	5.812	6.908	7.962	9.312	23.542	26.296	28.845	32.000	34.267
17	5.697	6.408	7.564	8.672	10.085	24.769	27.587	30.191	33.409	35.718
18	6.265	7.015	8.231	9.390	10.865	25.989	28.869	31.526	34.805	37.156
19	6.844	7.633	8.907	10.117	11.651	27.204	30.144	32.852	36.191	38.582
20	7.434	8.260	9.591	10.851	12.443	28.412	31.410	34.170	37.566	39.997
21	8.034	8.897	10.283	11.591	13.240	29.615	32.671	35.479	38.932	41.401
22	8.643	9.542	10.982	12.338	14.041	30.813	33.924	36.781	40.289	42.796
23	9.260	10.196	11.689	13.091	14.848	32.007	35.172	38.076	41.638	44.181
24	9.886	10.856	12.401	13.848	15.659	33.196	36.415	39.364	42.980	45.558
25	10.520	11.524	13.120	14.611	16.473	34.382	37.652	40.646	44.314	46.928
26	11.160	12.198	13.844	15.379	17.292	35.563	38.885	41.923	45.642	48.290
27	11.808	12.878	14.573	16.151	18.114	36.741	40.113	43.195	46.963	49.645
28	12.461	13.565	15.308	16.928	18.939	37.916	41.337	44.461	48.278	50.994
29	13.121	14.256	16.047	17.708	19.768	39.087	42.557	45.722	49.588	52.335
30	13.787	14.953	16.791	18.493	20.599	40.256	43.773	46.979	50.892	53.672
31	14.458	15.655	17.539	19.281	21.434	41.422	44.985	48.232	52.191	55.002
32	15.134	16.362	18.291	20.072	22.271	42.585	46.194	49.480	53.486	56.328
33	15.815	17.073	19.047	20.867	23.110	43.745	47.400	50.725	54.775	57.648
34	16.501	17.789	19.806	21.664	23.952	44.903	48.602	51.966	56.061	58.964
35	17.192	18.509	20.569	22.465	24.797	46.059	49.802	53.203	57.342	60.275

续表

df/α	0.995	0.99	0.975	0.95	0.90	0.1	0.05	0.025	0.01	0.005
36	17.887	19.233	21.336	23.269	25.643	47.212	50.998	54.437	58.619	61.581
37	18.586	19.960	22.106	24.075	26.492	48.363	52.192	55.668	59.893	62.883
38	19.289	20.691	22.878	24.884	27.343	49.513	53.384	56.895	61.162	64.181
39	19.996	21.426	23.654	25.695	28.196	50.660	54.572	58.120	62.428	65.475
40	20.707	22.164	24.433	26.509	29.051	51.805	55.758	59.342	63.691	66.766
41	21.421	22.906	25.215	27.326	29.907	52.949	56.942	60.561	64.950	68.053
42	22.138	23.650	25.999	28.144	30.765	54.090	58.124	61.777	66.206	69.336
43	22.860	24.398	26.785	28.965	31.625	55.230	59.304	62.990	67.459	70.616
44	23.584	25.148	27.575	29.787	32.487	56.369	60.481	64.201	68.710	71.892
45	24.311	25.901	28.366	30.612	33.350	57.505	61.656	65.410	69.957	73.166
46	25.041	26.657	29.160	31.439	34.215	58.641	62.830	66.617	71.201	74.437
47	25.775	27.416	29.956	32.268	35.081	59.774	64.001	67.821	72.443	75.704
48	26.511	28.177	30.755	33.098	35.949	60.907	65.171	69.023	73.683	76.969
49	27.249	28.941	31.555	33.930	36.818	62.038	66.339	70.222	74.919	78.231
50	27.991	29.707	32.357	34.764	37.689	63.167	67.505	71.420	76.154	79.490
51	28.735	30.475	33.162	35.600	38.560	64.295	68.669	72.616	77.386	80.747
52	29.481	31.246	33.968	36.437	39.433	65.422	69.832	73.810	78.616	82.001
53	30.230	32.018	34.776	37.276	40.308	66.548	70.993	75.002	79.843	83.253
54	30.981	32.793	35.586	38.116	41.183	67.673	72.153	76.192	81.069	84.502
55	31.735	33.570	36.398	38.958	42.060	68.796	73.311	77.380	82.292	85.749
56	32.490	34.350	37.212	39.801	42.937	69.919	74.468	78.567	83.513	86.994
57	33.248	35.131	38.027	40.646	43.816	71.040	75.624	79.752	84.733	88.236
58	34.008	35.913	38.844	41.492	44.696	72.160	76.778	80.936	85.950	89.477
59	34.770	36.698	39.662	42.339	45.577	73.279	77.931	82.117	87.166	90.715
60	35.534	37.485	40.482	43.188	46.459	74.397	79.082	83.298	88.379	91.952
61	36.301	38.273	41.303	44.038	47.342	75.514	80.232	84.476	89.591	93.186

续表

df/α	0.995	0.99	0.975	0.95	0.90	0.1	0.05	0.025	0.01	0.005
62	37.068	39.063	42.126	44.889	48.226	76.630	81.381	85.654	90.802	94.419
63	37.838	39.855	42.950	45.741	49.111	77.745	82.529	86.830	92.010	95.649
64	38.610	40.649	43.776	46.595	49.996	78.860	83.675	88.004	93.217	96.878
65	39.383	41.444	44.603	47.450	50.883	79.973	84.821	89.177	94.422	98.105

附录5　F 分布临界值表

利用 Excel 提供的统计函数"FINV"可以生成 F 分布临界值表，该表是根据 F 分布的右尾概率 α 计算的相应的临界值，即如果 $P(F \geqslant x) = \alpha$，则对于任意给定的概率 $p(0 \leqslant \alpha \leqslant 1)$，可以求出相应的 x。生成 F 分布临界值表可按以下步骤操作。

第一步：将 F 分布右尾概率 α 的取值(如 $\alpha = 0.05$)输入 B1 单元格，将分子自由度 df1 的值输入第 2 行中，将分母自由度 df2 的值输入第 1 列中，如附图 5.1 所示。

	A	B	C	D	E	F	G	H	I	J	K
1	α=	0.05									
2	df2/df1	1	2	3	4	5	6	7	8	9	10
3	1										
4	2										
5	3										
6	4										
7	5										
8	6										
9	7										
10	8										
11	9										
12	10										

附图 5.1　F 分布临界值表

第二步：在 B3 单元格输入公式"=FINV($B$1,B$2,$A3)"，其他结果通过向下、向右复制而得到。可根据需要生成不同 α 和不同自由度的 F 分布的临界值表，现以 $\alpha = 0.05$ 为例将 F 分布临界值表的部分结果展示，如附图 5.2 所示。

用 Excel 生成概率分布表 附 录

	A	B	C	D	E	F	G	H	I	J	K
1	α=	0.05									
2	df2/df1	1	2	3	4	5	6	7	8	9	10
3	1	161.448	199.500	215.707	224.583	230.162	233.986	236.768	238.883	240.543	241.882
4	2	18.513	19.000	19.164	19.247	19.296	19.330	19.353	19.371	19.385	19.396
5	3	10.128	9.552	9.277	9.117	9.013	8.941	8.887	8.845	8.812	8.786
6	4	7.709	6.944	6.591	6.388	6.256	6.163	6.094	6.041	5.999	5.964
7	5	6.608	5.786	5.409	5.192	5.050	4.950	4.876	4.818	4.772	4.735
8	6	5.987	5.143	4.757	4.534	4.387	4.284	4.207	4.147	4.099	4.060
9	7	5.591	4.737	4.347	4.120	3.972	3.866	3.787	3.726	3.677	3.637
10	8	5.318	4.459	4.066	3.838	3.687	3.581	3.500	3.438	3.388	3.347
11	9	5.117	4.256	3.863	3.633	3.482	3.374	3.293	3.230	3.179	3.137
12	10	4.965	4.103	3.708	3.478	3.326	3.217	3.135	3.072	3.020	2.978
13	11	4.844	3.982	3.587	3.357	3.204	3.095	3.012	2.948	2.896	2.854
14	12	4.747	3.885	3.490	3.259	3.106	2.996	2.913	2.849	2.796	2.753
15	13	4.667	3.806	3.411	3.179	3.025	2.915	2.832	2.767	2.714	2.671
16	14	4.600	3.739	3.344	3.112	2.958	2.848	2.764	2.699	2.646	2.602
17	15	4.543	3.682	3.287	3.056	2.901	2.790	2.707	2.641	2.588	2.544
18	16	4.494	3.634	3.239	3.007	2.852	2.741	2.657	2.591	2.538	2.494
19	17	4.451	3.592	3.197	2.965	2.810	2.699	2.614	2.548	2.494	2.450
20	18	4.414	3.555	3.160	2.928	2.773	2.661	2.577	2.510	2.456	2.412
21	19	4.381	3.522	3.127	2.895	2.740	2.628	2.544	2.477	2.423	2.378
22	20	4.351	3.493	3.098	2.866	2.711	2.599	2.514	2.447	2.393	2.348
23	21	4.325	3.467	3.072	2.840	2.685	2.573	2.488	2.420	2.366	2.321
24	22	4.301	3.443	3.049	2.817	2.661	2.549	2.464	2.397	2.342	2.297
25	23	4.279	3.422	3.028	2.796	2.640	2.528	2.442	2.375	2.320	2.275
26	24	4.260	3.403	3.009	2.776	2.621	2.508	2.423	2.355	2.300	2.255
27	25	4.242	3.385	2.991	2.759	2.603	2.490	2.405	2.337	2.282	2.236
28	26	4.225	3.369	2.975	2.743	2.587	2.474	2.388	2.321	2.265	2.220
29	27	4.210	3.354	2.960	2.728	2.572	2.459	2.373	2.305	2.250	2.204
30	28	4.196	3.340	2.947	2.714	2.558	2.445	2.359	2.291	2.236	2.190
31	29	4.183	3.328	2.934	2.701	2.545	2.432	2.346	2.278	2.223	2.177
32	30	4.171	3.316	2.922	2.690	2.534	2.421	2.334	2.266	2.211	2.165
33	31	4.160	3.305	2.911	2.679	2.523	2.409	2.323	2.255	2.199	2.153
34	32	4.149	3.295	2.901	2.668	2.512	2.399	2.313	2.244	2.189	2.142
35	33	4.139	3.285	2.892	2.659	2.503	2.389	2.303	2.235	2.179	2.133
36	34	4.130	3.276	2.883	2.650	2.494	2.380	2.294	2.225	2.170	2.123
37	35	4.121	3.267	2.874	2.641	2.485	2.372	2.285	2.217	2.161	2.114
38	36	4.113	3.259	2.866	2.634	2.477	2.364	2.277	2.209	2.153	2.106
39	37	4.105	3.252	2.859	2.626	2.470	2.356	2.270	2.201	2.145	2.098
40	38	4.098	3.245	2.852	2.619	2.463	2.349	2.262	2.194	2.138	2.091
41	39	4.091	3.238	2.845	2.612	2.456	2.342	2.255	2.187	2.131	2.084
42	40	4.085	3.232	2.839	2.606	2.449	2.336	2.249	2.180	2.124	2.077
43	41	4.079	3.226	2.833	2.600	2.443	2.330	2.243	2.174	2.118	2.071
44	42	4.073	3.220	2.827	2.594	2.438	2.324	2.237	2.168	2.112	2.065
45	43	4.067	3.214	2.822	2.589	2.432	2.318	2.232	2.163	2.106	2.059
46	44	4.062	3.209	2.816	2.584	2.427	2.313	2.226	2.157	2.101	2.054
47	45	4.057	3.204	2.812	2.579	2.422	2.308	2.221	2.152	2.096	2.049
48	46	4.052	3.200	2.807	2.574	2.417	2.304	2.216	2.147	2.091	2.044
49	47	4.047	3.195	2.802	2.570	2.413	2.299	2.212	2.143	2.086	2.039
50	48	4.043	3.191	2.798	2.565	2.409	2.295	2.207	2.138	2.082	2.035
51	49	4.038	3.187	2.794	2.561	2.404	2.290	2.203	2.134	2.077	2.030
52	50	4.034	3.183	2.790	2.557	2.400	2.286	2.199	2.130	2.073	2.026

附图 5.2 F 分布临界值表

参 考 文 献

何俊, 2006. Excel 在市场调查工作中的应用[M]. 北京: 中国青年出版社.
贾俊平, 2003. 统计学[M]. 北京: 中国人民大学出版社.
贾俊平, 2011. 统计学[M]. 4 版. 北京: 中国人民大学出版社.
贾俊平, 2014.《统计学》(第 5 版)学习指导书[M]. 北京: 中国人民大学出版社.
简明, 金勇进, 蒋妍, 2004. 市场调查方法与技术[M]. 北京: 中国人民大学出版社.
卢方芳, 2020. 统计学基础[M]. 成都: 电子科技大学出版社.
穆尔, 2003. 统计学的世界[M]. 郑惟厚, 译. 北京: 中信出版社.
曲岩, 刘继云, 2007. 统计学[M]. 北京: 北京大学出版社.
特里奥拉, 2004. 初级统计学: 第 8 版[M]. 刘新立, 译. 北京: 清华大学出版社.
王吉利, 何书元, 吴喜之, 2004. 统计学教学案例[M]. 北京: 中国统计出版社.
朱建中, 邵建利, 2002. 统计应用软件: EXCEL 和 SAS[M]. 上海: 上海财经大学出版社.